Josef Amberg
„Es kamen die schlimmsten Tage unseres Lebens"

Josef Amberg

„Es kamen die schlimmsten Tage unseres Lebens"

Der Raum Würselen im Zweiten Weltkrieg

1986

VERLAGSGEMEINSCHAFT KÖLLING/SCHULZ,
WÜRSELEN

© 1986. Verlagsgemeinschaft Kölling/Schulz, Würselen
Redaktionelle Beratung: Dr. Franz Kerff, Würselen · Dr. Margret Wensky, Bonn
Gesamtausstattung: Leo Capellmann, Würselen-Bardenberg
Gesamtherstellung: Buch- und Offsetdruck Hans Holländer, Herzogenrath

ISBN 3-9800430-4-5

Inhaltsverzeichnis

- 7 Vorwort
- 9 Der Verfasser
- 11 Einleitung

- 13 Der Bau des Westwalls
- 17 Der Westfeldzug im Jahre 1940
- 21 Luftschutz und Luftangriffe
- 27 Stimmung, Information und Versorgung der Bevölkerung während des Krieges
- 37 Die Zeit der Invasion
- 40 Die erste Schlacht um Aachen
- 41 Die Annäherung der Front: Räumung, Tiefflieger und Artilleriebeschuß
- 55 Der Raum Würselen in der zweiten und dritten Schlacht um Aachen (2. Oktober — 19. November 1944)
- 109 Der Raum Würselen in den Tagesmeldungen der amerikanischen Armee
- 115 Der Raum Würselen im Kriegstagebuch des deutschen Generalkommando LXXXI. Armeekorps
- 143 Die amerikanischen Kampftruppen und die deutsche Bevölkerung
- 149 Die Bevölkerung unter der Militärverwaltung

- 185 Anmerkungen
- 188 Quellen und Literatur
- 191 Abkürzungen
- 192 Bildnachweis

Vorwort

Die Verleger dieses Buches haben nicht lange gezögert, ein deutliches Ja zur Herausgabe des vorliegenden Werkes zu sagen. Mehrere Gründe haben uns bewogen, uns gemeinschaftlich für dieses Buch zu engagieren.
Auch 41 Jahre nach Kriegsende ist der 2. Weltkrieg für die Menschen, die ihn bewußt erlebt und erlitten haben, die prägendste Phase ihres Lebens. In einer Stadt wie Würselen, in der dieser Krieg schwere Narben hinterlassen hat, soll die Erinnerung daran bewahrt werden: eine Herausforderung, der wir uns gemeinsam stellen.

Qualität und Anspruch des vorliegenden Buches haben uns dazu motiviert, diesen wichtigen Beitrag zur Zeit- und Kulturgeschichte unserer Stadt in Zusammenarbeit zu leisten. Mit der Herausgabe dieses Buches verbinden wir den Wunsch, daß Ereignisse, wie sie der Autor hier dokumentiert hat, sich nie mehr wiederholen.

Günter Kölling   Martin Schulz

Josef Amberg

Ein Foto des Verfassers aus dem Jahre 1946. Der selbst umgefärbte deutsche Soldatenmantel war ein wertvoller Besitz in dieser Notzeit.

Im Jahre 1933 geboren, lebte ich bei Kriegsanfang in der Klosterstraße in Würselen. Mein Vater war von Kriegsbeginn an Soldat, meine einzige Schwester starb 1942 im Alter von drei Jahren. Im Juli 1943 wurden die Eigentümer des Hauses, in dem meine Mutter und ich wohnten, nach einem Luftangriff obdachlos und waren gezwungen, von der Kaiserstraße in die Klosterstraße umzuziehen. Unser neues Zuhause wurde eine kleine Wohnung an der Aachener Straße. Die Entscheidung, die Heimatstadt Würselen im September 1944 trotz der heranrückenden Front nicht zu verlassen, traf ich, obwohl damals erst elf Jahre alt, zusammen mit meiner Mutter und im vollen Bewußtsein der damit zusammenhängenden Gefahren. Als falsch sollte sich sehr bald die Annahme herausstellen, daß die unmittelbaren Kampfhandlungen wohl sehr rasch vorüber sein würden. Den Kampf um Würselen erlebte ich in Birk — in unmittelbarer Nähe der Front — zusammen mit weiteren Familienangehörigen und einer anderen Familie im Hause meiner Großmutter. Die vollständige Zerstörung unserer Wohnung veranlaßte uns, nach Bardenberg umzuziehen. Seit diesem Zeitpunkt lebe ich in diesem Stadtteil Würselens.

Einleitung

Diese Darstellung beschäftigt sich im wesentlichen mit dem Schicksal Würselens im damaligen Gebiet der Stadt und der damals selbständigen Gemeinden Bardenberg und Broichweiden während des Herbstes 1944. Sie umfaßt insbesondere die Zeit der unmittelbaren Kampfhandlungen vom 8. Oktober bis zum 19. November 1944.

Die Stimmung der Bevölkerung war damals von drückender Ungewißheit und existentieller Not geprägt, die es nicht erlaubte, Ereignisse selbst aus der nächsten Umgebung zur Kenntnis zu nehmen oder gar zu bewerten. Der Verfasser hat sich seit dem Kriegsende um eine Rekonstruktion des Ereignisablaufs bemüht und eine Fülle von schriftlichen und mündlichen Quellenzeugnissen zusammengetragen. Die militärischen Aktivitäten der amerikanischen und der deutschen Seite konnten weitgehend rekonstruiert werden.

Auszug aus dem Tagebuch von Josef Schaeffers vom 6. Oktober 1944 bis zum 24. Oktober 1946, eine der wenigen Originalquellen aus der Würselener Bevölkerung.

Das besondere Anliegen des Verfassers, das Schicksal der Bevölkerung vor dem Hintergrund der Kriegsereignisse darzustellen, sollte als Versuch gewertet werden; zu unterschiedlich sind die persönlichen Empfindungen des Einzelnen in dieser Ausnahmesituation gewesen. Eigene Wahrnehmungen hat der Verfasser, selbst wenn er Augenzeuge gewesen ist, deshalb nur sehr zurückhaltend miteinbezogen.

Eine Zusammenstellung der vorliegenden — gedruckten und ungedruckten — Quellen findet sich am Ende der Darstellung. Mündlich überlieferte Zeugnisse, d.h. die Aussagen glaubwürdig erscheinender Augenzeugen, sind zum größten Teil vollständig schriftlich festgehalten sowie auch auf Tonband aufgenommen worden.

Die ergänzenden Ausführungen über den Bau des Westwalls, den Beginn des Westfeldzuges, über Luftschutz und Luftangriffe, über Versorgung und Information der Zivilbevölkerung während des Krieges, den Verlauf der alliierten Invasion bis zur deutschen Reichsgrenze, über die Evakuierung der Bevölkerung und die sich an die Kampfhandlungen anschließende Besatzungszeit erheben nicht den Anspruch, alle Fakten vollständig erfaßt zu haben. Nicht zuletzt deshalb ist der Verfasser auch dankbar für ergänzende oder berichtigende Angaben.

Diese Arbeit wäre niemals in der vorliegenden Form zustande gekommen ohne die verständnisvolle Hilfe vieler heimatverbundener Menschen, denen sich der Verfasser zu Dank verpflichtet fühlt.

Der Bau des Westwalls

Im Unterschied zur Bevölkerung des übrigen Reichsgebietes konnten die Einwohner im Raume Würselen schon sehr früh, durch die Planung und den Bau der Westwall-Befestigungen, die Möglichkeit von Kriegshandlungen in unmittelbarer Nähe erkennen. Im Frühsommer des Jahres 1937 wurden Landwirte der Stadt Würselen zu einer Versammlung in den Saal "Eschweiler" (am Markt) zusammengerufen. Ihnen wurde eröffnet, daß in nächster Zeit auf ihren Grundstücken Bauten zur Landesverteidigung errichtet würden. Widersprüche seien zwecklos[1].

64 Bunkeranlagen, die vom Ravelsberg bis zum Euchener Feld insgesamt 8 ha gutes Ackerland beanspruchten, wurden im Bereich der Stadt Würselen vom Herbst 1937 bis zum Frühjahr 1938 gebaut[1]. 85 größere Bunker und Panzerwerke nahmen allein im Gemeindegebiet Bardenberg 9,09 ha Ackerland in Anspruch. Die Anlagen waren mit Drahtverhauen umgeben und untereinander mit einem Erdfernsprechkabel verbunden. Zur Tarnung hatte man Strauchwerk angepflanzt. Die zu den Bunkern führenden Feldwege waren mit einer Kiesschicht befahrbar gemacht worden. Die Arbeiten wurden durch Arbeiterkolonnen ("Organisation Todt") und durch Pioniere der Wehrmacht durchgeführt, die in und um Würselen untergebracht waren. Der Pionierstab Jülich, der diese Arbeiten leitete, unterhielt an der Krefelder Straße (Ecke Burgstraße) ein großes Lager. Am 14. Mai 1939 besichtigte Adolf Hitler u.a. Westwallbunker und -befestigungen im Wurmtal[2].

Grenzwacht-Kompanien ("Landesschützen"), meist aus Teilnehmern des 1. Weltkrieges rekrutiert, lagerten beim "Konsumverein Würselen" Waffen und Ausrüstungsgegenstände ein. Im August 1939 wurden die Bunkeranlagen erstmalig besetzt. Gleichzeitig waren bis in das Jahr 1940 hinein Arbeitsdienst-Einheiten mit Unterhaltungs- und Verstärkungsarbeiten (Feldstellungs- und Palisadenbau) beschäftigt. Für diese Einheiten waren auf der Haaler Heide, in Bardenberg-Pley und in Niederbardenberg Reichsarbeitsdienst-Lager errichtet worden. In Bardenberg beanspruchten diese RAD-Lager 13,54 ha Fläche.

Der Westwallbau schuf — wie vorher schon der Autobahnbau — im Grenzraum viele und zudem gut bezahlte Arbeitsplätze. Von den Transportbetrieben bis zu den Gaststätten profitierten viele Geschäftszweige von diesen Bauvorhaben. Doch brachten die zahlreichen Arbeiter auch Probleme, so bei der Unterbringung und Versorgung. Die schwerste Last hatte wohl die Landwirtschaft zu tragen. Verlust und erschwerte Bewirtschaftung der Ackerflächen durch die Baumaßnahmen führten in einigen Fällen zur Unrentabilität landwirtschaftlicher Betriebe. Abhilfe sollte ein Umlegungsverfahren bringen, das jedoch bei Kriegsfortgang ins

Stocken geriet[3]. Eine Eigentumsübertragung der Bunkerparzellen erfolgte aus Zeit- und Geheimhaltungsgründen nicht; den Eigentümern wurde lediglich eine Duldungsverpflichtung auferlegt, die jedoch nicht in das Grundbuch eingetragen wurde.

Lfde. Nr.	Name	abgegeben für Siedlung	RAD	Westbefestigung	zurückerhalten an Westbefestigung	RAD	Lfde. Nr.	Name	abgegeben für Siedlung	RAD	Westbefestigung	zurückerhalten an Westbefestigung	RAD
1	Bischof Josef			0,25 ha			25	Schubert Jos. Wwe.			1,- ha	0,75 ha	
2	Langels Josef ju.			0,25 "			26	Schulthis Jos.	0,15 ha				
3	Cremerberg Josef			0,09 "			27	Schwartz Karl			0,15 "		
4	Maßen Kath. Wwe.			0,25 "			28	Thomas Fritz			0,06 "		
5	Engelen Lorenz		0,50 ha	1,30 "	1,25 ha		29	Weintgens Gerhard			0,50 "		
6	Engelen Johann	1,19 ha	0,68 "	0,25 "			30	Weitz Josef			0,25 "		
7	Emonts Franz	1,10 "											
8	Emonts Gesch.		0,20	0,73 "	0,25 "								
9	Fuchs Johann		1,- "										
10	Göbbels Wilh.			0,31 "									
11	Goebbels Karl			0,12 "									
12	Göbbels Josef	0,23		0,12 "									
13	Küsters Gesch.		0,13 "	1,82 "	0,75								
14	Lurgs Hubert			0,02 "									
15	Lymann Adolf			0,13 "									
16	Mingers Phil.			0,50 "									
17	Maßen Wilh.			0,1									
18	Martens Johann			0,75 "									
19	Martens Josef			0,49 "									
20	Portz Konrad	0,25		1,25									
21	Protz Hubert		11,03	1,57 "	0,25									
22	Ringrath Leo			0,05	0,03									
23	Schubert Heinrich			0,55	0,25									
24	Syggard Heinrich	0,09												

Liste über die Landabgabe Bardenberger Landwirte für die Westwallbefestigungen, Reichsarbeitsdienst-Lager und Siedlungen.

Übersicht der Westwallabschnitte Herzogenrath-Würselen und Würselen-Münsterbusch. ▶

14

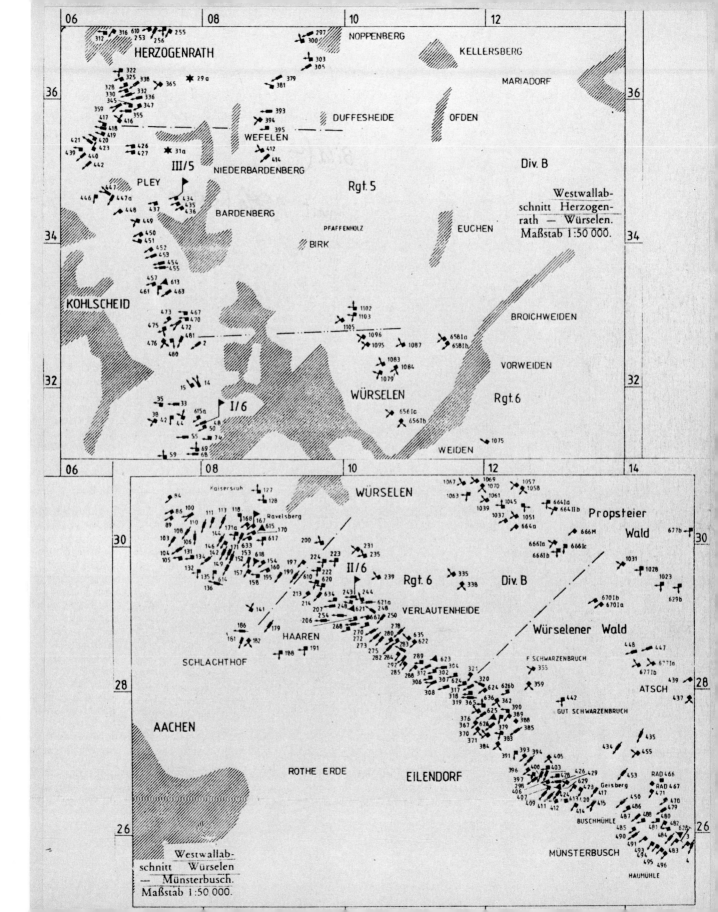

Vorkriegsbilder aus Würselen. Oben: Der Markt mit der Pfarrkirche St. Sebastian. Unten: Der Markt und die Kaiserstraße vom Westturm der Kirche St. Sebastian aus fotografiert.

Beim Verlegen einer Telefonleitung für den Westwall im Jahre 1938 wurden auf dem Markt in der Nähe der Kirche bis dahin unbekannte alte Fundamente entdeckt. Eingehende Untersuchungen waren wegen der Dringlichkeit und der Geheimhaltung der Arbeiten damals nicht möglich.

Der Westfeldzug im Jahre 1940

Kurz nach Kriegsbeginn und dem Feldzug gegen Polen am 1. September 1939 rückten Truppeneinheiten in Würselen und Umgebung ein und fanden Unterkunft auf Sälen und in Privatquartieren. Von diesem Zeitpunkt an ließen die ständigen Truppenverstärkungen auch für den militärischen Laien eine Militärkonzentration entlang der holländisch-belgischen Grenze erkennen. Bis zum 9. Mai 1940 lagen in der näheren Umgebung drei Divisionen (35., 253. und 269. Division).

Trotz mancher Erschwernisse durch diese Einquartierung war das Verhältnis der Bevölkerung zu der Truppe gut; viele Einwohner wußten ihre Angehörigen bei der Wehrmacht in ähnlicher Lage — bereits Anfang 1940 zahlte die Stadt Würselen für die Familien von 500 einberufenen Soldaten Unterhalt. Es war üblich, die Quartiergeber zu Feiern der Truppe einzuladen, und manche freundschaftliche Verbindung bestand auch noch nach Jahrzehnten.

Pastor Fernges von St. Luzia Weiden vermerkte kritisch[4]: *Das Verhalten der weiblichen Jugend war nicht immer korrekt. Die seit Beginn des Krieges vorgeschriebene Verdunkelung leistete vielem Vorschub,* und an einer anderen Stelle seiner Chronik über diese Zeitspanne: *Die Einquartierung brachte Mischehen. Diese waren in Weiden sonst Ausnahmen. Wie überall, so sank das religiös-sittliche Niveau ab.*

In der Nacht zum 10. Mai 1940 begannen die mehrere Tage andauernden Aufmarschbewegungen des deutschen Heeres zum Westfeldzug. Von Broichweiden über Würselen und Bardenberg nach Kohlscheid erstreckte sich die Kolonne, in Bardenberg wurden *über 1000 Panzer*[5] vermerkt. *Stundenlang rollten Panzerfahrzeuge und motorisierter Troß auf der Piste Friedrichstraße, Josef-Goebbels-Straße [Neuhauser Straße] und Aachener Straße. Trotz der Dunkelheit und der Verdunkelung floß der Aufmarsch zügig. Wie mythische Heroen standen die Kommandanten hochaufgereckt in ihren eisernen Kampfwagen. Die Menschen, die die Straßen trotz der vorgerückten Stunde säumten, hatten einen einzigen Gedanken: Das sind Kerls*[6]*!* Das Ausmaß dieses Aufmarsches wird deutlich durch die verursachten Straßenschäden, für die das Reich alleine an die Stadt Würselen später 50000 Reichsmark Zuschuß zahlte. *Um 3 Uhr des 10. 5. erhob sich in den Lüften ein Brausen, das bis zur Stunde [11.5.] kaum unterbrochen worden ist. 13.5.1940: Die Bomber nehmen schon den vierten Tag des Krieges gegen Holland, Belgien und Luxemburg bei Tageslicht ununterbrochen eine ihrer Flugrouten genau über Würselen. In Abständen von einer halben Stunde fliegen 9—27 Bomber, daneben noch eine ähnliche Anzahl von Jägern und Aufklärern*[6].

Op. Nr.102/40g.K.   Sache   Div.St.Qu.,den

21 Ausfert.
.Ausfert.

Endgültiger Befehl für die Durchführung des Grenzübertrit

1.) Angriffsbeginn am 10.5.1940, 5.35 Uhr.
Die Stoßtrupps überschreiten genau zu diesem Zeitpunkt die Grenze. Gleichzeitig treten sämtliche Marschkolonnen, wie befohlen, von ihren Bereitstellungsplätzen aus an. Genaue Uhrzeit ist bis 2.oo Uhr bei der Vermittlung Gallwitzkaserne zu erfragen (besonders wichtig für Stoßtrupps).

2.) Die Bereitstellung muß am 10.5.40 bis 5.15 Uhr beendet sein.

3.) Auf äußerste Tarnung aller Maßnahmen bei Anmarsch und Bereitstellung wird erneut hingewiesen. Besonders der Zeitpunkt des Grenzübertritts ist nur den unbedingt notwendigsten Unterführern bekanntzugeben.

4.) Befehlsstelle der Division in Schokoladenfabrik (800 m ostw. Grenzübergang am Zollamt Vaals) ist ab 9.5.40, 22.oo Uhr, besetzt (Hptm.Wagner). Gallwitzkaserne bleibt nach Abrücken zunächst durch Lt. de la Motte besetzt.

5.) Divisions-Kommandeur am 10.5.40 bis 4.oo Uhr Gallwitzkaserne, ab 4.oo Uhr auf Befehlsstelle Schokoladenfabrik. Eingliederung in die mot.Marschkolonne unmittelbar hinter Vorhut erfolgt am Zollamt Vaals. Das Ende der Vorhut ist bei Durchfahrt am Zollamt Vaals zu melden.

Für die Richtigkeit: gez.Hell

Hauptmann im Generalstab.   K.

Verteiler:
I.R.469   II./A.R.50
I.R.489   I./Flak 29
I.R.490   Ib, Ic
A.A.269   IVa, IVb, IVc
Art.Kdr.108   St.Qu.
A.R.269   Ia
Bb.13
Pz.Jg.269
Pi.269
N.A.269
Div.Nsch.Führ.

Mit dem schnellen Vormarsch der deutschen Wehrmacht schwand eine große Sorge in der Zivilbevölkerung: Die "Freimachung" (Evakuierung) war für den Fall eines Gegenschlages aus dem benachbarten Ausland bereits 1939 vorbereitet worden und konnte jetzt abgesagt werden.

Bis in die Einzelheiten war bereits 1939 die Freimachung (Evakuierung) der Zivilbevölkerung vorbereitet.

Anläßlich des Waffenstillstandes mit Frankreich am 23. Juni 1940 mußte wieder acht Tage geläutet und geflaggt werden[7]; bereits nach dem Sieg über Polen läuteten die Glocken eine Woche lang von 12 bis 13 Uhr. Nach dem rasch beendeten Westfeldzug wurde die Invasion in England von der Bevölkerung für eine ausgemachte Sache gehalten und nahezu keiner glaubte recht an die Möglichkeit eines zweiten Kriegswinters.

Im Mai und Juni 1940 stieg die Zahl der einberufenen Würselener auf über 1000. 500 französische Kriegsgefangene wurden Mitte Juli 1940 im Pfarrheim Würselen untergebracht. Eine Gruppe von weiteren 29 kriegsgefangenen Landwirten füllte die durch die Einberufung entstandenen Lücken in der Landwirtschaft auf.

Auch für den Bergbau wurden in der Folgezeit zunehmend ausländische Arbeiter verpflichtet, denn die Zahl der deutschen Bergleute nahm wegen der Einberufungen zur Wehrmacht immer mehr ab. Die Unterbringung dieser Arbeiterkolonnen erfolgte in Gemeinschaftslagern. Diese befanden sich u. a. im Pfarrheim Würselen, im Kasino Elisa in Morsbach, in Bardenberg-Pley und am Kloster Broich (dort bestand von Herbst 1942 an ein Lager mit ca. 250—350 ukrainisch-russischen Arbeitern, darunter mehreren Familien mit insgesamt 35 Kindern; 30 Arbeiter aus diesem Lager verstarben bis zur Auflösung dieses Lagers im Herbst 1944[8]).

Eine Gruppe französischer Kriegsgefangener vor dem Würselener Jugendheim an der Wilhelmstraße (1940).

Luftschutz und Luftangriffe

Bereits Mitte der dreißiger Jahre war der "Luftschutz" der Bevölkerung zu einem Begriff geworden. Vom Postwerbestempel bis zur großen Luftschutzausstellung in Aachen nutzten die Behörden alle Werbemöglichkeiten für den Luftschutz, ohne jedoch einen nachhaltigen Eindruck zu erzielen.

```
Abschrift.
Der Preuss. Minister für Wissenschaft,      Berlin, den 21.7.32.
       Kunst und Volksbildung.
          B.13o1.
                        Geheim!
Betrifft : Zivilen Luftschutz.
          ----
In Preussen ist eine Organisation für den zivilen Luftschutz
im Aufbau begriffen. Diese Aufgabe liegt in erster Linie in
den Händen der örtl. Polizei- und Gemeindebehörden. Für die
Schulbehörden sind hierbei folgende Gesichtspunkte von Bedeutung :
1. Organisatorische Massnahmen der Schulen für den Fall eines
   Luftangriffes,
2. Mitwirkung älterer Schüler im Luftschutzdienst,
3. Technisch-bauliche Massnahmen,
4. Aufklärung der Schuljugend über den zivilen Luftschutz.
          Zu 1. und 2. ersuche ich mit den zuständigen Polizeibehörden Fühlung zu halten und alle Massnahmen im Einvernehmen mit diesen Behörden zu treffen.
          Zu 3. ist mit den örtl. Baubehörden Fühlung zu
nehmen. Besondere Mittel zur Durchführung baulicher Massnahmen
stehen hier nicht zur Verfügung.
          Zu 4. behalte ich mir den Erlass von Richtlinien
vor. Grundsätzlich ist jede Aufklärung zu vermeiden, die einen
sensationellen Charakter trägt oder eine Beunruhigung der
Schülerschaft herbeizuführen geeignet ist.
                         I.V.gez.Unterschrift.
An die Prov. Schulkollegien und die Regierungen.
                        ----
    Regierung,                     Aachen, den 30.8.1932.
Abtlg. für Kirchen- und Schulwesen.
    B.Nr. 3o8/32.
Vorstehende Abschrift übersenden wir zur vertraulichen Kenntnisnahme.
                         gez.Dr.Steffens.
An die Herren Schulräte des Bezirks.
                        ----
Der Regierungspräsident.              Aachen, den 3.Okt.1932.
  A.Z.Nr.S 81 gen.
Abschrift übersende ich ergebenst zur Kenntnis. Ich ersuche
ergebenst um Bekanntgabe des Erlasses an die Ortspolizeibehörden.
                         I.A.gez.Schuster.
```

Bereits im Juli 1932 war eine Luftschutzorganisation für Preußen im Aufbau, wie die bis hinunter zu den Ortspolizeibehörden verteilte geheime Anweisung belegt.

Mit dem Beginn des Krieges blieb es nicht allein bei den Verdunkelungs- und Luftschutzübungen der Vorkriegszeit. Ein absolutes Verdunkelungsgebot wurde erlassen und streng überwacht. Jedes Haus wurde in Luftschutzgemeinschaften erfaßt, denen ein Luftschutzwart vorstand. Dieser hatte die Einzelmaßnahmen wie die Entrümpelung des Speichers — wegen der verstärkten Brandgefahr —, die Herrichtung von gesondert abgestützten Luftschutzräumen — mit einer offiziellen zeichnerischen Erfassung und einer Hinweisbeschriftung auf der Außenfassade für die Bergungstrupps —, Kellerdurchbrüche zum Nachbarhaus als Fluchtwege bei Verschüttung und Brand, Splitterschutzvorrichtungen vor den Kellerlöchern

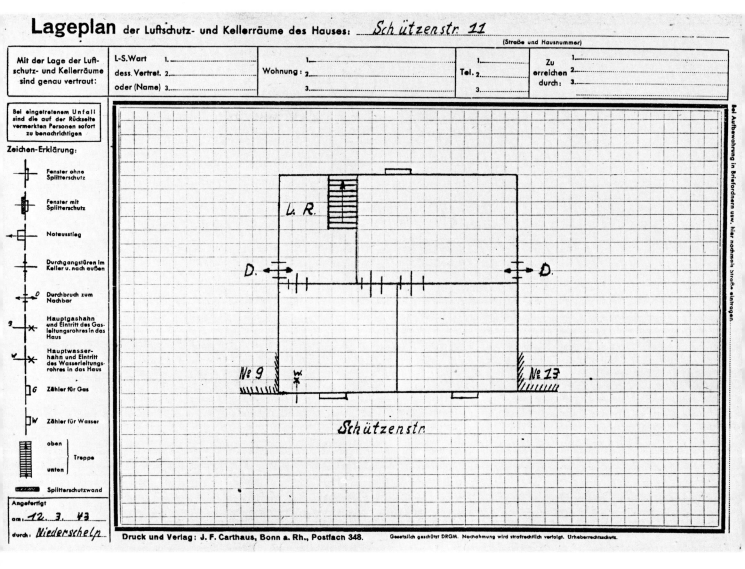

und das Vorhandensein von Löschmitteln und Gasmasken zu verantworten. Größere Betriebe, wie z. B. die Grube Gouley, die Singer-Werke und der "Konsum-Verein" hatten eigene Werkluftschutz-Gruppen gebildet.

In der Nacht zum 12. Mai 1940 erhellten Magnesiumstäbe, die an Fallschirmen niederschwebten, das Stadtgebiet von Würselen; Bomben fielen in dieser Nacht in Aachen und Linnich. Anfangs wurden die nächtlichen Fliegeralarme noch gezählt (z. B. der zweite Alarm am 27. Mai 1940 von 1.00 bis 4.00 Uhr) und das nächtliche Scheinwerferspiel und das Flakfeuer der bei Aachen, Kohlscheid, Stolberg und Eschweiler stationierten Batterien interessiert beobachtet, so von einem hölzernen

Für jedes Haus bestand bei der zuständigen Verwaltung eine Zeichnung der Luftschutzeinrichtungen (links).

Der Organisationsaufbau des Luftschutzes in der Gemeinde Bardenberg (rechts).

```
                Amtsträgerstab
                -.-.-.-.-.-.-.-.-.-.-.-.-.
        des Reichsluftschutzbundes, Gemeindegruppe Würselen,
        Untergruppe B a r d e n b e r g
        ----------------------------------------------------

        Untergruppeführer:              Rektor Noethlings,
        Werbewart:                      Ludwig Münzing
        Bausachbearbeiter:              Peter N i c k a r t z
        Frauensachbearbeiterin:         Lehrerin P o h l,
        Kassenführerin:                 Lehrerin P e l z e r,
        Geschäftsführer und für besondere Verwendung :
                                        Emil H o l s t ,
                                        Otto Niederschelp
        ----------------------------------------------------

Block 1   Grindelstrasse                Maaßen Josef - Preuß Luise
          Grindelgasse
      2   Hermann-Göring-Strasse
          Neubauten Duffesheiderweg     Derichs Hrch.- Schubert Johanna
      3   Dorfstrasse ab Häuser
          Nr. 44 - 60, 23 - 47          Dohlen Hrch. - Kath.Jungen
      4   Josef-Göbbel-Strasse          Paffen Hubert- Beckers P.
      5   Dorfstrasse ab Häuser
          Nr. 2 - 38, 1 - 21            Meessen Peter- Berke Peter
      6   Am Mühlenhaus                 Link Josef   - Peussen Adolf
      7   Hühnernest                    Vichoff Hrch.- Brausen Frau
      8   Beide Siedlungen Lothsief     Peters Konrad- Aretz Maria
          Alte Furth, Dietr. Eckartstr.

      9   Pley, Neue Furth, Fahrloch    Jungen Jakob - Klöcker Anna
     10   Pleyerstrasse                 Weisshaupt J.- Levin Katharina
     11   Im Grötchen                   Mirgartz Wilh.- Boumann Gertrud
     12   Unterheide                    Göbbels Hans - Lux Katharina
     13   Atherstrasse                  Malzkorn Leo - Pool Josefine
     14   Ath, Mühlenweg, Mühle         Arns Heinrich- Grefff Käthe
     15   Aachenerstrasse, Schützen-    Reuters Lorenz Kapellmann Gertr.
          strasse
     16   Horst-Wesselstr.              Rosenbaum Jos.-Jansen Elise
     17   Oberheide                     Körfer Martin- Göbbels Elis.
     18   Schmiedstrasse, Herzrather-   van Els Paul - Tolberg Maria
          strasse
     19   Wolfstrasse, Blücherstr.      Ehrhardt Ook.- Ackermann Anna
          Pützgasse
     20   Wefelen, Forstum              Tolberg Pet. - Willems M.
     21   Siedlung Gemeinschaft         Siegwart Eheleute
     22   Reifeld                       Kersgens Konr. Wörden Kath.
     23   Duffesheide, Überheide        Schäfer Johann Pastor Marianne
          Otto Oel
     24   Esel, Duffesheiderweg, bis    Linn Philipp - Hermanns
          Haus Meyer, Birk
```

23

Beobachtungsstand auf dem Sodaberg aus. In der Nacht zum 27. November 1940 fielen die ersten 27 Stabbrandbomben im Gebiet der Stadt Würselen in der unmittelbaren Nähe des "Lindenhofes" an der Krefelder Straße, ohne Schaden anzurichten. Am 10. Juli 1941 registrierte das Aachener Luftschutz-Tagebuch bereits den 100. Luftalarm und den ersten großen Luftangriff auf Aachen. Dieses Ereignis mit 60 Toten und den für alle sichtbaren Verwüstungen schärfte die Einsicht in die nunmehr sehr umfassenden Luftschutzmaßnahmen. Im Juni 1942 wurde der 200. Luftalarm vermerkt. Für die Schulkinder begann bei Entwarnungen nach Mitternacht der Schulunterricht später, meist erst um 10 Uhr. Dasselbe galt auch für den Beginn des Gottesdienstes in den Kirchen. Die Bevölkerung bemerkte, daß diese Maßnahme nicht nur der Fürsorge entsprungen war, weil die Hitlerjugend ihre "Appelle" vor diesem Zeitpunkt abhielt.

In der Nacht vom 13. zum 14. Juli 1943 wurden Würselen und Umgebung selbst in Mitleidenschaft gezogen. Die Armen Schwestern vom Heiligen Franziskus des Antonius-Klosters in der Würselener Klosterstraße berichteten in ihrem Tagebuch:
Als gegen 1/2 1 Uhr wieder die Sirenen heulten, blieb über eine Stunde alles ruhig und still und wir wollten schon aufatmen. Auf einmal hörten wir, wie Flieger über Aachen und Umgebung kreisten. Gleichzeitig fielen schon die ersten Bomben, wir wissen jetzt, es wird ernst. Nun folgte eine Detonation nach der anderen. So wie wir versuchten, den Keller zu verlassen, um nach dem Rechten zu sehen, wurden wir schon auf der Kellertreppe immer wieder durch das Zischen der Bomben zurückgetrieben, bis ein heftiges Klopfen an der Haustüre uns aufschreckte und Frau Kahlen, unsere Nachbarin, mit ihren Kindern Einlaß begehrte, da deren Haus lichterloh brannte. Leider konnten wir uns noch nicht zur Hilfe anbieten, weil im selben Augenblick ein ziemlich schwerer Phosphor-Kanister im Sandkasten an der Halle eingeschlagen war und brannte. Durch schnelles Zugreifen konnte der Brand der Halle fast im Entstehen verhindert werden, trotzdem die Flieger noch über uns herflogen und dauernd noch Brandbomben abwarfen. Gerade waren die Schwestern und unser immer hilfsbereiter Herr Willms damit fertig und ins Haus getreten, als wir einen dumpfen Aufschlag hörten. Eine Brandbombe mit Sprengsatz hatte Dach und Speicherboden durchschlagen und landete auf dem Podest der Steintreppe, nahe der Kapelle, wo sie explodierte. Die gegenüberliegende Tür und Wände wurden stark beschädigt. Durch schnelles Eingreifen und den günstigen Umstand, daß die Bombe auf Stein einschlug, war es zu verdanken, daß kein größerer Schaden angerichtet wurde. Danach gingen alle Schwestern hinüber nach Kahlen, um dort zu löschen. Möbel, Kleidungsstücke und Lebensmittel lagen in buntem Durcheinander auf der Straße, die wir zuerst in unserem Hause in Sicherheit brachten. Dann rückten wir dem Feuer zu Leibe. Inzwischen ertönte das Entwarnungssignal. Als nun der Morgen dämmerte, sahen wir erst, welches Unheil die Schreckensnacht ange-

richtet hatte. Ganz Aachen stand in Flammen, was wir vom 2. Stock gut beobachten konnten. Würselen war sehr in Mitleidenschaft gezogen. 53 Wohnhäuser, dazu verschiedene große Bauernhöfe waren ein Opfer der Flammen geworden. Viele Straßen waren gesperrt, weil Blindgänger umherlagen und Brandbomben sich immer noch entzündeten. Auch wir suchten unseren Garten ab und fanden die Spuren von mehreren Brandbomben, die aber weiter keinen Schaden angerichtet hatten. Die letzte Brandbombe fand Herr Willms beim Graben am 6. August. Die heilige Messe am 14. Juli feierten wir als Dankopfer für Gottes gnädigen Schutz. Am Tage, welcher der Schreckensnacht folgte, hatten wir noch mehrmals Großalarm und wir sahen die feindlichen Aufklärer tief über uns, die sich vielleicht über ihr Zerstörungswerk orientieren wollten.

Pastor Fernges berichtete für den Raum Weiden: *Bei dem Großangriff auf Aachen am 14. Juli 1943 begann der Abwurf der Spreng- und Brandbomben schon in der Nachbarpfarrei Broich-Linden. In Weiden brannten verschiedene Häuser. Straßen waren mit Phosphor übergossen, um den Kirchturm flogen die Funken. Die Pfarrgeistlichen eilten zu den Sterbenden.* Bereits 1942 beklagte dieser Geistliche die Folgen der Luftangriffe: *Durch die Splitter der Flugabwehr wurde das Kirchendach so schwer beschädigt, daß gewaltige Wassermassen in die Kirche schossen. Bei einem Luftangriff außerhalb der Häuser der Gemeinde wurde durch den Luftdruck das große Fenster des Querschiffes auf der Evangelienseite schwer beschädigt, so daß es in Schienen gefaßt werden mußte.*

Über die Auswirkungen des Luftangriffes vom 14. Juli 1943 auf den Würselener Stadtteil Scherberg schrieb Josef Rauw [9]: *Bei dem großen Angriff auf Aachen und Umgebung fielen auch Tausende von Brandbomben und vereinzelt Sprengbomben auf Würselener Gebiet. In fast allen Straßen loderten Brände gen Himmel, die dank einer guten Luftschutzorganisation und dank des tatkräftigen Eingreifens der Bevölkerung zum größten Teil in kurzer Zeit gelöscht waren. Scherberg vor allen Dingen, die Südstraße hatte einen wahren Brandbombenregen erfahren müssen. Es entstanden Brände in der Südstraße Nr. 47 bei Rüttgers, Nr. 49 bei Wehren, Nr. 99 bei Schäfer, Nr. 34 bei Seuren, Nr. 112 bei Gorgels, Nr. 114 bei Kistermann und Nr. 120 bei Clermont; in der Bergstraße Nr. 3 bei Wirtz, Nr. 4 bei Offergeld und Nr. 10 bei Müller; in der Scherberger Straße Nr. 30 bei Quadflieg und in der Aachener Straße Nr. 122 bei Birken und Nr. 146 bei Graf.*

Nach dem Luftangriff vom 14. Juli 1943 wurden nur vereinzelte Bombenabwürfe auf Würselener Gebiet registriert, so am 24. Dezember 1943 auf dem Kirmesplatz an der Neuhauser Straße und in der Südstraße (Nr. 42 bei Mirbach und Nr. 69 bei Olivier) am 23. Januar 1944. Es entstanden lediglich größere Sachschäden. Die ständigen Luftalarme und die Angst vor der dahinter lauernden Gefahr zehrten an den Nerven der Bevölkerung. Einwohner Aachens, die bei den Luftangriffen obdachlos geworden waren, fanden eine neue Unterkunft in Würselen und Umgebung. Hilfe nach Luftangriffen auf Aachen leisteten Würselener Feuerwehren[10], Sanitätskolonnen und Rettungsdienste (TN=Technische Nothilfe). Nach den Angriffen wurde u. a. im Restaurant Zimmermann, Kaiserstraße die Verpflegung für die Aachener Bombenopfer hergerichtet.

Öffentliche Stollen entstanden im Sodaberg und an der Aachener Straße, an der Zechenhaus- und Balbinastraße, in Broichweiden (St. Jobser Straße) und in Bardenberg (im Grötchen). Die Westwallbunker wurden zum Teil für die schutzsuchende Bevölkerung freigegeben. Manche Familie bezog abends einen sicheren Bunkerplatz, um erst morgens wieder nach Hause zurückzukommen.

Am 12. September 1944 ertönte zum letzten Male die Luftalarm-Sirene, eine "Entwarnung" erfolgte dann nicht mehr ...

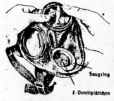

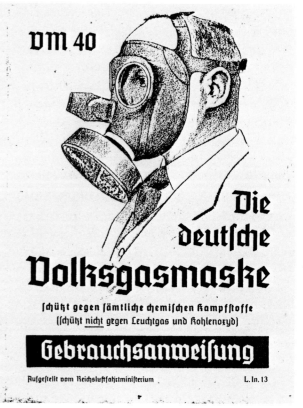

Stimmung, Information und Versorgung der Bevölkerung während des Krieges

Ständige Ungewißheit war wohl das beherrschende Merkmal der Situation, in der sich jeder während des Krieges befand. Ungewißheit über das Schicksal der Familienangehörigen im Felde sowie über die ständige Bedrohung aus der Luft, von der man zunehmend erfahren mußte, daß sie nicht nur militärischen Zielen galt, sondern auch reinen Wohngebieten und damit der wehrlosen Zivilbevölkerung.

Wer kein großes Risiko eingehen wollte, war während des Krieges auf die Informationen in den zensierten und gleichgeschalteten Medien (Presse, Rundfunk, Wochenschau in den Kinos) angewiesen. Das Abhören von ausländischen Radiostationen (meist BBC-London, dessen Sendungen mit den bekannten Paukenschlägen angekündigt wurden) — natürlich auch mit propagandistischen Tendenzen durchsetzt — war in der Würselener Bevölkerung, obwohl unter strenge Strafandrohung gestellt, weit verbreitet.

Der Würselener Bürgermeister Peter Zimmermann beschrieb unter dem 11. April 1940 in seinem Tagebuch einen Vorgang, den er *ein Sittenbild unserer Zeit* nannte: *In unserer Haftzelle hat sich ein gewisser N. mit drei Taschentüchern erhängt. Seine Ehefrau hatte ihn bereits vor 2 Monaten wegen Abhörens ausländischer Sender denunziert. Da bekannt wurde, daß sie einen bei ihr einquartierten Unteroffizier gern sah, war Vorsicht am Platze. Deshalb überließ die Gestapo das Ertappen auf frischer Tat, das erst ein weiteres Vorgehen gegen N. gerechtfertigt hätte, unserer Kriminalpolizei. Mehrfaches Abhorchen im anstoßenden Haus führte zu keinem Ergebnis. Da erschien vorgestern die treffliche Frau bei mir und verlangte mit Worten, die an Beamtennötigung grenzten, das Zupacken am gleichen Abend, denn ihr Mann höre jeden Abend um 21 Uhr den Londoner Sender. Die Kriminalbeamten legten sich auf die Lauer. Als verdächtige Nachrichten ertönten, drang man ins Zimmer. Die Station Rom war eingestellt, die ebenso verboten ist, wie der englische Sender. N. lag auf dem Sofa. Er leugnete; seine Frau habe das Radio eingeschaltet und eingestellt. Man nahm ihn mit und vernahm seine Frau erst am nächsten Morgen. Da gestand sie, daß sie auch ausländische Sender eingestellt habe. Die Anzeige habe sie erstattet, um ihren Mann loszuwerden. Zur gleichen Zeit war letzterer aber in seiner Zelle steif und starr aufgefunden worden.*

Nach jedem Luftangriff fand die Bevölkerung Flugblätter, die unter Strafandrohung unverzüglich abgeliefert werden mußten. Neugierig wurde der Inhalt zur Kenntnis genommen, jedoch verfehlten diese Propagandaschriften z. B. zur Rechtfertigung der Luftangriffe völlig ihr Ziel (zu dieser Zeit wurde der offizielle Ausdruck "Terrorangriff" in die Umgangssprache übernommen). Auch bei der Festlegung des

Kriegszieles (seit der Konferenz von Casablanca 1943 "Unconditional Surrender Formula = Bedingungslose Kapitulation") zeigten die Alliierten keine glückliche Hand. Besonders der Morgenthau-Plan, der im Herbst 1944 bekannt wurde, ließ die nationalsozialistische Propaganda jetzt erst recht behaupten, das deutsche Volk stehe in einem Kampf um Leben oder Tod; im Falle einer bedingungslosen Kapitulation würden die Besatzungsmächte ein Terrorregime errichten. Der ins Wanken geratene deutsche Endsiegmythos machte Platz für eine trotzende Verbissenheit, die jedoch Grenzen zeigte, wenn es um das nackte Überleben ging.

Durch die ausländischen Sendungen und Flugblätter kam eine vergleichende Meinungsbildung zustande, die das Mißtrauen gegenüber allen offiziellen Nachrichten schürte. Die NSDAP mit ihrem Allmachtsanspruch für alle Lebensbereiche hatte es im westlichen Rheinland schon immer recht schwer gehabt. Was ihr an

**Zwei britische Flugblätter.
Die Rechtfertigung des totalen
Luftkrieges: Ein Gebiet wird zum
"Schlachtfeld" erklärt (links).**

**Das alliierte Kriegsziel
der bedingungslosen Kapitulation
wird in diesen Zitaten nicht
genannt (rechts).**

echter Sympathie fehlte, wurde durch eisernen Zugriff wettzumachen versucht. Dies betraf vor allem die katholische Kirche mit ihren Einrichtungen. Insbesondere die religiös gebundene Einwohnerschaft, das war die Mehrheit der Bevölkerung, vergaß keineswegs die Entfernung der Kreuze aus den Schulen und von den Straßen. Man registrierte auch sorgfältig, daß z. B. die Benutzung traditioneller Prozessionswege mit fadenscheinigen Begründungen verboten wurde, hingegen die Parteigliederungen diese weiterhin für ihre Aufmärsche nutzen durften.

Mit Wirkung vom 1. September 1937 war es den Geistlichen verboten, in der Schule Religionsunterricht zu erteilen; bereits vorher war die Arbeit der vielen katholischen Vereine auf das rein Religiöse beschränkt worden. Die Pfarrbibliotheken durften nur noch Bücher mit religiösen Themen ausleihen, die katholischen Kindergärten wur-

Eine stark beachtete kirchliche Demonstration während des 2. Weltkrieges.
Priesterweihe und Primizfeierlichkeiten von Pater Michael Nordhausen aus der Oppener Straße in Würselen am 30. und 31. Mai 1943 fanden unter großer Beteiligung der Pfarreingesessenen von St. Sebastian statt.
In feierlichem Zuge wird der Primiziant von der elterlichen Wohnung zur Pfarrkirche geleitet. Von den Behörden war ihm das Tragen der Wehrmachtsuniform zur Auflage gemacht worden; erst in der Kirche durfte Pater Nordhausen die kirchlichen Gewänder anlegen.

den geschlossen oder von der NSV übernommen. Über diesen Vorgang in Weiden berichtete Pastor Fernges von St. Luzia: *Am Gründonnerstag 1941 erschien im Kindergarten die Geheime Staatspolizei mit einigen Frauenspersonen und legten der Schwester Oberin Antona ein Schriftstück vor, daß der Kindergarten hiermit von der NSV in Besitz genommen werde. Sie richteten sich ein. Das Kreuz wurde abgehängt und den Schwestern übergeben mit dem Hinweis: Das können Sie in Ihrer Privatwohnung aufhängen! Schwester Fiarda, die 23 Jahre im Kindergarten segensreich tätig gewesen, wurde nach Olpe ins Mutterhaus berufen. Lobend und anerkennend sei gedacht der damaligen Helferin Agnes Schmitz, die trotz Drängen und Versprechen seitens der NSV sich nicht mißbrauchen ließ, weiter im Kindergarten tätig zu sein. Am Montag nach dem Weißen Sonntag, dem 23.4.1941 wurde der NSV-Kindergarten eröffnet. Es setzte ein Werben ein durch den Ortsgruppenleiter und die neue Leiterin. 30 bis 40 Kinder erschienen, meist andere als jene, die seither den Kindergarten besucht hatten.*

Auch die Schwestern vom St. Antonius-Kloster in Würselen beschrieben diese wohl zentral gelenkte Aktion: *Gestapo sprach vor und beschlagnahmte unseren Kindergarten. Unsere Schwestern durften ihn nicht mehr betreten. Die Leitung übernahm jetzt, also vom 4.4.1941 ab, die NSV. — Nicht lange dauerte es und man verbot uns auch die Tätigkeit in der Nähschule. Damit nun die Räume im Haus der Beschlagnahme entgingen, wurden die beiden großen Räume gleich an der Pforte von der hochw. Pfarrgeistlichkeit für Seelsorgeunterricht der Schulkinder in Beschlag genommen. — Jetzt tauchte das Gerücht auf: Unser Kloster solle neuerdings aufgehoben werden. Dadurch beunruhigt brachten wir alles, was einigermaßen Wert hatte, bei guten Nachbarn in Sicherheit.*

Die obligatorischen Versammlungen und Kundgebungen der NSDAP wurden zwar oft vor einem überfüllten Auditorium abgehalten, so z. B. eine Versammlung mit dem Staatsminister a. D. Spangenmacher im Olympia-Palast an der Klosterstraße am 6. März 1940, doch der Grund war folgender: *Die Ortsgruppen Würselen und Morsbach haben soviel Mitglieder, wie der Raum faßt, und die freundliche, jedem Parteigenossen schriftlich zugestellte Einladung enthielt Sätze, wie: Ich mache es jedem Parteigenossen zur Pflicht, nicht nur persönlich an dieser Kundgebung teilzunehmen, sondern darüber hinaus mindestens einen Volksgenossen mitzubringen. Anliegend füge ich zwei Eintrittskarten bei ... Eine Rücknahme der Karten lehne ich ab. Ich beschreite diesen außergewöhnlichen Weg, weil allzu viele Parteigenossen, trotz der kritischen Zeit, in der wir leben, nichtstuend beiseite stehen. Der Empfang dieses Schreibens ist durch Ausfüllung nachstehenden Anhanges zu bestätigen ... Um eine Kontrolle über den wirklichen Besuch zu haben, ist jeder Parteigenosse gehalten, auf die Rückseite seiner Eintrittskarte Name und Partei-Mitgliedsnummer einzutragen und diese Karte am Saaleingang abzugeben. Unterschrift: Ortsgruppenleiter*[11].

Mit dem Beginn des Zweiten Weltkrieges am 1. September 1939 wurde, "um eine gerechte Verteilung an alle Verbraucher sicherzustellen", die allgemeine Bezugsscheinpflicht für Lebensmittel, Seife, Hausbrandkohle, Spinnstoffwaren und Schuhwaren eingeführt. Die erste wöchentliche Zuteilung pro Kopf der Bevölkerung betrug an Fleisch und Fleischwaren 700 Gramm, Milch 1,4 Liter, Milcherzeugnisse, Öle und Fette 210 Gramm, Zucker 280 Gramm und Marmelade 100 Gramm[12].

Über die Versorgungslage der Bevölkerung berichtete der Bürgermeister von Bardenberg in Feldpostbriefen an einberufene Mitarbeiter der Gemeindeverwaltung: 24. Juli 1941 — *Im Vordergrund stehen die Aufgaben der Wirtschafts- und Ernährungsstelle, die sich aber im Laufe von nunmehr 2 Jahren ohne Reibungen abwickeln. Eine Anzahl von Bergleuten ist entlassen worden, um in den Produktionsprozeß eingesetzt zu werden. Zu diesem Zeitpunkt war der Einsatz von Frauen in typischen Männerberufen wegen des Arbeitskräftemangels keine Seltenheit mehr.*

Merkblatt für alle Haushaltungen bei Einführung der Rationierung (1939).

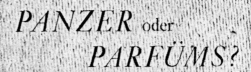

Die Verknappung aller Rohstoffe während des Krieges führte zu drastischen Sparmaßnahmen. Der "Kohlenklau" war eine Werbefigur, die in allen Medien eingesetzt, die Maßnahmen zur Energieeinsparung unterstützen sollte.

▼

Das geschieht Dir recht, Kohlenklau!

läßt die Flamme über den Topfrand schlagen, verbrennst dir so die Pfoten und willst auch noch ein TRAUMAPLAST drauf haben. — Hinaus! — Für uns gilt: Klein die Flamme, Gas, Kohle und Strom sparen für die Rüstungsindustrie

TraumaPlast
läßt wehe Wunden schnell gesunden

PANZER oder PARFÜMS?

Unsere guten deutschen Parfüms bringen wichtige Devisen ein. Mit Devisen werden rare Rohstoffe für unsere Rüstung gekauft. Und damit ist die Frage auch schon beantwortet: während des Krieges verzichten wir auf

MOUSON LAVENDEL
Mit der Postkutsche

```
N.S.D.A.P. Ortsgruppe MORSBACH
-.-.-.-.-.-.-.-.-.-.-.-.-.-.-.-.-.

Lieber Kamerad!
         Auch Du bist dem Rufe des Führers gefolgt und stehst
jetzt draussen in der Front.Als Deutscher Mann,wirdst Du gewiß
stolz darauf sein,dass Du dich in das stolze Deutsche Heer ein-
reihen konntest,dessen Mut und Tapferkeit die Welt in diesem
Kriege schon einmal in dem Polenfeldzug bewundert hat.
Wir alle in der Heimat sind stolz darauf und besonders auf unsere
Soldaten aus der Ortsgruppe Morsbach.
Jm Bewußtsein auf Eure Kraft steht jeder in der Heimat - genau
so wie Jhr an der Front - zum Schutze der inneren Front ein.
Die Heimat ist das Rückgrat der kämpfenden Front und muss es
auch in jedem Falle sein.
So wie Jhr draussen bereit seid alle Opfer für unser Großdeutsche
Reich auf Euch zu nehmen,so wird es auch unser Stolz sein im
Kriegs-Winterhilfswerk die größten Opfer zu bringen ,denn unser
Opfer muss auch ein Steinchen sein auf dem Wege zum Sieg über
unsere Feinde.Durch unser Opfer wollen wir einen Teil unserer
Dankesschuld an den Führer und Euch abtragen.
Die Aufgaben in der Heimat im Kriegs-WHW sind größer geworden.
Aber unser Opferwille und unser Einsatz ist größer und um-
fassender geworden.Die Bewegung und alle ihre Gliederungen be-
trachten es als ihre Ehrenpflicht, den Angehörigen unserer
Soldaten stets helfend und beratend zur Seite zu stehen.
Überall hier zu Hause herrscht das Gefühl der Geborgenheit und
Sicherheit, zumal eine planmäßige Räumung unserer Heimatstadt
nicht mehr vorgesehen ist.
Die in unserer Ortsgruppe einquatierten Soldaten sind gut unter-
gebracht.Zwischen Bevölkerung und Soldaten herrscht ein gutes
kameradschaftliches Einvernehmen.Hoffentlich bist Du auch so
gut untergebracht ?
Deine bisherigen Erlebnisse im Felde interessieren uns und
vielleicht schreibst Du uns einmal etwas darüber.
Unsere Weihnachtsgabe,mit der wir den Wunsch auf Deine baldige
Rückkehr verbinden , möge Dir wohl bekommen .
                          Jn treuer Kameradschaft
                           Heil Hitler!

                         Ortsgruppenleiter
```

Der Weihnachtsgruß der NSDAP — Ortsgruppe Würselen-Morsbach — an die Frontsoldaten (1940).

5. Dezember 1941 — Schwieriger war schon in diesem Jahr die Lebensmittelversorgung für den Winter, weil die Kartoffelernte hinter den Erwartungen zurückgeblieben war. Es ist aber befriedigend, schon heute sagen zu können, daß auch in unserer Gemeinde im bevorstehenden Winter keiner zu hungern braucht. 23. November 1942 — Fast überall setzen sich die Hemmungen des Krieges durch. Glücklicherweise kann man sagen, daß es in der Vergangenheit bei dem einen oder anderen Verbrauchsgut schlechter bestellt gewesen ist. Für Weihnachten sind uns ganz befriedigende Sonderzuteilungen in Aussicht gestellt. Zahllose Nachfragen nach Zuweisung von Textilien, Schuhen usw. Manche berechtigte Anliegen müssen unerfüllt bleiben, weil die Zuweisungen nur zum Teil den Bedarf decken können. Die Kartoffelernte war gut bis sehr gut; die Kopfquoten von 4 Zentner und 7 Zentner für den Bergbau können wohl allgemein als ausreichend angesehen werden. Mancherorts wird man Brennstoffschwierigkeiten haben. Auch diese sind unserer Gemeinde erspart, weil viele Haushaltungen nur die Verheizung von Schlamm kennen, dadurch wird Kohle gespart. Die Bedeutung von Kohleersparnis wird uns heute ja fast täglich durch Rundfunk und Presse zum Bewußtsein gebracht. In demselben Brief wurden die Gefallenen (48) und Vermißtenzahlen (8) für Bardenberg mitgeteilt mit dem Vermerk: 5/6 davon entfallen auf den Ostfeldzug.

Auch Kinder und Jugendliche wurden bei der schwierigen Versorgungslage oft eingesetzt zu Sammlungen von Altmaterial, Heilkräutern (z. B. Kamille und Kastanien) und bei der Bekämpfung des vor dem Kriege nicht bekannten Kartoffelkäfers.

Sammlungen waren überhaupt an der Tagesordnung: z. B. Eintopfsonntag, Winterhilfswerk, Spinnstoffspende. Berüchtigt waren Verhöre, die in Würselen der Ortsgruppenleiter bei unbefriedigenden Sammelergebnissen durchführte: *An zwei Tischen wurde gleichzeitig abgefertigt. Man machte den Volksgenossen den Zweck der Aktion klar und war dann nicht mit ihrem Angebot zufrieden. So offenbarten sie immer und immer wieder vor vielen Zeugen ihre Einkommens- und Familienverhältnisse. Die Verhöre dauerten eine ganze Woche lang täglich für 4—6 Stunden*[13].

Auch die Kirchen blieben — wie schon im Ersten Weltkrieg — vor den Materialsammlungen nicht verschont. Nicht allein Glocken wurden zur Gewinnung des verknappten Rohmaterials abgeholt und eingeschmolzen, auch kleinere Ausstattungsgegenstände und kirchliche Gerätschaften fielen den Sammlungen zum Opfer. Pfarrer Josef Thomé notierte in der Pfarrchronik St. Balbina, Morsbach: *Am 10. November 1942 sind folgende Messing-Gegenstände zur "Verstärkung der Rüstungsreserve" abgegeben worden: 22 Kerzenleuchter, 12 Wandleuchter, zwei Weihrauchfässer mit Schiffchen, Taufkanne mit Teller, zwei Kerzenleuchterfüße, im ganzen 60 kg.*

Der Weihnachtswunsch eines Würselener Soldaten von der Ostfront in Rußland an seine Angehörigen: *"Hoffentlich könnt Ihr die Feiertage in Ruhe und ohne Störung durch die Tommys* (die englischen Flugzeuge) *verleben"* (Weihnachten 1941).

Vor dem Hintergrund der Notlage stellte das Todesurteil gegen den Würselener Ortsgruppenleiter im September 1942, hauptsächlich wegen Wirtschaftsvergehen, eine nicht nur lokale Sensation dar. Obwohl auch die Presse solchen Vorgängen und deren Bestrafung breiten Raum widmete, um die Abschreckung und die geforderte eiserne Disziplin zu erreichen, schwand das Vertrauen der Bevölkerung in die Partei noch mehr.

Zum Tode verurteilt.

Paul Schöner, Würselen, Friedrichstr. 70, wurde vom Sondergericht Aachen wegen eines schweren Falles des Verbrechens gegen die Kriegswirtschaftsverordnung vom 4. 9. 1939 in Tateinheit mit schwerer Untreue, dreier vollendeter und eines versuchten Verbrechens gegen die gleiche Kriegswirtschaftsverordnung, vier vorsätzlicher und eines fahrlässigen Vergehens gegen die Verbrauchsregelungsstrafverordnung, fünf Vergehen der Untreue in Tateinheit mit Unterschlagung und eines Sittlichkeitsverbrechens zum Tode, zum Verlust der bürgerlichen Ehrenrechte auf Lebenszeit und zu einer Geldstrafe von zehntausend Reichsmark verurteilt. Von der Anklage der Erpressung wurde der Angeklagte freigesprochen.

Die Straftaten, bei denen erhebliche Mengen Lebensmittel, vor allem Fleisch, Butter, Mehl und Eier verwirtschaftet wurden, hat Schöner, der u. a. die notwendige Kontrolle über die Lieferungen und den Markenrücklauf nicht rechtzeitig einführte, in seiner Eigenschaft als Geschäftsführer der Verbrauchergenossenschaft Würselen begangen.

Am 21. September 1942 meldete der "Westdeutsche Beobachter — Ausgabe Aachen-Land —" das Todesurteil gegen den ehemaligen Ortsgruppenleiter von Würselen, Paul Schöner.
Die Verhaftung war am 19. Januar 1942 erfolgt, das Urteil wurde am 16. September 1942 gesprochen und am 13. April 1943 auf der Brander Heide durch Erschießen vollstreckt. Die Vollstreckung wurde der Würselener Bevölkerung auch durch Plakatanschläge im gesamten Stadtgebiet zur Kenntnis gebracht.

Hingerichtet. Der Pressedezernent beim Landgericht Aachen teilt mit: Am 13. April 1943 ist der am 8. November 1902 in Würselen geborene Paul Schöner hingerichtet worden, den das Sondergericht in Aachen u. a. wegen Kriegswirtschaftsverbrechens und schwerer Untreue zum Tode verurteilt hatte. Schöner hat als Geschäftsführer einer Genossenschaft neben anderen Straftaten Lebens- und Genußmittel sowie Treibstoffe in großen Mengen gewissenlos beiseitegeschafft und hierdurch die Belange der Allgemeinheit erheblich geschädigt.

Die Zeit der Invasion

Nachdem im Jahre 1943 mit dem Verlust von Stalingrad und der 6. Armee im Osten, dem Ende der Heeresgruppe Afrika und der alliierten Landung in Sizilien die deutsche Initiative in der Kriegsführung verloren gegangen war, brachte das fünfte Kriegsjahr 1944 neben der verstärkten Fortführung der verheerenden Luftangriffe der Alliierten auf militärische und zivile Ziele die erwarteten Invasionen (Landungen in Nettuno/Italien — 22. Januar und in der Normandie/Frankreich am 6. Juni). Die erwartete "Zweite Front" in Westeuropa wurde Anfang 1944 in der offiziellen deutschen Presse oft mit erstaunlichen Einzelheiten über die Vorbereitungen in USA und Großbritannien — meist nach spanischen und argentinischen Quellen — erwähnt.

Am 6. Juni 1944, der von den Alliierten D-Day (D=Decision=Entscheidung) benannt worden war, begann die Invasion im Bereich der Seine-Mündung. Eine Flotte von annähernd 5000 Schiffen war an der Landung beteiligt. Bereits am ersten Abend waren 130 000 Mann und 7000 Fahrzeuge in den noch nicht umfangreichen Brückenköpfen an Land gegangen. Dem Luftaufgebot von mehr als 11000 alliierten Flugzeugen konnten die Deutschen nur 319 Maschinen entgegensetzen.

Die deutschen Abwehrkräfte vermochten einen Sperriegel bis zum 31. Juli 1944 zu halten. Am 1. August 1944 jedoch gelang der 3. US-Armee der entscheidende Durchbruch bei Avranches, der zum "Kessel von Falaise" (19. August 1944) führte und dann den freien französischen Raum für die amerikanischen Panzerverbände öffnete. Am 25. August 1944 fiel Paris.

Alle deutschen Versuche, in der Folgezeit neue Verteidigungslinien aufzubauen, scheiterten: Der Rückzug nach Osten zur deutschen Reichsgrenze geriet zur Flucht vor den Alliierten. Eine Zustandsbeschreibung der Alliierten über ihre deutschen Gegner lautete folgendermaßen: *Das deutsche Heer stellt keine zusammenhängende Streitkraft mehr dar, sondern nur noch eine Reihe flüchtender, ungeordneter und demoralisierter Kampfgruppen ohne ausreichende Bewaffnung und sonstige Ausrüstung*[14]. Die deutschen Truppen büßten beim Rückzug auf den Westwall etwa 600000 Mann ein. Die wochenlangen Kämpfe und Märsche unter ständiger Bedrohung durch die alliierten Tiefflieger am Tage, verstärkte Aktivitäten von Widerstandsgruppen und der Verlust eines Teiles der Fahrzeuge und schweren Waffen hatte das Westheer auf Restverbände reduziert, die in diesem Zustand nicht mehr zu verwenden waren.

Aus deutscher Sicht (Kriegstagebuch des Oberkommandos der Wehrmacht)[15]: *Andererseits waren die Kräfte, die aus der Heimat für die Besetzung des Westwalls herangezogen wurden, höchstens für eine bodenständige Verwendung geeignet, da es ihnen an Zusammenhalt und Kampferfahrung fehlte und sie nicht über die erforderlichen Fahrzeuge und rückwärtigen Dienste für eine bewegliche Kampfführung verfügten. Dazu handelte es sich zum Teil um ältere oder doch weniger kampfkräftige und durchweg unzureichend ausgebildete Mannschaften. Vor allem fehlte es an Waffen für sie und die zurückkommenden Verbände; denn die Rüstung war nicht imstande, mit einem Schlag den ungeheuren Bedarf, der durch die Verluste im Westen und Osten und auch Südosten ins Riesenhafte stieg, zu befriedigen. Die Verkehrslage trat erschwerend hinzu; denn der Feind konnte nun von Flugplätzen abspringen, die der Reichsgrenze nahe lagen. Die Angriffe der britischen und amerikanischen 4mot. Bomber erfolgten zwar nach wie vor von England aus. Da jedoch das Vorgelände fehlte, erfolgte die Warnung bei Angriffen gegen den Westen durchweg so spät, daß sie für das Starten der eigenen Jäger oft zu spät kam.*

Vom September an verschärfte sich daher die Verkehrslage im Westen von Woche zu Woche. Der Eisenbahnverkehr wurde auf die Nachtstunden zusammengedrängt und kam links des Rheins mehr oder minder zum Erliegen. Die Angriffe auf die Rheinbrücken richteten zwar weniger Schaden an, als zu erwarten stand; aber wenn auch nur geringwertige Eisenbahn- und Straßenübergänge ganz ausfielen, so wirkten sich doch die vorübergehenden Unterbrechungen hemmend aus. Die steigende Betriebsstoffknappheit, die sowohl den Verkehr auf der Erde als auch die Abwehr in der Luft drosselte, verschlimmerte sich von Monat zu Monat . . .

Bei dem Wiederaufbau des Heeres wurde so vorgegangen, daß die zurückkommenden Verbände mit den Sicherungskräften aufgefüllt wurden und in sie alles eingegliedert wurde, was durch den Rückmarsch frei zum Einsatz wurde. Daher fanden sich in ihnen junge und alte, erprobte und ganz unerfahrene Mannschaften, Angehörige des Heeres, der Kriegsmarine und der Luftwaffe zusammen, die nur durch die rauheste Wirklichkeit zusammengeschmolzen und durch den Kampf selbst ausgebildet wurden. Bei Würdigung dieser Verhältnisse bleibt es kriegsgeschichtlich eine denkwürdige Tatsache, daß mit solchen Verbänden der Feind im Westen aufgehalten werden konnte. Die Leistung erscheint noch größer, wenn der Mangel an schweren Waffen mit in Rechnung gestellt wird.

Andererseits bleibt es für die deutschen Prinzipien unerklärlich, daß der Gegner angesichts der Tatsache, daß das deutsche Westheer im Augenblick zu einer Offensive nicht imstande war, nicht alle seine Kräfte an einer Stelle massierte und mit ihnen den Durchbruch erzwang. Stattdessen tat er der deutschen Führung den Gefallen, sich fächerförmig von der ganzen Front vom Kanal bis zur Burgundischen Pforte zu verteilen und eine geschlossene Front aufzubauen, an der er zwar in bestimmten Abschnitten sein Übergewicht zur Geltung bringen konnte, es aber doch nicht vermochte, sie als Ganzes in Bewegung zu bringen oder auch nur an einer Stelle den Durchbruch zu erzwingen.

Sobald sich diese Lage herausgestellt hatte, war nach dem Abstützen der Front die nächste Sorge, daß Verbände zur Auffrischung unmittelbar hinter die Front oder in das rückwärtige Gebiet zurückgezogen wurden, um wieder vollwertige Frontverbände und Reserven in die Hand zu bekommen. Parallel dazu verliefen die Fertigstellung neuer Verbände in der Heimat, der Antransport von Ersatz für die weiterkämpfenden und daher der Gefahr abermaliger Ausfälle ausgesetzten Truppen, die Verbesserung der Waffenausstattung und die Anlage von rückwärtigen Befestigungen. Jeder Tag, den der Gegner versäumte oder die Front ihn hinhielt, konnte auf allen diesen verschiedenen Gebieten als ein Gewinn gebucht werden. Jeder Tag, an dem schlechtes Wetter herrschte, durfte als weiterer Gewinn angesehen werden.

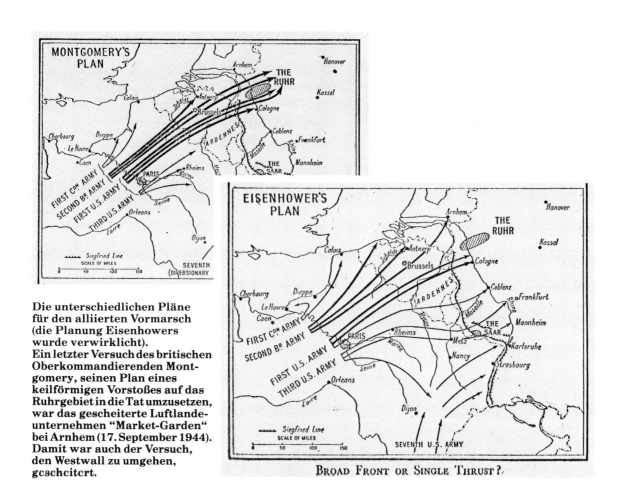

Die unterschiedlichen Pläne für den alliierten Vormarsch (die Planung Eisenhowers wurde verwirklicht).
Ein letzter Versuch des britischen Oberkommandierenden Montgomery, seinen Plan eines keilförmigen Vorstoßes auf das Ruhrgebiet in die Tat umzusetzen, war das gescheiterte Luftlandeunternehmen "Market-Garden" bei Arnhem (17. September 1944). Damit war auch der Versuch, den Westwall zu umgehen, gescheitert.

Die erste Schlacht um Aachen

Am 12. September 1944 erreichten die amerikanischen Truppenspitzen den Westwall bei Roetgen und den Aachener Stadtwald; der Fall von Aachen — und damit der offene Weg zum Rhein — schien nur noch eine Frage von Stunden zu sein. Die Amerikaner verhielten jedoch in diesem entscheidenden Augenblick und begannen am 13. September 1944 die südliche Umfassung der zum Symbol des deutschen Widerstandes erklärten alten Kaiserstadt mit einem Einbruch in die Westwallinie bei Roetgen. Diesen "Stolberg-Korridor" erweiterten die Angreifer bis zum 21. September 1944 bis auf die Linie Rothe Erde — südlicher Rand Eilendorf — Stolberg — Mausbach — Schevenhütte. Auch nördlich wurde die Stadt Aachen entlang der Westwall-Befestigungen an der Reichsgrenze bis vor Geilenkirchen umgangen. Der Verlauf dieses ersten Abschnittes der Aachen-Schlacht bis zum 1. Oktober 1944 ließ die Alliierten erkennen, daß der wochenlange rasche Vormarsch nach Festigung der deutschen Abwehr zum Stillstand gekommen war. Für die deutschen Verteidiger war dies das "Wunder am Westwall". Die Stadt Aachen mit der nordöstlichen Umgebung und damit Würselen ragten *balkonartig aus der Front heraus*[16]. Würselen mit seinen zwei wichtigen Versorgungsstraßen nach Aachen, den Reichsstraßen 1 und 57, wurde in der folgenden Kampfzeit eine bittere Rolle zugewiesen.

Die Karte zeigt den Frontverlauf im Raume Aachen mit den eingezeichneten deutschen Divisionen am 1. Oktober 1944.

Die Annäherung der Front: Räumung, Tiefflieger und Artilleriebeschuß

Bereits in den letzten Augusttagen waren die Reichsstraßen 1 und 57 von rückflutenden Flüchtlingen und Soldaten stark belegt. Der ungeordnete Strom von Fahrzeugen und Menschen schwoll in den ersten Septembertagen weiter an. Die Bevölkerung, die den stolzen Aufmarsch des deutschen Westheeres vier Jahre zuvor noch gut in Erinnerung hatte, war entsetzt über den schlechten Zustand der durchziehenden Truppeneinheiten. Das Durcheinander wurde durch ständige alliierte Jagdbomberangriffe, die um den 5. September einsetzten, noch verstärkt.

Tagebucheintragungen des Missionshauses Broich: 31. August 1944 — ...*die Flut wächst. 3. September 1944 — Truppen strömen seit dem 1. September in Massen zurück. Die Hauptstraße ist lebensgefährlich. 4. September 1944 — Ununterbrochener Durchmarsch von Kolonnen aller Art. Nicht 6 Mann sind von der gleichen Einheit. 6. September 1944 — Durchmarsch hält an. Flieger beschießen Gegend, die Straßen und Eisenbahnen. 8. September 1944 — ...viele Fliegerangriffe: Bordwaffen und kleine Bomben.*

Gespräche mit einzelnen Soldaten ergaben ein verschwommenes Bild der Lage, nur eines schien festzustehen: Die Amerikaner stießen rasch auf den Raum Aachen und damit auf Würselen zu. Fast jeder Soldat riet: "Geht nicht in die Evakuierung, denn bald ist für Euch der Krieg zu Ende". Zum "Schanzen", d. h. zum Herstellen von Panzergräben und Erdstellungen, wurden eilig einheimische und auswärtige "Hitlerjugend" (Köln), dann auch Arbeitskolonnen (aus dem Sauerland) in der Nähe von Horbach, Richterich und Kohlscheid, später auch in der unmittelbaren Umgebung von Würselen eingesetzt. Noch kümmerten sich offizielle Parteistellen um die Räumungswilligen. Gerüchte liefen um. *Alle marschfähigen Personen sollen in fünf Tagen Köln zu Fuß erreichen!*[17] Am 12. September 1944 fuhr die letzte Straßenbahn durch Würselen.

Am 13. und 14. September 1944 verließen große Teile der Verwaltung mit den wichtigsten Akten, die bereits ab Ende August 1944 zusammengestellt worden waren, Würselen, Bardenberg und Broichweiden, nachdem am 12./13. September 1944 die ersten Granaten der amerikanischen Artillerie in Würselen eingeschlagen waren und u. a. den Bahnhof Würselen in Brand gesetzt hatten[18].

Der nunmehr ständige Artilleriebeschuß und die Tieffliegerangriffe forderten die ersten Opfer unter der Zivilbevölkerung: Am 11. September 1944 fanden zwei Frauen aus Aachen (47 und 25 Jahre, Mutter und Tochter) auf Würselener Gebiet, wahrscheinlich durch Bordwaffenbeschuß eines Tiefliegers, den Tod. Am 15. September traf eine Granatensalve auf dem Bardenberger Schulhof eine Gruppe von Soldaten

Gemeindeverwaltung
Bardenberg.   Bardenberg, den 14.9.1944

Herrn
Bürgermeister Schnittker

Sehr geehrter Herr Bürgermeister!

Nachdem am gestrigen Tage die Anweisung zur Freimachung erging, wurden hier die Akten der Gemeindeverwaltung zum Teil durch die Firma Martin Wirtz, Grindelstraße, Fahrer Heinrich Pütz, zur Verschickung in den Siegkreis verladen. Der Transport wurde durch den Meister der Schutzpolizei Mansfeld begleitet. Es war vorgesehen, daß das Auto zurückkam und in der vergangenen Nacht 3 Uhr in Bardenberg eintraf. Dies ist nicht geschehen. Bis jetzt ist weder Pütz noch Mansfeld zurückgekehrt. Da mithin hier Ungewissheit darüber besteht, ob die Akten in Sicherheit sind, bitte ich dieselben dort sicherzustellen. In der Eile ist wahrscheinlich eine Kiste unverschlossen abgegangen. Auch bitte ich, nach Möglichkeit Pütz und Mansfeld zu ermitteln und festzustellen, aus welchem Grunde sie nicht zurückgekehrt sind. Die Freimachung ist nur zu einem kleinen Teil durchgeführt worden. Aus diesem Grunde ist die Verwaltung nicht in der Lage, die Gemeinde zu verlassen, da sie für die zurückgebliebene Bevölkerung zur Stelle sein muß.

Gemeindeverwaltung
[Unterschrift]
Büroinspektor

Nachsatz: Da Mansfeld und Pütz nicht zurückgekehrt sind, konnte ein großer Teil der Akten nicht mehr abtransportiert werden. Die Akten müssen daher hier ihrem Schicksal überlassen bleiben.

In Bardenberg wurde durch die Kreisleitung am Nachmittag des 13. September 1944 die Zwangsräumung angeordnet. Obwohl die Pläne zur Freimachung bereits seit 1939 bestanden, erfolgte die Evakuierung wegen der rasch heranrückenden Front überstürzt. Die Gemeindeverwaltung Bardenberg forschte mit dem abgebildeten Schreiben nach dem Verbleib ihrer Akten.

und Zivilisten; das neunjährige Kind Josef Gay erlag am 18. September den erlittenen Verletzungen. Am 16. September starb Josef Kreutz, 76 Jahre, ein Einwohner von Scherberg, in Euchen; am gleichen Tage der Anstreichermeister Josef Schaffrath (55 Jahre) in der Tür seines Hauses in der Grevenberger Straße; gleichfalls Alex Ritzerfeld (68) und sein Schwiegersohn Cornel Zimmermann (38) beim Wasserholen an der Pumpe in der Dobacher Straße. Am 17. September trafen die Splitter einer Granate die Geschwister Hubert und Marlene Kreutzer, elf und acht Jahre alt, als sie ihrem Vater das Essen zum "Kasino Elisa" bringen wollten. Sie verstarben am gleichen Tage im Krankenhaus Bardenberg; gleichfalls verstarb an diesem Tage Otto Reckermann (54) aus der Morsbacher Straße. Am 18. September wurden die Geschwister Klara Offergeld, 35 Jahre, und Sophia Hasenberg geb. Offergeld, 33 Jahre, an der Mühle Offergeld, Bardenberger Straße, tödlich verletzt. Am 19. September starb in Bardenberg Peter-Josef Schiffer, 47 Jahre, durch einen Granatsplitter.

Mit Ausnahme der Notdienstverpflichteten (Bergleute, Stadtwacht, mit ihren Familien etwa 1000 Personen in Würselen) sollte nunmehr die verbliebene Bevölkerung zwangsevakuiert werden. Auch das noch vorhandene Vieh sollte beschlagnahmt und weggetrieben werden. Ab 18. September 1944 waren auch auswärtige Einheiten der politischen Führung in diese Aktion eingeschaltet. Am 24. September 1944 befanden sich nach offiziellen Angaben in dem noch nicht besetzten Kreisgebiet Aachen 878 Einsatzkräfte zur Räumungsaktion, darunter 189 Politische Leiter, 358 SA-Männer und 180 Polizisten. Die Angehörigen dieser Sondergruppe kamen u. a. aus dem Oberbergischen Kreis, aus Bonn, Halle und Berlin. Zunehmend machte der Abtransport in die Evakuierung Transportschwierigkeiten. Zunächst von Mariadorf und, nachdem Tiefflieger einen Zug, in dem sich auch Würselener Flüchtlinge befanden, auf der Strecke Hoengen-Schleiden (bei Jülich) angegriffen hatten, später von Schleiden und Ameln aus, wurden die zu Evakuierenden meist in Nachtfahrten und auf großen Umwegen in die Bestimmungsgebiete (bis nach Sachsen) mit Zügen transportiert. Die Militärstellen betrachteten die Zwangsevakuierung als eine sinnlose Parteiaktion und gaben diese Meinung auch der Zivilbevölkerung weiter.

Tagebucheintragungen: Würselen[19] 17. September 1944 — *Große Aufregung unter den Bürgern, weil Zwangsräumung erfolgen soll.* Broich[20] 18. September 1944 — *Der Flüchtlingsstrom auf den Straßen ist ungeheuer. Alle Dörfer wehren sich gegen die Räumung.* 19. September 1944 — *Es geistern wieder die Braunen* [SA-Leute] *herum: Grohé* [Gauleiter Köln/Aachen] *in Mariadorf. Abends wird die Räumung abgeblasen.* Morsbach[21] — *Im Graben der Krefelder Straße liegt eine Leiche. Sie soll von einem Wagen hingeworfen worden sein. Sie wird an Ort und Stelle eingegraben. Die Personalien konnten nicht festgestellt werden.* Broich 20.

> Der Bürgermeister
> als Ortspolizeibehörde.
>
> **Notdienstverpflichtung.**
>
> Auf Grund der angeordneten Räumung werden Sie hiermit als Stadtwachtmann notdienstverpflichtet. Auch im Falle der Besetzung durch den Feind haben Sie mit Ihrer Familie in der Stadt zu verbleiben. Männliche Personen im Alter von 15 bis 18 Jahren müssen sich der Räumung anschließen.
> Führer der Stadtwacht ist der Bauer Rueben, Würselen, Adolf-Hitler-Platz 15. Durch diesen ergehen alle Anordnungen.
>
> Würselen, den 24. September 1944.
>
> An den Stadtwachtmann
> *[Unterschrift]*
> Würselen.

Am 14. September 1944 verlagerte die Stadt Würselen den größten Teil der Verwaltung nach Stetternich, zwei Tage später dann nach Hennef/Sieg. Die "Stadtwacht" mit ihrem Führer Wilhelm Rueben, Landwirt, verstärkte die wenigen verbliebenen Schutzpolizisten. Alle Notdienstverpflichtungen in Würselen wurden im Rahmen einer Zwangsräumungsaktion in der Nacht zum 1. November 1944 aufgehoben.

September 1944 — *Die Evakuierung Weidens geht weiter. 22. September 1944 — Die verstärkte SA bringt mit Gewalt einige Bauern auf den Weg. Abends fahren sie wieder heim. 23. September 1944 — Um 9.30 Uhr Lautsprecherwagen: Sofort fertigmachen! Es muß geräumt werden! Gegen 10.30 Uhr kommt die Räumungskommission in die Häuser: Braune und Soldaten. Aus dem Dorf sind jetzt viele fort. 25. September 1944 — Räumung in den umliegenden Dörfern. 26. September 1944 — Es wird durch die SA Vieh weggetrieben. Lebensmittelkarten gibt es nicht, denn das Dorf gilt als geräumt.*

Über diesen Zeitraum berichtete Pastor Fernges für Weiden: *Der Artilleriebeschuß wurde stärker. Häuser wurden zusammengeschossen. Johann Vonhoegen, der in Urlaub weilte, wurde tödlich getroffen. Immer mehr Todesopfer forderte der Beschuß. Die SA räumte Weiden, schleppte die Bewohner zwangsweise in die bereitstehenden*

Omnibusse und gab oft nicht einmal die Möglichkeit, daß sie sich entsprechend anziehen konnten, oft mußten sie ohne Geld und Lebensmittelkarten abfahren. In Weiden wird am 29.9.1944 Quartier gemacht für Infanterie. Stärkerer Artilleriebeschuß setzt ein. Tieffliger werfen ihre Bomben ab, schießen mit Bordwaffen. Am 30.9.1944 kommunizieren im Keller des Hauses Delahaye 31 Gläubige.

Auszüge aus den Feldpostbriefen einer Würselenerin an ihren einberufenen Mann: 18. September 1944 — *Ich habe furchtbare Angst. Über uns pfeift die deutsche Artillerie. Rechts und links schlagen die Geschosse der feindlichen Geschütze ein. Gestern sind vier Leute auf dem Wege zum Bunker getötet worden, der Schaffrath aus dem Tapetengeschäft in seinem Hause. Wärest Du nur hier oder könntest uns wenigstens einen guten Rat geben. Wir wollen hier bleiben.* 26. September 1944 — *Wir sind mit wenigen, zu denen auch Dr. Schmidt und der Pastor gehören, in Würselen verblieben. Heute soll der letzte Menschentransport von Würselen weggehen. Tante Finchen gehört dazu und nimmt diesen Brief mit. Wir leben hier ohne Licht und Wasser. Die Geschäfte sind bereits seit zwölf Tagen geschlossen. Wir sind somit auf unsere Vorräte angewiesen. Ich warte täglich auf Dich. Denn hier haben viele Soldaten auf Grund dieser Sondersituation Sonderurlaub bis auf weiteres bekommen. Wir liegen täglich unter Artilleriefeuer. Die nächsten Treffer lagen bei Singer und bei Lennartz* [d. h. in der unmittelbaren Nachbarschaft der Briefschreiberin].

Beispielhaft für viele ähnliche Schicksale der Evakuierten berichtete das Tagebuch der Armen Schwestern vom Heiligen Franziskus (Aachen) am 2. Oktober 1944 über die Eindrücke einer zwangsevakuierten Aachener Gruppe: *Stunden vergingen, ehe sich die Fahrzeuge in Bewegung setzten, wegen des ununterbrochenen Feuers der Geschütze mußte wiederum ein Stollen aufgesucht werden; alles starrte vor Schmutz. Auf dem Weg überall traurige Zeichen des Beschusses. Zerschossene Wagen, zersplitterte Bäume, Ruinen der Häuser am Wegrand. Auf der Straße lagen die aufgedunsenen Körper toter Pferde und Kühe ... Auf dem kleinen Bahnhof Schleiden, von dem aus die Evakuierten weiterbefördert werden sollten, war bereits eine große Menschenmenge versammelt. Hunderte von Frauen und Kindern standen umher, Alte und Kranke kauerten auf dem Boden, saßen auf Gepäckstücken, drängten sich auf engstem Raum. Alle vernachlässigt infolge des wochenlangen Hausens in Kellern und Bunkern. Allmählich begannen die Menschen die Geduld zu verlieren, die Kinder weinten und schliefen schließlich auf den Armen der Mütter ein. An der Verteilstelle konnten alle Evakuierten belegte Butterbrote holen. Es wurde 7 Uhr* [abends, die Gruppe hatte Aachen um 9 Uhr morgens verlassen] *bis sich der Zug in Bewegung setzte. Wohin der Zug ging, war nirgendwo zu ermitteln. Das Zugpersonal ... bis Hannover. Der Zugführer ... nach Hamm. Zunächst ging die Fahrt nach Jülich. Nachricht ... erst gegen 5 Uhr weiter. Inzwischen war es schon 10 Uhr geworden. Da hieß es plötzlich, in Kürze werde ein Zug nach Duisburg fahren. Die Heimatlosen waren gegen 2 Uhr nachts in Duisburg und von dort gelangten sie gegen 4 Uhr nach Köln.*

Josef Rauw[22] berichtete aus Scherberg: *So verließen doch immer mehr Einwohner teils freiwillig, teils gezwungen die Heimat, nicht ahnend, daß viele in der Fremde ein noch härteres Schicksal erwartete. Andere dagegen ließen sich auch durch Versprechungen und Drohungen nicht von der Heimat trennen. Da es in den Häusern nicht mehr sicher genug war vor dem Beschuß der Tiefflieger und dem Einschlagen der Bomben und Granaten, zog alles in die Stollen des Kalkberges, soweit noch Platz vorhanden war. Die Scherberger fanden Aufnahme bei den Soldaten in den Westwallbunkern der Bergstraße, im Stollen an der Aachener Straße oder im Keller der Schule. Einzelne Gruppen von Nachbarn hatten sich auch in Kellern massiver Häuser zusammengefunden. Von der Welt abgeschnitten, saßen die Menschen teilweise unter notdürftigsten Verhältnissen, da Wasser- und Lichtleitungen gleich in den ersten Tagen des Beschusses zerstört worden waren. Nur in den äußersten Notfällen verließ man die Behausung, um Wasser, Kartoffeln, Gemüse und andere Nahrungsmittel zu holen. Von der noch einzubringenden Kartoffel- und Obsternte wurde nur so viel geholt, als die Großfamilien im Augenblick benötigten; denn bei dieser Arbeit hat manch einer sein Leben lassen müssen. Für Frauen und Kleinkinder war das Aushalten besonders schwer, da die Kühe weggetrieben waren, und es dadurch ganz an der notwendigen Milch fehlte.*

Pfarrer Goergen von St. Sebastian verwandte sich für eine Frau, die versuchte, für ihr Kind im Singer-Stollen Milch zu holen, und der der Zutritt verwehrt wurde, um sie zu zwingen, bereitstehende Wagen zum Abtransport zu besteigen. Die Stollenleute wurden Zeugen einer heftigen Auseinandersetzung zwischen dem Pfarrer und den Parteileuten, die schließlich unter dem Hohn und Spott der Anwesenden abzogen[23].

Pfarrer Goergen verließ später Würselen; die Kapläne der Pfarre St. Sebastian, Bastin und Wilmkes, blieben bis zur Zwangsevakuierung im November. Auf einem Konveniat in Bardenberg am 5. September 1944 hatten die Pfarrer aus dem Raum Würselen beschlossen, nicht in die Evakuierung zu gehen. Solange es eben ging, hielten die Priester aller Pfarren Gottesdienste in gesicherten Kellerräumen ab, um der Bevölkerung Mut und Trost zu spenden. Diese Gottesdienste unter primitiven Verhältnissen erinnerten an die urchristlichen Zusammenkünfte in den Katakomben und wurden mit der Erteilung der Generalabsolution beendet.

Viele Todesopfer, schwere Schuß- und grausame Splitterverletzungen unter der Zivilbevölkerung waren Zeichen des ununterbrochenen Beschusses und der Tiefflieger, die auf alles schossen, was sich bewegte. Das Deutsche Rote Kreuz, deren

Wachstation mit unermüdlichen Helfern zunächst im Keller der Schule Lehnstraße, später im Singer-Stollen lag, wies in seinem Wachbuch allein für die Zeit vom 15. September bis zum 2. Oktober 1944 die Versorgung von 15 Zivilpersonen und elf Soldaten bei schweren Schuß- und Splitterverletzungen aus, eine große Anzahl in diesem verhältnismäßig kleinen Wirkungskreis in der Mitte Würselens. Im Gebiet der heutigen Stadt Würselen sind in diesem Zeitraum etwa 40 Zivilpersonen zu Tode gekommen.

Die Beerdigung der Opfer wurden von mutigen Männern und Frauen unter Einsatz des eigenen Lebens freiwillig vorgenommen. Die Toten in Bardenberg, besonders hoch durch das Knappschaftskrankenhaus, wurden durch Karl Errenst und Josef Stommen mit einem Pferdefuhrwerk unter ständigem Beschuß zum etwas außerhalb der Ortschaft gelegenen Friedhof gebracht und dort in Massengräbern beerdigt. Einzeltransporte von 37 und 58 Leichen sind erklärbar durch die Verbringung vieler Schwerverletzter in das einzige noch intakte Krankenhaus in der weiten Umgebung. Neben dem Arzt- und Pflegepersonal, das bis an die Leistungsgrenze Tag und Nacht arbeitete, sind den Bardenbergern, die ebenfalls Zuflucht im Krankenhaus fanden, Chefarzt Dr. Schmitz, Dr. Nacken, Schwester Christel und Kaplan Mönks bis zum heutigen Tage in dankbarer Erinnerung.

Unter dem Einsatz ihres Lebens versorgten auch die verbliebenen Bäcker (Nacken/ Bardenberg, Esser/Niederbardenberg, Küppenbender und Mainz/Morsbach) die Bevölkerung mit Brot.

Tagebucheintragungen: Broich 17. September 1944 — *In Euchen werden Häuser durch die amerikanische Artillerie beschädigt. Die Feldscheune Lemmens brennt nieder. Unser Keller zählt 50 Mann.* Friedrichstraße — *Nachmittags schwere Ari-Einschläge Richtung Kirmesplatz und auf der Kaiserstraße. Beim Bäcker wurde das Brot ausverkauft.* Broich 18. September 1944 — *In Euchen blieb ein Soldat tot und einer wurde verwundet bei Schümmer im Hühnerstall. Mertens verlor 5 Kühe.* Friedrichstraße[24] 19. September 1944 — *Messe im Jugendheim.* Broich 24. September 1944 — *Gegen 14 Uhr Arifeuer aus Richtung Kohlscheid. Die Pfarrkirche in Linden bekam einen Volltreffer* [von Stolberg her]. *Gestern erhielt auch das Pfarrheim einen Treffer.* Friedrichstraße — *In der Nacht Einschläge. Jugendheim und Kaplanei getroffen.* Bardenberg[25] 25. September 1944 — *Die Kirche wird an der* [nördlichen] *Frauenseite durch einen Treffer beschädigt.*

Die Angaben über den Beschuß zeigen, daß Würselen und Umgebung nunmehr von mehreren Seiten beschossen wurden.

Morsbach[26] 25. September 1944 — *Grube Gouley erhält schwere Artillerietreffer.* Bereits am 15. September 1944 war die oberirdische Stromzufuhr der Grube Gouley unterbrochen worden. Versuche, die Pumpen durch eine weitere Stromleitung entlang der Bahnlinie nach Kohlscheid in Gang zu bringen, scheiterten. Unter

Bericht über die Arbeiten zur Vermeidung des Ersaufens der Grube Gouley.

Im Sept. 1944 näherten sich die Amerikaner langsam der Stadt Würselen. Durch den Beschuß von alliierter Seite seit dem 15. Sept. 44 wurde die Stromzuführung der Grube Gouley von Laurweg u. Alsdorf dauernd unterbrochen. Trotz andauernder Reparatur der Überland-Hochspannungsleitungen war eine geregelte Stromversorgung der Grube Gouley nicht mehr möglich. Die Betriebsleitung ordnete an, die Stromlieferung durch legen eines Kabels von Mühle Offergeld über Morsbach nach Transformator ASEAG Gouleystraße durch die Wiesen über die Eisenbahn der Bahnlinie entlang zu erreichen. Diese Arbeiten wurden unter dauerndem Beschuß erledigt. Kurz aber stellte sich heraus, daß über diese Verbindung kein Spannung zu erhalten war, da inzwischen die Kabelverbindung von Kohlscheid nach Herzogenrath infolge Beschuß zerstört war. Die Zeit drängte aber gewaltig, da auf der Grube Gouley die Pumpen unter Tage schon tagelang standen.

Die Betriebsleitung ordnete jetzt die Verlegung eines Kabels von Grube Gouley nach Laurweg u. zw. unter Tage an. Das oben erwähnte Kabel wurde wieder eingezogen. Von Grube Anna Alsdorf wurden Kabel mit dem L.K.W. nach hier geholt. Zum Einlassen der Kabel in den Schacht und das Verlegen der Kabel in den Strecken unter Tage mußten natürlich das Kesselhaus u. eine Fördermaschine dauernd betriebsfertig gehalten werden u. zwar wohlgemerkt, alles unter dauerndem Beschuß. Ebenfalls mußten die Kohlen von der Halde fürs Kesselhaus herangeschafft werden. Mit äußerster Energie ging es nun an die Verlegung der Kabel. Durch die verschieden dimensionierten Kabel (bezieht sich auf Querschnitt) ferner alu u. Kupferkabel wurde es nötig, teilweise Parallelkabel zu legen.

Es mußten 9 Stck. Kabelverbindungen bis zum Stapel Laurweg hergestellt werden. Die nach Fertigverlegung der Kabel vorgenommene Messung ergab aber einen Fehler in einem verlegten Kabel, sodaß nicht eingeschaltet werden konnte. Ein vorhin erwähntes Kabel (Parallelkabel) mußte nochmals getrennt werden weil in diesem Kabel ein Erdschluß vorhanden war. Nach dieser Trennung konnte nur mit geringer Kraft gefahren werden. Die Zeit aber drängte in die Lage war mittlerweile so ernst geworden, daß das Wasser auf der 430 m. Sohle in der Pumpenkammer nur noch ca. 3-4 cm. von der Schaltanlage stand. Auf der 530 m. Sohle stand das Wasser am Hauptschacht entlang der Befehlsstelle ca. 1,50 mtr. hoch. Schachtsumpf u. unterer Füllort auf der 650 m. Sohle standen schon in Wasser. In der folgenden Nacht arbeiteten einige Elektriker freiwillig an dem fehlerhaften Kabel weiter u. ihre Arbeit war von Erfolg gekrönt. Es wurden 10-12 Std. Dauerpumpen herausgeholt. Jetzt endlich konnten die Pumpen unter Tage voll arbeiten und die Grube konnte vor dem allerärgsten dem Ersaufen bewahrt werden.

Dieses ist in groben Zügen der Bericht über die Rettung der Grube Gouley, deren Rettung das Werk weniger Beherzter war.

Peter Schäffer,
Würselen - M., Elisastr. 8

schwersten Bedingungen wurde alsdann ein unterirdisches Kabel von Gouley nach Laurweg/Kohlscheid verlegt; die Grube Gouley konnte dadurch vor der Gefahr des Ersaufens gerettet werden.

Broich 26. September 1944 — *Schweres Arifeuer und Bomben bis in die Nacht hinein. Friedrichstraße — Großer Brand in der Kaiserstraße. Funken und Brandrückstände fliegen über das Haus.* Broich 29. September 1944 — *Gegen 18 Uhr sind etwa 100 Flieger über uns, drei werden abgeschossen. Sie schießen auf Truppen und Flak im Dorf, Scheunen von Thelen und Wwe. Zander brennen ab. Folgt schweres Arifeuer.* Kloster St. Antonius Würselen 29. September 1944 — *Tagsüber konnten wir uns des Beschusses wegen nur im Keller aufhalten. Nachts gingen wir weiter zum Stollen, dort gab es nur Bänke. Darauf legten wir uns, wenn soviel Platz war, oft war es auch nicht möglich.* Broich 30. September 1944 — *Es liegt schweres Arifeuer auf Neusen von Herzogenrath aus. Wir sind im Kreuzfeuer der Feindartillerie.* 1. Oktober 1944 — *8 bis 15 Uhr Feuerpause.* 2. Oktober 1944 — *Die Amerikaner haben bei Palenberg-Geilenkirchen einen Frontdurchbruch gemacht.*

Die Verwaltung der Gemeinde Bardenberg in der Evakuierung

Inspektor Fritz Defilippi erstattete im Januar 1945 einen Bericht über die Verlagerung der Gemeindeverwaltung Bardenberg (Auszug).

Der Feuerwehrwagen war mangels anderer Wagen für den Transport eines Teils des Personals der Verwaltung vorgesehen. Am 15. September morgens gegen 5 1/2 Uhr fuhr ich, nachdem ich mich vorher mit der Stadtverwaltung Würselen und der Gemeindeverwaltung Herzogenrath wegen des Abfahrens in Verbindung gesetzt hatte, ab zuerst in der Absicht, in Elsdorf die Sachen abzuladen und dann den Rest der Akten zu holen. Entgegen dieser meiner ersten Absicht fuhr ich jedoch weiter bis Siegburg, meldete mich dort dort beim Landratsamte (als Vertreter des Landratsamtes Aachen war dort Herr Versicherungsinspektor Cremer anwesend) und fuhr dann weiter nach Much, woselbst die Verwaltung der Gemeinde Bardenberg nach mir gewordener Mitteilung neu aufgebaut werden sollte. Dort angekommen fand ich die Kisten, die der Fahrer Pütz mitgeführt hatte, auf dem Flur des Bürgermeisteramtes vor. Der Gemeindeverwaltung Much indes war von der Einrichtung einer Verwaltungsstelle Bardenberg nichts bekannt. Nachdem noch ein Telefongespräch nach Ruppichterroth geführt worden war (diese Gemeinde sollte evtl. auch als Ausweichstelle für Bardenberg in Frage kommen) setzte ich meine Fahrt nach Ahlen in Westfalen fort, weil dieser Bezirk als Aufnahmestelle für die Zurückgeführten in Frage kommen sollte. Unterwegs erkundigte ich mich nochmals bei der NSV in Letmathe, die mir als Aufnahmegebiet Soest angab. Nach weiter eingezogenen Erkundigungen wurde mir bedeutet, dass Soest nur als Durchgangsstelle, als Aufnahmegebiet dagegen Hannover-Süd und Braunschweig in Frage komme. Ich fuhr darauf nach Ahlen und meldete mich bei dem Bürgermeister Herrn Schnittker aus Herzogenrath. Dieser gab mir den Auftrag, nach Olde zu fahren, woselbst auch die Gemeindeverwaltung Herzogenrath untergebracht sei. In der nächsten Woche wurden die Restakten und die Akten, die in Much abgesetzt worden waren, durch den Fahrer Pütz in Oelde abgeliefert. Unter Leitung des Herrn Bürgermeister Schnittker wurde dann die Ausweichstelle der Gemeinde Bardenberg in Oelde eingerichtet und die notwendigsten Verwaltungsgeschäfte abgewickelt. In

Anschriftenverzeichnis

Regierung Aachen	(22) Waldbröl,
Landrat des Landkrs. Aachen	(16) Dillenburg, Postschließfach,
Landrat des Kreises Düren	(22) Roßbach /Sieg,
Landrat des Kreises Jülich, Eupen und Malmedy	(22) Herchen a.d. Sieg,
Landrat des Kreises Erkelenz	(22) Holzweiler Krs. Erkelenz,
Landrat des Kreises Monschau und Schleiden	(22) Fellerhof über Ahrdorf/Eifel,
Landrat des Kreises Geilenkirchen	(noch nicht bekannt)
Oberbürgermeister in Aachen	(22) Siegburg, Kronprinzenstr.15,
Stadtverwaltung Düren	(22) Wipperfürth,
Stadtverwaltung Jülich	(21) Olpe i. Westfalen,
Bürgermeister der Gemeinden Alsdorf, Höngen, Kinzweiler	(22) Morsbach-Berghausen über Holpe-Sieg
Bürgermeister Eschweiler	(22) Hennef-Sieg, Bonnerstr.1,
Bürgermeister der Gden Kornelimünster, Walheim, Brand, Eilendorf, Gressenich, Stolberg	(22) Betzdorf-Sieg, Wolf Gerätefabrik,
Bürgermeister der Gden Kohlscheid, Herzogenrath, Merkstein, Richterich, Laurensberg	(22) Eitorf, Sieg,
Bürgermeister von Würselen, Bardenberg, Broichweiden u. Haaren	(22) Hennef-Sieg, Kurhausstr.1
Finanzamt Aachen-Stadt und Land	(22) Waldbröl
Wehrbezirkskommando Aachen	(22) Neu-Dieringhausen,
Wehrbezirkskommando Düren	(22) Waldbröl
Arbeitsamt Aachen	(22) Berg. Gladbach,
Reichsbank Aachen	(22) Gummersbach,
Kreisspark. Aachen	(21) Plettenberg Bez. Arnsberg
Stadtsparkasse Aachen	(22) Siegburg
Dresdner Bank, Aachen	(21) Bielefeld,
Hauptpost Aachen	(20) Hannover I.,
Amtsgericht Aachen	(22) Gummersbach
Wehrmeldeamt Aachen	(22) Volmerhausen Bez. Köln,
Versorgungsamt Aachen	(10) Halle a.d. Saale,
Polizeipräsidium Aachen	(22) Remscheid,
Feuerschutzpolizei Aachen	(22) Remscheid,
Luftschutzpolizei Aachen	(22) Remscheid
Fuhrpark Aachen	(21) Höxter i. Westfalen
Gauwirtschaftskammer	(22) Bonn
Wirtschaftskammer Aachen	(22) Volmerhausen Bez. Köln
Aachener Straßenbahn	(22) Wipperfürth
Wasserwerk d. Landkreises Aachen	(16) Nanzenbach b/Dillenburg
Technische Hochschule Aachen	(16) Dillenburg, Behördenhaus
Aachener - und Münchener Feuerversicherung	(15) Weimar *Niedersbach bei*
Aachener Knappschaft	(21) Burbach b./Brachbach a.d.Sieg
Ortskrankenkasse Aachen	(22) Siegburg,
Ortskrankenkasse des Landkreises Aachen	(15) Heiligenstadt /Thüringen
Reichsbanknebenstelle Eschweiler	(21) Olpe i. Westfalen,
Eschweiler-Bergwerks-Verein, Hüttenabtlg.	(20) Göttingen, Waldschlößchen,
Stolberger Zink	(16) Bad Ems,
Postamt Würselen	(13a) Mühlhausen i. Thüringen.

Die Verwaltungen und Institutionen des Raumes Aachen waren nach der Evakuierung weit verstreut untergebracht. Die Liste entspricht dem Stand von Anfang Oktober 1944; in der Folgezeit änderten sich die Dienstorte noch mehrfach.

Mit dem Erlaß vom 20. September 1944 zog der Reichsverteidigungskommissar Köln-Aachen die Konsequenzen aus Folgen der voreiligen und überhasteten Räumung der Verwaltungen im Raume Aachen. Die Verwaltung der Gemeinde Bardenberg war erst am Standort Oelde i. Westf. in der Lage, die Betreuung der evakuierten Bürger durchzuführen. Inspektor Defilippi stand als einziger der früheren Verwaltungsmannschaft zur Verfügung, nachdem er in der zweiten Monatshälfte des Oktober 1944 zur Schanzarbeit dienstverpflichtet gewesen war.

Abschrift

Der Reichsverteidigungskommissar
Köln - Aachen
Geschäftsführende Behörde:
Der Regierungspräsident Köln
RVK.-Allg.25 Nr. 391/44 g

Köln, den 20. Sept. 1944

Geheim

An die Behörden der Mittelstufe
(ausgenommen Reichsbahndirektion, Reichspostdirektion und Gauwirtschaftskammer)
die Herren Landräte, Oberbürgermeister und Polizeipräsidenten der RV-Bezirke

Betr.: Verlegung von Behörden

Im folgenden gebe ich einen Erlass des Generalbevollmächtigten für die Reichsverwaltung vom 19.9.44 Nr. 5987 bekannt:

"Die Ausdehnung der Kampfhandlungen erfordert gegebenenfalls die Freimachung von Teilen des Reichsgebiets durch die Bevölkerung. Für die hierbei u.U. notwendige Verlegung staatlicher und gemeindlicher Dienststellen gebe ich folgende Richtlinien:

I.

Staatliche und gemeindliche Dienststellen dürfen erst bei akuter Feindbedrohung auf ausdrückliche Anordnung der vorgesetzten Dienststellen oder auf militärischen Befehl verlegt werden. Die untere Verwaltungsbehörde erfüllt ihre Aufgaben, solange ihr hierzu noch irgendeine Möglichkeit bleibt. Eine erforderlich werdende Verlegung erfolgt daher zunächst innerhalb des eigenen Verwaltungsgebietes. Bei der Notwendigkeit, den eigenen Bereich zu verlassen, entscheidet die nächsthöhere Dienststelle über Ort und Art der Weiterführung der Dienstgeschäfte. Sie kann damit eine der ausweichenden Behörde benachbarte Dienststelle beauftragen oder die Geschäfte auch selbst übernehmen.

Die Verwaltungen der Gemeinden und Gemeindeverbände verfahren sinngemäss. Anstelle der nächsthöheren Dienststelle tritt die Gemeindeaufsichtsbehörde.

Für die Verlegung von Mittelbehörden gilt Entsprechendes. Sie erfolgt möglichst zu einer Mittelbehörde derselben Verwaltung des gleichen RV-Bezirks.

Der Bürgermeister
der Gemeinde Bardenberg

z.Zt. Oelde, den 17. Nov. 1944

An

die Gauleitung der NSDAP
Gau Köln-Aachen,
Gauamt für Volkswohlfahrt,
Nachweisstelle für Rückgeführte

in Köln-Marienburg,

Parkstrasse 3 - 5.

Hierdurch melde ich, dass die Dienststelle der Gemeindeverwaltung Bardenberg, Landkreis Aachen, sich in Oelde, Westfalen, Amtshaus befindet.

Aus Briefen
evakuierter Bardenberger Bürger

"... erhielt ich zugleich auch einen Brief von meinem Mann vom 30. September. Nun will ich Ihnen alle Neuigkeiten von Bardenberg mitteilen. Bei uns am Haus sind sämtliche Fensterscheiben kaputt. Eine Granate ist im ersten Stock eingeschlagen, ist im Nachbarhaus bei Prömper gelandet, dort ist die Sprengung losgegangen und alles ist dort ein Schutthaufen. Die obere Grindelstraße ... sind die Häuser kaputt. Bei Mund in der Wirtschaft ... ist der 12-jährige Peter tot durch eine Granate. Bei Sturm, Gut Steinhaus, ist der Willi und der Melker tot durch eine Granate. 4 Pferde sind dabei kaputt geblieben. Aus dem Elektrogeschäft Gay, Dorfstraße, ist der älteste Junge auf dem Schulplatz tot ..."

"... zufrieden sein wollen, so möchten wir -wie wohl auch S... und alle anderen Bardenberger- nur zu gern wieder nach Hause. Aber das dürfte wohl nicht so bald sein w... wir dann zu Hause antreffen, sind dann nur noch Trümmer. Man kennt diese unausweichliche Folge der Stellungskämpfe ja leider zur Genüge aus dem 1. Weltkriege.

Uns. Haus war durch feindl. Artilleriefeuer bereits bei unserer Abreise schwer beschädigt u. ist durch die schweren inzwischen dort erfolgten Kämpfe ne Zweifel total vernichtet. Aus dem gleichen Grund ist auch mit dem Verlust der gesamten Inneneinricht... s...stigen Inventars und Vorräte ... rechnen

Haben Sie nochmals etwas aus Bardenberg gehört, wi... was zuletzt oder jetzt dort aussieht? Man muß leider annehmen, daß Bbg z Zt in feindl. Hand ist. Im Augenblick besteht doch wohl kaum eine Möglichkei... nach Bardenb. hinein und wieder zurückzukommen. A...ge vor uns. Abreise war ein Sohn von Sturm-Steinh... und die zwei Töchter aus der Mühle Offe geld, sowie ... rere andere Leute durch feindl. Granaten getötet.

"... Mund Peter, Willi von Sturm, der Melker von Sturm und das Kind aus dem Elektrogeschäft Gay sind durch eine Granate tot. — Bei uns soll das Haus auch ganz kaputt sein. Die Anna Kuckelkorn von der Heidestraße ist am 4. Oktober durch eine Granate totgeblieben. Fam. Müller und Familie Widdershofen ist am 29. September durch Artilleriebeschuß auf der Chaussee ... totgeblieben unter 13 Personen."

"Ich war auch am 23.9. noch mal in Bardenberg und suchte Frl. Bosch wegen einer Unterschrift auf. In B. sah es trostlos aus, aber Frl. Bosch wollte dort bleiben. Haben Sie noch etwas von ihrem Verbleib gehört?"

● **Informationen** ● **Gerüchte** ● **Leid und Heimweh**

"Hier gibt es nämlich eine Unmenge Menschen, die noch nicht die Zeit verstehen und wo Flüchtlinge nicht gern gesehen sind. Aber was uns gestern passiert ist, kann denen ja morgen vorkommen."

"... Hier im Dorf werden wir behandelt wie Deutsche II. Klasse."

Meiner Familie geht es leidlich gut. Man ist ja nur geduldet und kann weder Löffel noch Tasse sein Eigentum nennen. Bezugscheine für die nötigsten Sachen haben wir erhalten, jedoch haben die Geschäfte ausverkauft und es ist zunächst nichts zu haben. Außer meiner Familie wohnt noch eine Familie mit 4 Personen mit uns zusammen. Frau und drei Kinder eines Kameraden aus Mariadorf. Außerdem noch 4 Evakuierte aus Bardenberg, welche ein Mansardenzimmer bewohnen und unter den Dachpfannen schlafen. In zwei anderen Zimmern wohnen z.Zt. 8 Personen, einige davon aus Bochum. In dem kleinen Bauernhaus liegen wir also zusammen wie die Heringe. Vier Personen schlafen auf dem Fußboden. Solange wir jedoch ein Dach über dem Kopf behalten, wollen wir trotzdem noch zufrieden sein. Vor einigen Tagen flogen die Fliegerbomben hier in bedenklicher Nähe. Am kommenden Freitag soll hier die kleine Ortschaft einen Transport Evakuierter aufnehmen, jedoch wohin mit all den Menschen. Hier in der Gegend wohnen viele Evakuierte aus dem Landkreis Aachen. Über Bardenberg und Herzogenrath konnte ich noch nichts erfahren, was Sie interessieren könnte. Nach alldem, was man hörte, brauchen wir uns keine Hoffnungen zu machen, daß nach dem Krieg noch etwas von unserem Gut vorhanden ist. Ich habe alles abgeschrieben. Wir wollen jedoch nicht klagen und froh sein, wenn wir zu den Überlebenden gehören und später wieder von neuem anfangen können.

● Ungewißheit   ● Abweisende Aufnahme   ● Hoffnung

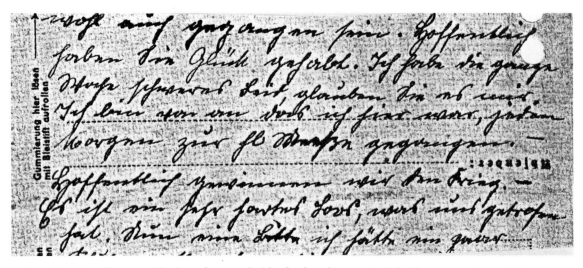

"... Ich habe die ganze Woche schweres Leid, glauben Sie es mir. Ich bin, von an das ich hier war, jeden Morgen zur hl. Messe gegangen. — Hoffentlich gewinnen wir den Krieg. — Es ist ein sehr hartes Los, was uns getroffen hat."

Haben mit vielen Dank auch Ihre lb. Karte vom 23.11. erhalten. Ganzbesonders gild dieses für die uns mitgeteilte Anschrift der Kreissparkasse Würselen. Habe auch dahin schon geschrieben. Sollten auch wir neue Adressen von Evakuirten u.s.w. aus Bardenberg erfahren, so werden wir Sie Ihnen umgehend übermitteln. Wie ich heute durch jemand von Höngen-Mariadorf erfuhr, soll der Feind vom Kaninsberg angefangen bis herunter nach Schleiden b. Jülich ein Bombenteppich in den andern geworfen haben. Auch in Höngen stände nichts mehr. Wir können uns demnach damit abfinden, dahs wenn es bei uns in Bardenberg nicht so hergegangen hat, wenigsten etwas vorhanden ist. Wir wären schon zu frieden, wenn wir noch den Keller vorfinden. Wären wir doch nur schon zu hause. Je länger man von Seinem Heimatort weg ist, um so mehr brennt man darauf in Wiederzusehen. Vielleicht, und was wir ja auch alle hoffen, ist es nicht so krass, und nicht so zerstöhrt, als wir alle meinen. In der Hoffnung, dass Ihnen dieser Brief bei bester

Der Raum Würselen in der zweiten und dritten Schlacht um Aachen
(2. Oktober — 19. November 1944)

Bereits am 19. September 1944 erreichte die später bei den Kämpfen im Raum Würselen eingesetzte 30th US-Infantry Division (OLD HICKORY = Alter Nußbaum) — dem XIX. Corps der First Army zugeordnet — bei Scherpenseel die dort nur sehr spärlich besetzten Westwall-Befestigungen[27]. Für den nächsten Tag war der Durchbruch geplant mit dem Ziel, den Druck des VII. US-Corps auf Aachen durch einen Zangenangriff in südlicher Richtung zu unterstützen. Viel höher als der militärische Wert dieser Befestigungslinie war der Mythos des Westwalls, der bis in das Jahr 1944 hineinwirkte. Die Schlechtwetterlage machte zu diesem Zeitpunkt den Einsatz von Kampfflugzeugen unmöglich und da es der amerikanischen Division verboten war, ohne Luftunterstützung anzugreifen, wurde am 22. September 1944 beschlossen, den Angriff um einige Tage auszusetzen. Neben dem vorherrschenden Regenwetter wurden für die Verschiebung Versorgungsschwierigkeiten bis zum Ende des Monats September und die in wenigen Tagen erwartete Verstärkung durch die 29th Infantry Division (BLUE AND GREY = Blau und grau), deren 116th Regiment ebenfalls später in Würselen eingesetzt war, angegeben.

Zu den Angriffsvorbereitungen gehörten Aufklärungsunternehmen jeglicher Art, besonders gründlich ausgeführt durch Luftfotos. Auch alte englische und französische Luftaufnahmen aus der Entstehungszeit des Westwalls fanden zu Vergleichszwecken Verwendung.

Bereits am 9. September beflogen amerikanische Aufklärungsflugzeuge den Raum Würselen und stellten Fotos in hervorragender Qualität her, die später auch bei der Herstellung von Spezialkarten Verwendung fanden. Schrägluftbilder dienten der direkten Operationsvorbereitung (im Bild das Gebiet Alsdorf-Kellersberg, -Ofden und Neusen).

Die Aufklärungsergebnisse ließen die Amerikaner eine ihrer Ansicht nach günstige, 2 Kilometer breite Stelle zum Angriff auf den Westwall bei Rimburg finden. Dieser Angriffsraum wurde am Sandkasten nachgebildet und von den Angriffsregimentern (117th, 119th und Teile des 120th) studiert, dabei wurden den beteiligten Kräften die Rollen in allen Einzelheiten zugewiesen.

Lediglich ein Soldat dieser Kampfgruppe war bis zu diesem Zeitpunkt in der Handhabung eines Flammenwerfers zur Bunkererstürmung geübt; allgemein mußte die Feststellung getroffen werden, daß der Ausbildungsstand für ein solch schwieriges Unternehmen ergänzt werden müsse. Die ursprünglich nach dem Lesen der Karten vorgesehenen Sturmboote (das englische Wort "river" konnte auch einen größeren Fluß anzeigen) wurden durch Spezialstege (sog. "dug-boards") zur Überquerung des Wurmbaches ersetzt. Während der gesamten Vorbereitungszeit richtete die amerikanische Artillerie ihr Feuer auf die in Aussicht genommene Angriffsstelle mit ihren Bunkerbefestigungen sowie die deutschen Artillerie- und Flakstellungen.

Ursprünglich schon einmal für den 1. Oktober 1944 geplant, wurde der endgültige Angriffstermin dann wegen des schlechten Wetters auf den 2. Oktober festgelegt. Der Angriff an dieser Stelle und zu diesem Termin kam für die deutschen Verteidiger überraschend; General Köchling, Kommandierender General des zuständigen deutschen LXXXI. Armeekorps, führte dies später auf falsche Lagebeurteilung durch das Generalkommando und die fehlende Luft- bzw. mangelhafte Erdaufklärung zurück. Er bescheinigte zugleich den Amerikanern eine ausgezeichnete Tarndisziplin. An dem vorausgehenden Luftangriff ("Operation CISCO") waren Verbände mit insgesamt 400 Kampfflugzeugen beteiligt. Nach ursprünglichen Plänen sollten noch mehr Flugzeuge eingesetzt werden; doch hatte die 30th Division von der Normandie her sehr schlechte Erfahrungen mit Flächenbombardements gemacht, weil dort die eigenen Linien getroffen worden waren. Auch jetzt wurden die Angriffsziele überwiegend verfehlt und versehentlich die Stadt Genk in Belgien bombardiert. Brandbomben — auch Napalm wurde bei dieser Gelegenheit schon eingesetzt — zeigten in den bewaldeten Angriffsräumen wegen der vorherrschenden Nässe kaum Wirkung.

◀ **Bildausschnitt von Zentral-Würselen aus einem amerikanischen Aufklärungsfoto vom 28. September 1944.
Markierte Punkte: A Kreuzung Parkhotel, B St. Sebastian, C Schule Lehnstraße, D Lindenplatz.**

Aus mehr als 400 Rohren feuerte die amerikanische Artillerie dann zwei Stunden lang vor der Eröffnung des Infanterieangriffs am 2. Oktober 1944, 11 Uhr. Gleichzeitig unternahm die nunmehr eingetroffene 29th Division einen Entlastungsangriff nordwestlich von Geilenkirchen (Hatterath, Birgden, Kreuzrath). Am ersten Tag des Angriffs bildeten die Amerikaner einen kleinen Brückenkopf und erzielten, nachdem Panzer die über die Wurm errichteten Brücken hatten passieren können, an den nächsten Tagen einen tiefen Einbruch zunächst nach Norden und Osten und dann am 7. Oktober — klar erkennbar — nach Süden mit Richtung auf Würselen.

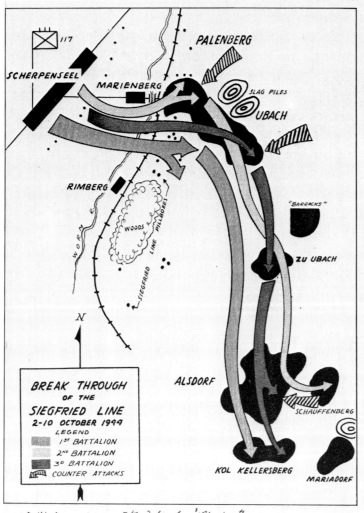

Die Karten zeigen den Weg der amerikanischen Einheiten vom Brückenkopf bei Rimburg/ Marienberg bis in den Raum Alsdorf und Würselen.

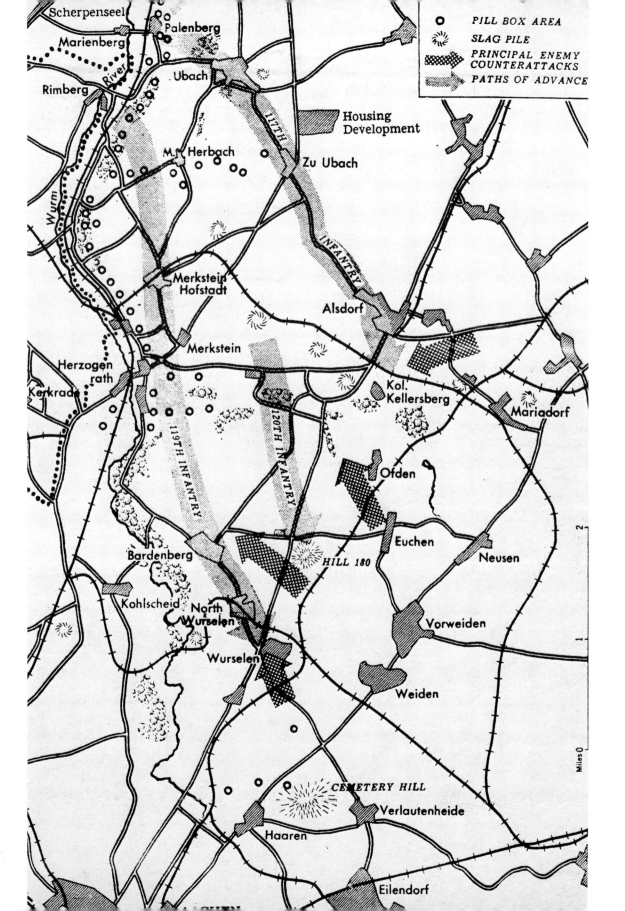

Über Zweck und Stoßrichtung des amerikanischen Angriffs bestand deutscherseits bis etwa 5. Oktober Unklarheit; erst dann wurden neben den örtlichen Reserven des LXXXI. Armeekorps und der 7. Armee Verstärkungen durch den Oberbefehlshaber West der Heeresgruppe B — die 3. Panzer-Division — an die Aachen-Front befohlen, weil die Lage durch die drohende Vereinigung der amerikanischen Zangenangriffe um Aachen als sehr kritisch beurteilt werden mußte. Der tiefe amerikanische Einbruch am 7. Oktober nördlich Aachens und ein zum gleichen Zeitpunkt befürchteter Großangriff im Süden in Richtung Köln führte an diesem Tage zu dem Entschluß, ebenfalls die 116. Panzer-Division (Windhund-Div.) und das Generalkommando I. SS-Panzer-Korps im Aachen-Korridor einzusetzen. Dieses Kommando sollte den geschlossenen Einsatz der 3. Panzer-Division (später in 3. Panzergrenadier-Division umbenannt) und der 116. Panzer-Division gewährleisten. Diese Maßnahme stellte im übrigen einen außergewöhnlichen Eingriff in die Befehlsgewalt des mit den örtlichen Verhältnissen gut vertrauten LXXXI. Armeekorps dar.

Vom Angriff der Amerikaner bei Rimburg unmittelbar betroffen waren auf deutscher Seite die 183. Infanterie-Division (rechts in Richtung Geilenkirchen) und die 49. Infanterie-Division (links in Richtung Herzogenrath); besonders die letztgenannte Einheit war durch die Kämpfe in Frankreich stark mitgenommen und dezimiert. Auffallend waren in diesem Bereich dann auch die Ausfälle durch Gefangennahme: die 30th US-Division zählte am 7. Oktober bereits über 1000 Gefangene.

Den Frontbogen nach und in Aachen hielt die 246. Volksgrenadier-Division, die, erst im September 1944 neu aufgestellt, die 116. Panzer-Division in und um Aachen ablöste. Die 246. Volksgrenadier-Division bestand aus den Regimentern 689, 404 und 352. Im Verlaufe der Kämpfe wechselten die Zuständigkeiten und führten zur Unübersichtlichkeit. Das Regiment 404 wurde z. B. zeitweise an die 183. Division abgegeben, am 11. Oktober in Würselen wieder eingegliedert, das Regiment 149, von der Stammeinheit durch den amerikanischen Einbruch bei Alsdorf am 7. Oktober abgeschnitten, von der 49. Division übernommen. Außerdem operierten im Gebiet der 246. V.G.D. Kampfgruppen unter Korpsbefehl (z. B. "Schnelles Regiment von Fritschen", Panzerbrigade 108); weitere Einheiten z. T. eilig von Versprengten gebildet wie z. B. das "Bataillon Trier" mußten integriert werden.

An den Kampfabschnitt der 246. V.G.D. schloß sich der Raum der 12. Infanterie-Division (Richtung Stolberg/Schevenhütte) an.

Die Divisionen 246 und 12 trugen zunächst die Hauptlast der Kämpfe in der zweiten Aachen-Schlacht, deren zweite Phase am 8. Oktober 1944 begann. Die 30th US-Division glaubte zu diesem Zeitpunkt noch an eine Zeitdauer von vielleicht zwei Tagen, um sich mit der 1st Division, die nur 4000 yards (ca. 3,7 Kilometer) entfernt stand, bei Würselen zu vereinigen, um damit den Ring um Aachen zu schließen. Sie glaubte dies umso mehr, als die 1st Division durch Angriffe auf den Haarberg

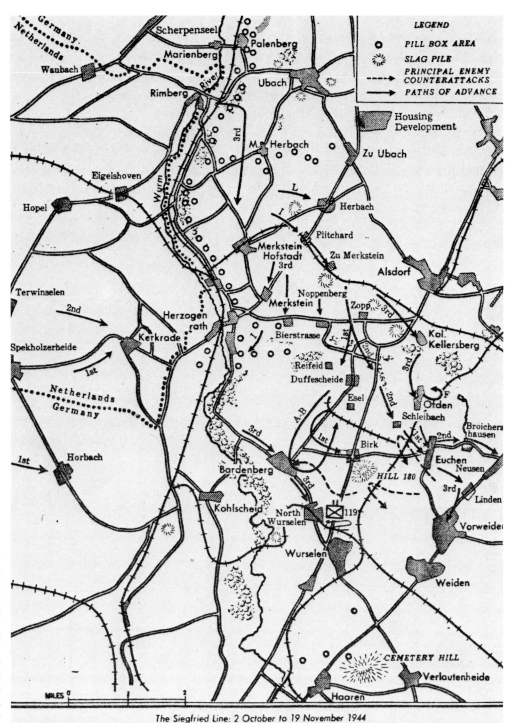

Diese amerikanische Karte zeigt anschaulich die Bewegungen der Bataillone und Kompanien des 120th US Infantry Regimentes und die deutschen Gegenangriffe im Raume Würselen.

The Siegfried Line: 2 October to 19 November 1944

und den Ravelsberg den Weg verkürzen wollte. Als Treffpunkt beider Divisionen war Kaiserruh vorgesehen. Die 2nd Armored Division (Panzer) erhielt zunächst nur den Auftrag, den Angriff der 30th Infantry Division an der östlichen Flanke zu schützen. Nachdem die südliche Stoßrichtung des amerikanischen Angriffs am 7. Oktober klar erkennbar war, erhielt das Pionier-Bataillon der 246. V.G.D. (bis dahin Divisions-Reserve in Mariadorf) den Auftrag, das Gelände zwischen Herzogenrath und der Reichsstraße 57 mit allen verfügbaren Mitteln für Panzer und Infanterie zu sperren. Die Arbeiten, die unter starkem Materialmangel litten, begannen bereits in der Nacht vom 7. zum 8. Oktober und wurden auch am 8. Oktober fortgesetzt. Die Pioniere übernahmen gleichzeitig an den folgenden Tagen die Verteidigung dieses Abschnittes.

Amerikanische Soldaten in der Alsdorfer Bahnhofstraße.
Bereits am 7. Oktober 1944 war es den Amerikanern nach einem entscheidenden Durchbruch relativ leicht gelungen, Alsdorf einzunehmen. Deutsche Bergleute aus dem Raum Würselen durchquerten ahnungslos die Frontlinien bei Überheide/Kellersberg. Fragende Soldaten und Zivilisten waren erstaunt zu hören, daß die Amerikaner bereits in Alsdorf waren.

Herzogenrath wurde am 8. Oktober 1944 besetzt. Amerikanische Pioniere bauten die von deutschen Truppen gesprengte Eisenbahnbrücke an der Kleikstraße provisorisch wieder auf.

Sonntag, 8. Oktober 1944

Das 1st Battalion des 119th US-Infantry Regiments stieß am frühen Morgen von Merkstein ausgehend nach Herzogenrath hinein und fand die Straßen stark vermint vor. Das 3rd Battalion nahm seinen Weg entlang der Eisenbahnstrecke in die Stadt. Es dauerte nahezu drei Stunden, bis eine Spezialeinheit einen Weg für die Kampftruppen durch die Stadt gebahnt hatte. Die Minen lagen teilweise unter Pflastersteinen versteckt und waren so miteinander verbunden, daß bei der Detonation einer Mine eine Kettenreaktion entstand. Teilweise war aber auch erkennbar, daß die Minengürtel und Sperren in großer Hast errichtet worden waren, weil Material an den Straßenrändern unbenutzt abgelegt worden war. Die Amerikaner verzeichneten in Herzogenrath elf Verluste durch Minen. Noch vor Mittag stieß das 1st Battalion durch Kämerhöf und kämpfte in dem Waldgebiet nordöstlich von Niederbardenberg. Am frühen Nachmittag erhielt das 3rd Battalion den Auftrag, Pley zu erobern, erreichte aber nur einen Punkt nordwestlich von Niederbardenberg. Der verstärkte Widerstand der deutschen Verteidiger stoppte auch das 1st Battalion hart nördlich von Niederbardenberg. Beide Bataillone gruben sich ein und das 2nd Battalion wurde südöstlich von Herzogenrath als Reserveeinheit stationiert.

Links: Hinweisschilder der amerikanischen Truppen in der Herzogenrather Kleikstraße.
Rechts: Der deutsch-niederländische Grenzübergang in Pannesheide.

Mit dem Ziel, die "Anhöhen" in der Umgebung von Birk und Euchen zu erobern, startete das 120th Regiment um 7 Uhr seinen Angriff. Zunächst wurden das Waldgebiet und das Tal von Noppenberg trotz heftigem Artilleriebeschuß der Deutschen genommen. Eine Reihe von Westwallbunkern bei Reifeld und Duffesheide bereitete größere Schwierigkeiten und führte auch zum Verlust von amerikanischen Panzern. Besonders hart umkämpft war ein Hügel "400 yards westlich von Reifeld". Um 22 Uhr stand das 1st Battalion des 120th Regiments westlich von Duffesheide (Reifeld einschließend), Ottenfeld war genommen und die Reichsstraße 57 zwischen Duffesheide und Ofden durch das 2nd Battalion unterbrochen.

Das 117th Regiment nahm Kellersberg und arbeitete sich entlang der Eisenbahnstrecke in Richtung auf Mariadorf vor mit dem Auftrag, die Reichsstraße 1 (Aachen-Jülich) zu gefährden. Im Morgennebel wurde es jedoch durch einen wuchtigen deutschen Gegenangriff getroffen.

Um die jetzt einzige für den Nachschub des Aachen-Korridors noch verbliebene Straße (die Reichsstraße 1) zu schützen und die in der Masse südlich Alsdorf/

Mariadorf stehende deutsche Artillerie nicht zu gefährden, wurde ein deutscher Gegenstoß mit einer Reserveeinheit des Armeekorps, dem "Schnellen Regiment von Fritschen", mit Sturmpanzerunterstützung der 12. Infanterie-Division, am Morgen des 8. Oktober durchgeführt. Unter beiderseitigen schweren Verlusten brachten die deutschen Kräfte wesentliche Teile von Alsdorf vorübergehend wieder in ihren Besitz. Dem amerikanischen 117th Regiment gelang es erst am 9. Oktober mit Unterstützung der Panzer der 2nd Armored Division, die alte Frontlinie wiederherzustellen und den Einbruchraum von deutschen Kräften zu säubern. Der Nachschubweg Aachen-Jülich blieb auch weiterhin in deutscher Hand.

Am 8. Oktober begann südlich von Aachen der unterstützende Zangenangriff des 18th Regiments der 1st US-Infantry Division nach starker Artillerievorbereitung. Die wichtigste Meldung des Tages war ohne Zweifel die Eroberung des strategisch wichtigen Haarberges (von den Amerikanern "Hill 239" oder "Crucifix-Hill" genannt) nach der Einnahme von Verlautenheide. Der Abstand der beiden US-Divisionen 1st und 30th betrug jetzt nur noch einige Kilometer, das "Loch von Aachen" ("the Gap of Aken"), das in den nächsten Wochen mit dem Mittelpunkt Würselen hart umkämpft bleiben sollte. Am Abend des 8. Oktober schätzten die amerikanischen Befehlshaber die Lage immer noch sehr optimistisch ein.

Tagebuchberichte[28]: Broich (jetzt auch deutscher Verbandsplatz) — *Sehr scharfe Frontlage. Kugeln klatschen gegen das Haus. Rege Tätigkeit von Alsdorf her. Gegen Abend gehen Sturmgeschütze vor zum Gegenangriff in der Frühe. Verwundete kommen in großer Zahl hier an. Zwei Frauen aus Neusen verwundet. Bis abends sind im Keller ca. 20 Verwundete untergebracht. Für den Abtransport sind keine Wagen vorhanden, Munitionswagen sollen sie mit zurücknehmen. Wir beerdigen einen Obergefreiten, der heute gefallen ist. Gerücht: Morgen Zwangsräumung.*

Weiden — *Viele Einschläge, Kaplanei erhält Volltreffer, das Pfarrheim einen Einschlag, dazu werden viele Häuser in Weiden getroffen oder in Brand geschossen. Es gibt Tote und Verwundete. Die Ordensschwestern helfen, verbinden. Es sind jetzt keine Sanitäter mehr da. Amerikanische Soldaten werden als Gefangene ins Kloster eingeliefert; ein schwer verwundeter wird mit den Sterbesakramenten versehen.*

Montag, 9. Oktober 1944

Das 3rd Battalion des 119th Regiments eroberte nach dreistündigem Kampf aus nördlicher Richtung (Pleyer-/Herzogenrather Wald) kommend Pley, das 1st Battalion Niederbardenberg ("North-Bardenburg"). Um 11 Uhr hatten beide Bataillone die Linie "der Straße zwischen Wefelen und Kohlscheid" als Ausgangspunkt für

Die Westwallbunker waren besonders in der Nähe von Verkehrsstraßen und in Ortslagen getarnt. Amerikanische Soldaten vor einem Bunker bei Ottenfeld, der als Feldscheune getarnt war.

den Angriff auf Bardenberg erreicht. Zur Vorbereitung erfolgte zunächst ein Luftangriff auf die Ortschaft. Das 3rd Battalion erreichte die südliche Grenze von Bardenberg (etwa Landgraben) am frühen Nachmittag, zur gleichen Zeit stand das 1st Battalion, das "bei Hühnernest" (dort befanden sich Bunkerbefestigungen) auf deutschen Widerstand stieß, an der Linie Friedhof/Oststraße. Wegen des leichten Widerstandes wurde der Angriff des 119th Regiments etwa 1000 yards (1000 yards = 914 m) nach Morsbach ("North-Würselen") weiter vorgetragen. In Bardenberg verblieben nur schwache Sicherungskräfte, zwei Kompanien, die hauptsächlich die Flanken an der Straßenkreuzung am Friedhof und zum Wurmtal in Richtung Kohlscheid sichern sollten. Die amerikanische Angriffsspitze in Morsbach stieß im Bereich Gouleystraße/Burgstraße/Neustraße auf heftigen deutschen Panzerwiderstand, das den Angriff begleitende 743rd Tank Battalion verlor hier zwei der dort eingesetzten fünf Panzer. Obwohl auch die Amerikaner einen deutschen Panzer (M V) abschießen konnten, geriet der Angriff ins Stocken und die Amerikaner bezogen Verteidigungspositionen. Um 19 Uhr wurden die Amerikaner in Morsbach von einem deutschen Gegenangriff aus südöstlicher Richtung (etwa Weidener Feld/Elchenrath) getroffen; sie waren aber dort in der Lage, diesen Angriff abzuwehren.

Der rechte Flügel der den Angriff tragenden deutschen Kampfgruppe (Teile des Panzergrenadier-Bataillon 2108, das die Panzerbrigade 108 — Korps-Reserve —

verstärkte) stieß zwischen Morsbach und Birk zunächst auf Einheiten des 120th US-Regiments, dann auf die an der Straßenkreuzung am Bardenberger Friedhof postierte Company A des 1st Batalion des 119th Regiments. Die Amerikaner registrierten fünf Panzer, 22 Schützenpanzer mit schweren Maschinengewehren bestückt und "einige Hundert" Infanteriesoldaten, die nach beiderseits verlustreichen Nahkämpfen (besonders am und auf dem Bardenberger Friedhof) westlich einschwenkten, sich der südlichen Hälfte von Bardenberg wieder bemächtigten und damit die amerikanischen Kräfte in Morsbach abschnitten. Aus den deutschen Gefechtstagebüchern läßt sich der Schluß ziehen, daß zwar Bardenberg Ziel des deutschen Angriffs gewesen war, aber das Vorprellen dieser Kampfgruppe mangels Koordination wohl irrtümlich erfolgte. Dies wird bestätigt durch das vergebliche Vortragen eines weiteren deutschen Verstärkungsangriffs mit etwa neunzig Soldaten in Morsbach, den die Amerikaner dort wiederum abwehrten.

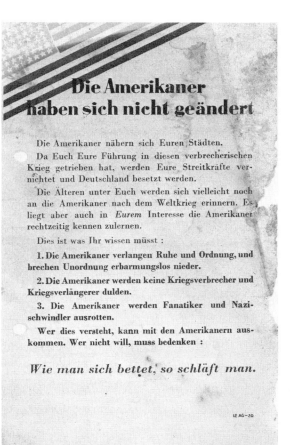

Die Amerikaner kündeten ihr Kommen an. Dieses Flugblatt (Vorder- und Rückseite abgebildet) wurde nach einem Luftangriff Anfang Oktober 1944 in Würselen-Morsbach aufgefunden.

Das 2nd Battalion des 120th US-Regiments erreichte bereits um 11 Uhr eine Position nordwestlich von Euchen, während das 1st Battalion vergeblich versuchte, von Esel (Radsberg) nach Birk zu gelangen. Hier entwickelten sich schwere Panzerkämpfe, und obwohl die Amerikaner fast an die ersten Häuser von Euchen herankamen, geriet ihr Angriff wegen der entlang der Eisenbahnstrecke Würselen-Mariadorf stehenden deutschen Verteidiger ins Stocken, so daß sich die US-Kräfte nach Schleibach zurückzogen. Das 1st Battalion versuchte nun, Birk durch eine nördliche Umgehung aus südlicher Richtung zu erobern. Dabei wurden die Amerikaner durch die zwischen Birk und Morsbach auf Bardenberg vorrückende deutsche Einheit (die später Süd-Bardenberg zurückeroberte) voll in die Flanke getroffen. Unter starken Verlusten zogen sich die Amerikaner "fluchtartig" wieder in die Umgebung von Esel zurück. Die amerikanische Artillerie belegte daraufhin von Mitternacht bis 4.30 Uhr Birk mit schwerstem Feuer. Nach deutscher Darstellung irrtümlich auf den 10. Oktober verlegt, verteidigten die Pioniere der 246. Volksgrenadier-Division die Wegekreuzung Birk auch, nachdem sie durch den amerikanischen Angriff entlang der Straße Aachen-Linnich (Reichsstraße 57) überrollt und abgeschnitten worden waren; der größte Teil des Pionierbataillons wurde allerdings auf die Eisenbahnstrecke Würselen-Euchen zurückgezogen.

In einem überraschenden Nachtangriff eroberten zwei Kompanien des 18th US-Infantry Regiments acht Bunker auf dem Ravelsberg. Die Überraschung durch diesen Angriff war so groß, daß die Amerikaner Essensträger mit 65 Portionen warmen Essens abfangen konnten. Damit hatte die 1st Division bereits fast den verabredeten Treffpunkt des Zangenangriffes um Aachen bei Kaisersruh erreicht, während die 30th Division immer noch einige Kilometer vor sich hatte, um den Ring um Aachen endgültig zu schließen. Die Versorgung der Stadt Aachen war jetzt nur noch nachts oder auf Schleichwegen über Wolfsfurth/Bergerbusch möglich.

Tagebuchberichte: Morsbach (Neustraße)[29] — *Ungefähr zwischen 3 und 4 Uhr stießen plötzlich deutsche Panzer von der Krefelder Straße zur Neustraße vor. Man sagte, daß 30 bis 40 Ami-Panzer von Bardenberg nach Würselen in Anmarsch seien. Plötzlich sahen wir zwei Amerikaner mit erhobener Panzerfaust hinter dem Haus von Classen in der Kleine Straße hervorschauen. Durch Armschwenken wurden wir aufgefordert zu verschwinden... Zehn Minuten wird der Kampf gedauert haben... Der Bauernhof van Wersch in der Burgstraße steht in Flammen... Ich sah einen Ami-Panzer, der in Brand stand und den Hof wahrscheinlich mit angesteckt hatte. Am Tor ein toter Amerikaner, am Ausgang des Panzers hing ein verbrannter Ami-Soldat... Broich — Über Nacht erhielt die Kirche zwei Volltreffer, das Haus einen. Viele Verwundete kommen. In Neusen auf der Kreuzung bei Zanders schwere Einschläge. Kampftätigkeit steigert sich... Gegenstoß... Neue Verstärkungen kommen.*

No welcoming crowds in Bardenberg

Amerikanischer Jeep an "Mühlenhaus" in Bardenberg. Die Bildbeschreibung bringt zum Ausdruck, daß die Distanz der Zivilbevölkerung zu den Soldaten nach dem begeisterten Empfang als Befreier in den Niederlanden deutlich empfunden wurde.

Dienstag, 10. Oktober 1944

Bereits um 5.30 Uhr eroberte das 1st Battalion des 120th US-Regiments (das bis zu diesem Zeitpunkt noch nie einen Nachtangriff unternommen hatte) Birk im Handstreich (*lediglich ein Schuß fällt aus Versehen*) und nahm 50 dort eingesetzte deutsche Soldaten, die nach dem Trommelfeuer der vergangenen Nacht noch schliefen, gefangen. Damit war die bis dahin noch mögliche Versorgung der deutschen Kräfte in Bardenberg endgültig unmöglich gemacht. Birk und seine Straßenkreuzungen sowie der "Hill 180", eine Bodenerhebung südwestlich von Birk (jenseits der Reichsstraße 57 in Richtung Euchen/Broichweiden) standen den ganzen Tag über im Mittelpunkt heftiger deutscher Gegenangriffe, die sich bis in die Nacht hinzogen.

Erbitterte Straßenkämpfe begannen in Bardenberg bereits um 3 Uhr nachts; das 119th Regiment versuchte vergeblich, den Ort zurückzugewinnen, um die in Morsbach eingeschlossenen Kräfte zu entsetzen. Selbst mit starker Kampfflieger- und Panzerunterstützung scheiterte dieser Angriff unter erheblichen amerikanischen Verlusten (nur etwa die Linie bis zur Kirche wurde erreicht). Gegen Abend zogen sich die Amerikaner in den äußersten nördlichen Teil von Bardenberg

Links: Die durch Artilleriebeschuß stark beschädigte Kirche St. Peter und Paul stand im Mittelpunkt bei den schweren Kämpfen in Bardenberg.

Rechts: Eine amerikanische Maschinengewehr-Gruppe feuert durch einen Mauerdurchbruch in Richtung Kohlscheid.

zurück und belegten den von den Deutschen gehaltenen Südteil mit schwerem Artilleriefeuer. Einen Durchbruchversuch der Deutschen nach Westen (Kohlscheid) wehrten die Amerikaner ab. In einem von den Amerikanern aufgefangenen Funkspruch wurde den deutschen Kräften Verstärkung versprochen.

Die in Morsbach eingeschlossenen amerikanischen Einheiten hatten große Mühe, den starken deutschen Gegenangriffen standzuhalten. Eingreifende amerikanische Kampfflieger zerstörten aus Versehen einen eigenen Führungspanzer. Ein Förderturm der Grube Gouley diente den Amerikaner als Beobachtungsstelle (*ca. 400 Meter vom Feind entfernt*); von hier aus wurden deutsche Ansammlungen zum Angriff erkannt und Artillerie und Kampfflugzeuge entsprechend eingewiesen. Dieser Vorgang blieb den Deutschen aber nicht verborgen; die Grube lag daher unter ständigem deutschen Artilleriebeschuß. Eine Sanitätsstation im Grubengelände — zwei Ärzte mit ihren Helfern — versorgten die zahlreichen Verwundeten. Schwerverwundete wurden mit Jeeps über das Feld zwischen dem Grubengelände und Bardenberg

durch die deutsche Umklammerung nach Bardenberg gebracht. Auf dem gleichen Wege versuchten die Amerikaner, ihre Munitionsvorräte aufzufüllen.

Bei dem mißlungenen deutschen Gegenangriff in Morsbach mit dem Ziel Bardenberg wurde neben einigen Panzern der Panzerbrigade 108 das Regiment 404 der 246. Volksgrenadier-Division eingesetzt. Dieses Regiment, bis dahin in schweren und verlustreichen Kämpfen bei Geilenkirchen eingesetzt, wurde in einem Nachtmarsch bei strömendem Regen eilig herangeführt und gegen den Protest seiner Führer sofort nach dem Eintreffen vom Weidener Feld aus zum Angriff eingesetzt.

Das 117th Regiment eroberte Ofden und festigte damit die amerikanische Frontlinie, die jetzt über Schleibach und Birk für mehrere Wochen festlag. Wesentliche Teile von Haaren wurden ebenfalls an diesem 10. Oktober erobert. Die Amerikaner waren an diesem Tage so sicher, die relativ kleine Lücke im Ring von Aachen bald zu schließen, daß sie nunmehr den deutschen Verteidigern ein 24stündiges Ultimatum zur Aufgabe stellten. Die 12. Infanterie-Division versuchte vergeblich, durch

Lippische Staatszeitung,   **Berliner illustrierte Nachtausgabe,**
14. Oktober 1944   **14. Oktober 1944**

Gegenangriffe in Verlautenheide die Umklammerung Aachens aufzureißen; ihr gelang nur die Abriegelung der amerikanischen Einbrüche in diesem Abschnitt.

Tagebuchberichte: Broich — *Ringsum Fronttätigkeit... Wieder Volltreffer am Kirchturm... Nun müssen wir wohl räumen...* Weiden — *Nur wenige können noch den morgendlichen Gottesdienst besuchen. Kranken wird die hl. Kommunion in den Keller gebracht. Die verwundeten Soldaten werden in großer Anzahl im Kloster verbunden und verpflegt. Eine Zuteilung für Verwundete erhält das Kloster nicht.*

Mittwoch, 11. Oktober 1944

In Bardenberg, wo die deutschen Soldaten immer noch den Südteil des Dorfes hielten, wurden die Restverbände des 119th Regiments durch das frische 3rd Battalion des 120th Regiments und eine Panzerkompanie verstärkt, um den Durchbruch zu den in Morsbach eingeschlossenen und stark bedrängten Bataillonen des 119th Regiments zu erzwingen. Vorbereitet wurde der Angriff durch 15minütiges Artilleriefeuer und unterstützt durch vier "squadrons" (jeweils 25 Kampfflugzeuge) des IX. Tactical Air Command, die bei gutem Flugwetter mit Bombenabwürfen und Bordwaffen in den Kampf eingriffen. Es kam zu erbitterten Straßen- und Häuserkämpfen, die die Amerikaner schließlich zu ihren Gunsten entscheiden konnten. Die beteiligte amerikanische Einheit — 1st Battalion/120th Regiment — und der bei den Kämpfen in Bardenberg getötete Serg. Jack J. Pendleton erhielten späterhin höchste Kriegsauszeichnungen ("Unit cited" bzw. "Medal of Honor"). Die deutschen Verluste wurden von den Amerikanern mit 40 Toten, 100 Gefangenen, sechs Panzern und 16 Schützenpanzerwagen angegeben.

Die Bardenberger Dorfstraße nach den Kämpfen vom 9. bis 11. Oktober 1944.

Am 10. Oktober 1944 stellten die Amerikaner den deutschen Verteidigern von Aachen ein 24-stündiges Ultimatum für die Kapitulation.

Donnerstag, 12. Oktober 1944

Der eindeutige Auftrag an die deutschen Truppen, die Front auf eine Linie Euchen-Bardenberg zurückzudrängen, brachte für die US-Regimenter 120th (in Birk und "mehr als eine Meile" an der Reichsstraße 57 in Richtung Würselen) und 119th (Morsbach) eine Reihe von heftigen deutschen Angriffen. Bereits um 7 Uhr morgens erfolgte der erste Angriff, und innerhalb von anderthalb Stunden verloren die Amerikaner in Birk 53 Mann (darunter fünf Offiziere und davon wiederum zwei Kompanieführer). Die Front wurde von den Amerikanern gehalten; dabei leisteten nunmehr auch die Flugzeuge, die wegen des günstigen Wetters dauernd operieren konnten, starke Hilfe. Auch in Morsbach kam es zu erbitterten Kämpfen; hier löste die Beteiligung von SS-Truppenverbänden bei den Amerikanern eine lähmende Besorgnis aus; der amerikanische Angriff war an diesem Tage endgültig zum Stillstand gekommen. Das 119th Regiment wurde durch wesentliche Teile des 116th Regiments der 29th Infantry Division und durch ein Bataillon der 2nd Armored Division (Panzer) wesentlich verstärkt. Die 30th Infantry Division meldete für die Zeit vom 2. bis zum 12. Oktober 1944 insgesamt 2020 Mann Verluste.

Nach dem Eintreffen von Kräften der 116. Panzer-Division, die immer wieder versuchten, zwischen Birk und Würselen auf Bardenberg vorzustoßen, wurde das

Regiment 404 aus der Front in Würselen herausgelöst und in der Nacht vom 12. zum 13. Oktober nach Aachen eingeschleust. Oberst Wilck, Kommandeur der 246. Volksgrenadier-Division, wurde zum Kampfkommandant von Aachen ernannt; nur mit großer Mühe erreichte er in der Nacht zum 13. Oktober Aachen.

Tagebuchberichte: Hermann Neumann, Angehöriger des Landesschützen-Bataillon II./6. — *Am 12. Oktober kamen wir bei Artilleriebeschuß und Tiefflieger-angriffen bis Vorweiden. In Marscheinheit versuchten wir dann über St. Jobs nach Scherberg zu gelangen. In der Höhe des Sodaberges mußten wir wegen starken Artilleriefeuers den Bunker des Berges [Sodastollen] kurz aufsuchen. Unter nicht sehr freundlichen plattdeutschen Aufforderungen drängte die dort weilende Bevölkerung zum Weitermarsch, um den Bunker als Zivilbunker zu erhalten. Wir erreichten die Linie Scherberg/Teuterhof, in der wir die leichten Kampfstände besetzten und die Stellungen ausbauen sollten.* Broich — *Früh sind die Flieger da, Bordwaffen und Bomben... In der Nacht kamen viele Verwundete, zwei starben gleich nach der Einlieferung. Nachmittags 4.30 Uhr großer Bombenangriff auf unsere Artillerie. Wir beten den Rosenkranz.* Weiden — *Gegen 15 Uhr furchtbarer Beschuß und starke Fliegertätigkeit. Die Hölle war los.*

Bardenberg war nach der Rückeroberung zum Symbol des erstarkten deutschen Widerstandes geworden. Es wurden alle Anstrengungen unternommen, Verstärkungen zum Durchbruch nach Bardenberg heranzuführen — Teile der jetzt eintreffenden 116. Panzer-Division und die Hauptkraft der Kampfgruppe "Diefenthal", etwa zwei Kompanien von der 1. SS-Panzer-Division "Leibstandarte Adolf Hitler" (eine weitere Gruppe wurde der Kampfgruppe Bucher von der 2. Panzer-Division als Verstärkung in der Nähe Haal zugeordnet).

Der deutsche Gegenangriff kam bis "hart südlich der Gouleystraße" und blieb dort im konzentrierten Feuer der amerikanischen Artillerie liegen. Um den Bahnhof Würselen-Nord wurde gekämpft, die Grube Gouley blieb jedoch in amerikanischer Hand. Die Artillerie der gesamten 30th US-Division und ständige Kampffliegerangriffe störten wirksam die deutschen Verstärkungen bereits in den Bereitstellungsräumen. Generalfeldmarschall Model, Oberbefehlshaber der Heeresgruppe B, erschien persönlich auf dem vorgeschobenen Gefechtsstand der 246. Volksgrenadier-Division im Weidener/Euchener-Feld und lehnte die vorgetragene Verkürzung der Front durch Aufgabe und Aussparung des Aachen-Korridors ab. General Köchling erinnerte sich, daß in diesen Tagen drei Durchhaltebefehle das Korps erreichten — von den Befehlshabern von Rundstedt, Model und Brandenberger. Die deutschen Verluste für den Zeitraum 2. bis 11. Oktober 1944 wurden offiziell an diesem Tage mit 600 bis 700 Toten, 4500 Verwundeten und Vermißten beziffert; im gleichen Zeitraum wurden 355 amerikanische Gefangene eingebracht und 128 Panzer abgeschossen.

Das deutsche Sturmpionier-Regiment 1 versuchte aus dem Weidener Feld heraus unter erheblichen Verlusten und dennoch vergeblich, vor allem den Haarberg wiederzugewinnen. Wegen des Mißerfolges wurde dieser Abteilung danach der Ehrenname "Sturm" aberkannt.

Tagebuchberichte: Broich — *Tagsüber große Fliegertätigkeit, Bordwaffen und Bomben* . . . Würselen-Markt[30] — *Der ganze Marktplatz und der Schulhof* [in der Friedrichstraße] *waren voller Panzer und Fahrzeuge. Am Morgen kam dann ein Fliegerangriff, die Schule wurde schwer beschädigt, der ganze Marktplatz war voller Bombentrichter. Die verwundeten und toten Soldaten wurden in die Kirche gebracht. Das ging tagelang mit den Fliegerangriffen so* . . . Bardenberg — . . . *von den 5184 Einwohnern hatten nur etwa 1680 den Weg in die Evakuierung angetreten*[31].

Freitag, 13. Oktober 1944

Die nunmehr verstärkten amerikanischen Kräfte griffen mit Panzer- und Kampffliegerunterstützung in Morsbach an. Die Deutschen hatten jedoch jetzt nicht nur ihre Verteidigung organisiert, sondern begannen immer wieder Gegenangriffe, die erst im schweren Sperrfeuer der amerikanischen Artillerie liegenblieben. Aus den amerikanischen Regimentsberichten gewinnt man den Eindruck, als ob sich eine zaudernde Haltung der Führung auch auf die Kampftruppen übertragen hätte. Der Plan, von Alsdorf ausholend die deutsche Front aufzurollen, wurde wegen der erreichten günstigen Verteidigungspositionen ebenso aufgegeben wie das Vorhaben, auf dem östlichen Ufer der Wurm vorzugehen. Hier fürchtete man eine von stärkeren deutschen Kräften gehaltene Riegelstellung, die man in der Nähe von Teuterhof vermutete.

Die 116. Panzer-Division besetzte jetzt folgenden Kampfabschnitt: rechts zwischen Euchen und dem Nordrand von Würselen das Regiment 156, in der Mitte (Morsbach/Teut) das Regiment 60 und links (zwischen Würselen und Teuterhof) die Panzeraufklärungsabteilung 116, die Kampfgruppe Bucher mit der verstärkenden SS-Gruppe und das Landesschützen-Bataillon II./6. Beim Herauslösen der SS-Kampfgruppe "Diefenthal" (sie sollte die Verteidiger Aachens verstärken) durch das Panzerpionier-Bataillon 675 — der kritische Zeitpunkt der Ablösung war den Amerikanern wohl bekannt geworden — erzielten die Amerikaner in der Robert-Ley-Siedlung (Siedlung Teut) einen Einbruch von etwa einem halben Kilometer. Die Kampfgruppe "Diefenthal" unternahm daraufhin einen Gegenstoß und gewann die Hälfte der Siedlung wieder zurück. Die wohl heftigsten Kämpfe tobten rund um das "Kasino Elisa". Das Panzerpionier-Bataillon 675 bestand nach diesen Kämpfen nur noch aus einem Offizier, zwei Unteroffizieren und 16 Mann. Allein von den

Offizieren waren gefallen der Kommandeur, Hauptmann Appel, Oberleutnant Dieckmann und die Leutnante Läufen und Müller. Der Zwischenraum der vorderen Linien betrug im allgemeinen nur 30 bis 40 Meter.

Tagebuchberichte: Umgebung "Kasino Elisa" (zusammengefaßte Auszüge)[32] — *Am Nachmittag des 9. Oktober erschienen die ersten Amerikaner. Diese zogen sich am 10. nach einem starken Gefecht um Kasino und Siedlung wieder bis zur Grube Gouley zurück. Am 11. fühlten die Amerikaner wieder vor, jedoch besetzten am Nachmittag dieses Tages SS-Soldaten die Häuserreihe [in der Kasinostraße]. Sie wollten die Grube zurückerobern und dann in Bardenberg einen dort eingeschlossenen Trupp befreien. Wir fragten, ob wir in den Balbinastollen [an der Morsbacher Kirche] dürften. Sie verweigerten das, weil wir dabei durch die amerikanische Linie müßten und dort von den Feinden ausgefragt würden. Wohl könnten wir nach Würselen hin . . . Es blieb uns also nichts anderes übrig, als wieder in den kleinen Keller hineinzugehen [ein durch eine Falltüre verschlossener etwa 1,5 mal 2 Meter großer Kellerraum, der neben den Habseligkeiten fünf Personen aufnehmen mußte]. Dort waren wir eingeschlossen: die SS lagerte ihre Munition auf der Falltüre. Als wir die Notdurft verrichten mußten, klopften wir und baten, uns hinauszulassen. Ein SS-Mann begleitete uns und blieb neben uns stehen, damit wir nicht fortliefen. Dann ging's wieder zurück in den Keller. Wieder das ganze Gepäck auf die Türe. Dann die lange Nacht, teils sitzend, teils liegend, verbrachten wir Fünf die schweren Stunden. Keiner konnte schlafen. Mit angehaltenem Atem lauschten wir. Wir hörten Verstärkung kommen, hörten Spähtrupps ausziehen, Nachrichten über die Lage rufen. Große Mengen Munition wurde herbeigeschleppt . . . Panzersalven auf unser Haus. Erst am Morgen des 13. konnten wir die Falltüre öffnen. Vor unserer Haustür war ein MG angebracht. Der bedienende Soldat bedeutete uns, wir sollten "abhauen"; Zivilisten hätten hier nichts mehr zu suchen; außerdem würde unser Häuserblock bis Mittag gesprengt. Neue Sorge! Kellerwechsel. Der Beschuß wurde stärker. Aus der Häuserreihe schossen drei deutsche MGs wie wild. Plötzlich hörten wir das Kommando: Zum Angriff fertig! Kurz darauf hörten wir Rufe: Da haut einer ab! Und da wieder einer! Dann wurde es still. Wir schlichen nach oben, um zu sehen; wir sahen durch einen Türspalt, wie deutsche Soldaten mit Riesensprüngen nach rückwärts liefen übers Feld zu den Häusern auf der Morsbacher Straße. Wir atmeten auf. Broich — Vergangene Nacht hatte der Kirchturm mehrere schwere Treffer. Im Dorf brennt es an mehreren Stellen. Tagsüber starke Fliegertätigkeit. Viele Verwundete, ein 17jähriger stirbt. Wir hören mehreren Soldaten Beichte. Weiden — Starker Beschuß und Fliegertätigkeit. Tiefflieger, Bombenabwürfe. Es gab wieder — wie so oft — Tote zu beklagen. In der Kirche fliegen noch vorhandene Scheiben mit den Rippen heraus. Das Pfarrhaus erhält einen Voll-*

treffer; viele andere Häuser werden zerstört. Die Gegend Hauptstraße/Schulstraße ist besonders gefährdet, da die deutschen Panzer ihren Weg über Dommerswinkel nehmen. Viele Soldaten werden verwundet oder fallen.

Samstag, 14. Oktober 1944

Die amerikanischen Angaben über die wenig erfolgreichen Kämpfe an diesem Tag sind spärlich. Ein Plan, durch eine große Offensive die Lücke zur 1st Division bei Kaisersruh zu schließen, nahm endgültige Gestalt an. Um 7.30 Uhr erfolgte ein Angriff gegen die Siedlung; es kam zu einem Einbruch und die Front wurde leicht zurückgedrängt. Um 17 Uhr wurde ein Angriff abgewiesen, der von Bombern vor-

14. Oktober 1944: Einschlag deutscher Granaten im Keller des Grubengebäudes Gouley, in dem deutsche Zivilisten Zuflucht gesucht hatten.
Die Töchter Clahsen — links Helmi (Merx), rechts Else (Bösing) — umsorgen ihren verletzten Vater, der später durch amerikanische Soldaten in das Krankenhaus transportiert wurde.

bereitet und von Panzern unterstützt worden war. Die SS-Kampfgruppe "Diefenthal" wurde nun endgültig aus der Front, die etwa am Südrand der Siedlung verlief, herausgenommen und in der Nacht zum 15. Oktober unbehelligt über Wolfsfurt/Bergerbusch nach Aachen hineingeschleust. Zwischen dem 10. und 16. Oktober 1944 wurde die 3. Panzergrenadier-Division, deren Regimenter allerdings nur aus zwei einsatzbereiten Bataillonen bestanden, durch den Propsteier Wald herangeführt. Obwohl ihr Kampfwert mit III, d. h. "zur Abwehr geeignet" beurteilt war, hob sich ihre personelle und materielle Lage gegenüber den anderen im Raume Würselen eingesetzten deutschen Kräften positiv ab. Sofort nach dem Eintreffen von Teilkräften dieser Division wurde der Angriff auf Verlautenheide und Gut Knopp aus den Stellungen der hier haltenden 12. Division befohlen. Obwohl die Angriffe auch am 15. und 16. Oktober wiederholt wurden, brachen sie im Feuer der amerikanischen Artillerie zusammen und brachten keinen Geländegewinn.

Tagebuchberichte: Broich — *Schwere Einschläge in nächster Nähe. Es sind Granatwerfer. Im Chor der Kirche sieht es wüst aus. Am Mutter-Gottes-Altar brennt immer eine Kerze.* Weiden — *Es brannten einige Häuser. Tieffflieger und Bombenabwürfe.*

Pfarrer Josef Thomé, Morsbach, schrieb unter dem 15. Oktober 1944 in sein Tagebuch: *Jetzt erst höre ich, daß gestern im Zechenhaus ein entsetzliches Unglück passiert ist. Die deutschen Soldaten beschießen das Zechenhaus dauernd mit Granaten. Eine dieser schweren Art ist gestern durch zwei dicke Mauern hindurch in den Kellerraum gedrungen, der unter dem Büro des Betriebsleiters liegt. Etwa 40 Personen befanden sich dort. Die Granate war mit Zeitzünder versehen und platzte. Es mußte grauenhaft gewesen sein. Sieben von 40 Insassen, Männer, Frauen und Kinder, waren sofort tot. Andere waren so schwer verletzt, daß sie von amerikanischen Militärwagen in ein holländisches Krankenhaus gebracht werden mußten. Bei wenigstens fünf von ihnen rechnet man bestimmt mit dem Tode. Fast keiner von den 40 Insassen ist ohne irgend eine Verletzung davon gekommen. Noch eine Tote haben wir zu beklagen... Das sind nun 8 Tote an einem Tage! Bis jetzt hatten wir in der ganzen Zeit des Beschusses "nur" 12 Tote.*

Sonntag, 15. Oktober 1944

Der geplante amerikanische Angriff am 16. Oktober 1944 zur Schließung des Ringes um Aachen bei Kaisersruh (Angriffsziel war der "Hill 194" = Kahlenberg bei Scherberg) sah drei Stoßrichtungen vor: 1. Nach Überqueren der Wurm bei Bardenberg über Kohlscheid zur Soers, 2. östlich der Wurm über Teuterhof nach Scherberg und 3. direkter Angriff auf Würselen-Süd. Ein weiteres Bataillon, das

99th Battalion sep.[33], das nur aus Soldaten norwegischer Herkunft bestand, wurde den Kampftruppen zugeordnet. Die Aufgabe dieser Eliteeinheit sollte es sein, an der Vereinigungsstelle Kaisersruh/Strangenhäuschen eine Sperre zu errichten. Auch an anderen Frontabschnitten waren Täuschungsangriffe in Kompaniestärke geplant, die die deutschen Verteidiger von dem Hauptangriffsziel ablenken sollten. Bereits am Abend des 15. Oktober wurde ein Spähtrupp des 119th Regiments in die südlichen Außenbezirke von Kohlscheid geschickt, um dort die Stärke der deutschen Truppen auszukundschaften und den Angriffstruppen den Weg zu weisen. Diese Gruppe geriet bald unter Feuer und wurde später zum Teil von den Deutschen gefangengenommen.

Gegen das Straßen- und Bahnkreuz in Elchenrath und gegen die Siedlung richteten sich erneut amerikanische Angriffe mit Panzerunterstützung. Im Westteil Würselens erfolgte ein Einbruch bis 600 Meter südlich der Siedlung in Richtung Scherberg. Dort drangen gegen Abend amerikanische Panzer und Infanteristen von

Schweilbach her durch die Herg (Brunnenstraße) bis zur (alten) Schule in Scherberg vor. Hier wurde eine Einheit der 116. Panzer-Division eingeschlossen, später jedoch durch einen deutschen Gegenstoß befreit.

Tagebuchberichte: Broich — *In Euchen drei Tote . . . Weiden — Nachts starke Fliegertätigkeit und Bombenabwürfe. Ein Verlassen des Hauses am Tage ist kaum möglich.*

Montag, 16. Oktober 1944

Bereits in der Nacht errichteten die Amerikaner von Bardenberg aus zwei Behelfsbrücken über die Wurm. Das 1st Battalion des 119th Regiments erhielt den Auftrag, den nördlichen Teil Kohlscheids zu nehmen. Nach Überwindung eines deutschen Maschinengewehrnestes, bei dem drei deutsche Soldaten getötet wurden, hatte diese Gruppe bereits mittags den Ort durchquert und näherte sich Uersfeld und Richterich. Das 3rd Battalion hatte im südlichen Teil von Kohlscheid mehr Widerstand zu brechen, jedoch gelang es ihm etwa um dieselbe Zeit, die "südliche Ecke" (etwa Roland) zu erreichen. Das 2nd Battalion schließlich machte bei seinem um 6 Uhr beginnenden Angriff gegen stärksten deutschen Widerstand einen Bodengewinn von "über 1000 yards" (etwa von den Gouley-Halden bis südlich von Teuterhof). Die Eisenbahntrasse Würselen-Kohlscheid und die Riegelstellung vor Scherberg bei Teuterhof wurden unter besonderen Schwierigkeiten genommen.

Zu diesem Zeitpunkt begann entlang des östlichen Frontabschnitts (117th Ofden/ Schleibach, 120th Birk bis Elchenrath und 116th Würselen-Nord) der verabredete Angriff, der, durch Nebelgranaten eingeleitet, das Feuer der deutschen Artillerie auf diesen Abschnitt lenkte und den Sturmangriff der Amerikaner auf Scherberg erleichterte. Um 15.44 Uhr berichtete die 1st Division, daß Beobachter (auf dem Ravelsberg) eigene Truppen im gegenüberliegenden Scherberg erkannt hatten und sandte einen Stoßtrupp zur Vereinigung beider Einheiten aus. Um 16.15 Uhr begegneten sich Angehörige des 18th und 119th Regiments bei Kaisersruh; damit war der Ring um Aachen geschlossen.

Noch verblieben Bunker beiderseits der Reichsstraße 57 südlich des Haltepunktes Kaisersruh in deutscher Hand, die jedoch am 17. Oktober von den Amerikanern erobert wurden.

Tagebuchberichte: Bunkerstellungen Teuterhof/Scherberg[34] — *Eine Verteidigung erschien uns allen sinnlos, denn wir konnten unsere Gewehrmunition an den Fingern abzählen. Nur die SS-Einheit besaß noch Schnellfeuergewehre und Munition. Allerdings konnten diese wenigen Leute einem solch massiven Angriff nicht widerstehen. Ein in der Nähe stehender Panzer hatte einen direkten Treffer*

Amerikanische Infanterie (116th Regiment) beim Vordringen auf den Südrand der damaligen Robert-Ley-Siedlung, Kerzeleyweg, in Würselen-Morsbach am 16. Oktober 1944. Dieses Bild wurde auch mit aktuellen Kriegesberichten in der "New York Times" veröffentlicht.

auf den Panzerverschluß unserer Schießscharte erzielt. Gegen 13 Uhr wurde die weiße Flagge an unserem Bunker gezeigt. Wir sahen uns zehn Amerikanern, die uns ihre MP vorhielten und mit den Worten "Old men" in Empfang nahmen und gleich in Richtung Morsbach abführten. Auf dem Wege dorthin standen schwere Sherman-Panzer, deren Besatzung sich unser und unserer Wertgegenstände annahmen. Wir erreichten das Zechengelände Gouley und wurden auf LKW geladen, die uns über Bardenberg nach Herzogenrath brachten.

Über die im Sodastollen ausharrende Zivilbevölkerung berichteten die Armen Schwestern vom Heiligen Franziskus aus dem St. Antonius-Kloster in der Klosterstraße: *Vom 9. Oktober an konnte man es kaum wagen, aus dem Stollen herauszugehen. Jeder Tag brachte Tote und Verwundete auch unter der Zivilbevölkerung. Ein Arzt [Dr. Zintzen], Sanitätspersonal und auch wir Schwestern halfen. Ab 15. Oktober wurde im Stollen gekocht an verschiedenen Stellen. Mittags gab es für alle eine Portion dicker Suppe und abends eine Scheibe Brot. Morgens, mittags und abends wurde gemeinschaftlich der Rosenkranz gebetet.*

Das Wachbuch des Roten Kreuzes wies für diese Zeit neben schweren Verletzungen eine Häufung von Geschwüren, Hautausschlag und Abzessen im Stollen aus. Dies war eine Folge des Mangels an Hygiene, Einseitigkeit der Ernährung und der ständigen warmen Feuchtigkeit im Sodastollen. Vom 18. Oktober bis zur Zwangsräumung in der Nacht zum 1. November 1944 wurden insgesamt 241 Behandlungsfälle im Wachbuch registriert.

Weiden — *Der eingetroffene Verbandsplatz, der im Hause Nix untergebracht war, ist dort ausgebrannt. Nach Verlegung zur Bäckerei Conrads ist er auch dort durch Beschuß zerstört worden. Es gab Tote. Die Soldaten erhielten Verpflegung von den Ordensschwestern. Man erwartet die Küche des Lazarettes.*

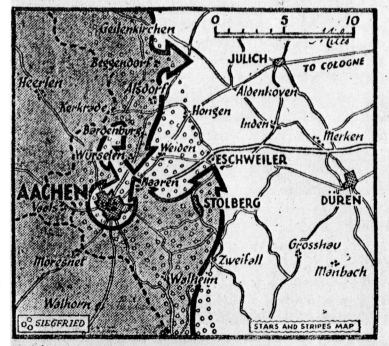

Englisch-amerikanischer Umfassungsgürtel südwestlich Würselen vereinigt

Aus dem Führerhauptquartier, 18. Oktober

Das Oberkommando der Wehrmacht gibt bekannt:

An der Scheldemündung wird erbittert um jeden Fußbreit Boden gerungen. Östlich Hellmond traten die Engländer mit starken Kräften und Bomberunterstützung zum Angriff an. Unsere Truppen fingen die feindlichen Angriffe auf und gewannen vorübergehend verlorengegangenes Gelände zurück. Der Feind hatte schwere blutige Verluste und verlor 47 Panzer.

In der Materialschlacht um Aachen gelang es den überlegenen amerikanischen und englischen Infanterie- und Panzertruppen nach fünfzehntägigem blutigem Ringen ihre Umfassungsflügel südwestlich Würselen zu vereinigen und von Südosten her an den Stadtrand vorzudringen. Der erbitterte Kampf geht weiter.

Verstärkte Angriffe der Nordamerikaner östlich Epinal und südöstlich Remiremont blieben ohne größeren Erfolg.

Bei Aachen setzten überlegene englische und amerikanische Infanterie- und Panzertruppen ihre schweren Angriffe — besonders von Norden aus dem Raume Bardenberg-Kerkrade — gegen den Nordrand der Verbindungsbrücke zur Stadt fort. Mit starker Artillerie und Bomberunterstützung gelang es dem Feind in schweren Kämpfen und unter hohen Verlusten, unsere Truppen nach Süden zurückzudrücken und damit südwestlich von Würselen ihren inneren Flügel zu vereinigen.

Im Südteil der Westfront nahm die Kampf-

THE STARS AND STRIPES, Wednesday, Oct. 11, 1944
Vol. 1-Nr. 85

Die amerikanische Nachricht über die Schließung des Ringes
um Aachen bei Kaisersruh am 16. Oktober 1944.

Dienstag, 17. bis Sonntag, 22. Oktober 1944

An diesen Tagen versuchten die Amerikaner, den Ring um Aachen durch die Festigung der Positionen entlang der Reichsstraße 57 dichter zu schließen. Sehr starkes Artilleriefeuer, ständige Luftangriffe bei günstigem Flugwetter, Panzer- und Infanteriewaffen zerstörten die Angriffsräume und die gesamte Stadt Würselen. Das durch die Aachener Straße, die Klosterstraße und die Neuhauser Straße begrenzte Gebiet erhielt von den Amerikanern in dieser Zeit den Beinamen "Bloody Triangle" = Blutdreieck wegen der hier besonders verlustreichen Kämpfe mit der deutschen 116. Panzer-Division. Das 119th Regiment vermerkte die Oktoberverluste mit 1094 Mann; 2080 deutsche Gefangene wurden während dieser Zeit registriert. Die gesamte 30th Division verlor vom 2. bis zum 21. Oktober 1944 ca. 3000 Mann.

Vom 17. bis zum 19. Oktober unternahmen die deutsche 116. Division entlang der Reichsstraße 57 in Richtung Kaisersruh (das unter schweren Verlusten durch das amerikanische 99th Battalion gehalten wurde — hier wurden auch seltene deutsche Flugzeugangriffe gemeldet) und die 3. Panzergrenadier-Division von Haal her auf eine Bunkergruppe am Nordwesthang des Ravelsberges verzweifelte Angriffe, um Aachen zu entsetzen.

3. Panzergrenadier-Division: *Die Truppe ist seit den letzten Kämpfen* [Verlautenheide und Haarberg] *nicht ausgeruht und für den Kampf um ständige Befestigungen nicht ausgebildet. Artillerie und schwere Waffen können kaum eingreifen; der Kampf muß im Nahkampf durch Stoßtrupps geführt werden, denen kein Angriffsstreifen, nur Ziele gegeben werden. Bereitstellungsraum ist der Südostausgang Würselen* [Haal] *beiderseits der Straßengabel* [Haaler- und Ravelsberger Straße][35].

In diesen Kämpfen, bei denen einzelne Bunkergruppen im erbitterten Nahkampf mehrfach den Besitzer wechselten, bluteten zwei Bataillone der 3. Panzergrenadier-

Division regelrecht aus. Das wendig geführte amerikanische Werfer- und Artilleriefeuer, auch aus dem Raum Kohlscheid und Haaren, entschied letztlich den Kampf um die Lücke im Ring um Aachen, deren Verteidiger am 21. Oktober 1944 kapitulierten.

Bericht über das Schicksal einer Gruppe der Zivilbevölkerung und ihre Beobachtungen an der Ravelsberger Straße[36]: *Es kamen die schlimmsten Tage unseres Lebens, der 17., 18. und 19. Oktober... Auf den Sturmgeschützen, die zurückkamen, lagen die Leichen nebeneinander geschichtet wie Holzstücke... Schreien und Wimmern der Verstümmelten... Kinder in Uniform saßen weinend bei uns im Keller und küßten die Bilder ihrer Angehörigen... Fragen nach einem Zivilanzug... Am 19. Oktober zog eine lange Reihe zur Front. Es hieß, der Feind hätte die restlichen Bunker genommen und diese müßten unter allen Umständen zurückerobert werden. Innerhalb einer Stunde saß einer der Soldaten bei uns im Keller. Geistesabwesend stierte er uns alle an. Unsere Fragen blieben unbeantwortet. Erst nach einiger Zeit erfuhren wir, daß er der einzige Überlebende war... Seit zwei Tagen sind wir ohne Wasser...*

116. Panzer-Division, Kampfgruppe Musculus — Oberstleutnant Musculus war Kommandeur der Panzerbrigade 108, einer Korpsreserve, die in die 116. PD eingegliedert worden war —: *Am 18. Oktober, 14 Uhr Angriff entlang der Straße Würselen-Aachen... In den späten Abendstunden sehr heftige Kämpfe um einen Häuserblock nordwestlich des Haltepunktes* [Kaisersruh] *und die Bunker 110, 111, 113 und 118 ostwärts der Straße nach Aachen... Angriff gegen das am 16. Oktober verloren gegangene Straßenkreuz 500 Meter nordostwärts Punkt 182* [die Kreuzung Aachener Straße mit Neuhauser Straße und Scherberger Straße]. *Feindliches Artillerie- und Granatwerferfeuer verstärkt sich. Wir haben starke Verluste, später bis zu 50%, wir müssen zurück, zwei Sherman-Panzer und zwei Pak abgeschossen,*

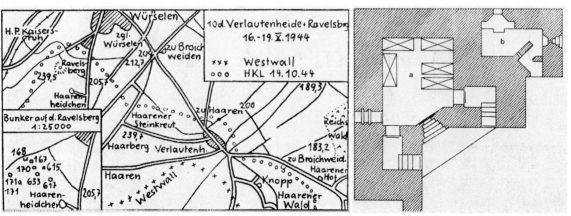

Der Kartenausschnitt links zeigt die besonders vom 17. bis zum 19. Oktober 1944 stark umkämpfte Bunkergruppe am Ravelsberg. Rechts der Grundriß eines im Raume Würselen häufig vertretenen Bunkertyps (Gruppenunterstand mit angehängtem Kampfraum — 10).

Nur wenige Hundert Meter von einander entfernt sind die Aufnahmeorte dieser Fotos.

Links: Deutsche Panzer in der unteren Neuhauserstraße, rechts: amerikanische Soldaten in der Scherberger Straße — etwa 100 Meter von der Aachener Straße entfernt.

Die Kreuzung an der Reichsstraße 57 war über Wochen hart umkämpft.

LITTERED STREET, FLAMING TANK provide backdrop of war as rifleman at left
a Würselen street.

40 Gefangene gemacht. Eigene Panzerverluste: drei. Die Bunker 110 und 113 sind in unserer Hand. Auf 111 sitzen wir auf dem Dach, der Feind unten drin. Am 19. Oktober wurde berichtet: *In den Morgenstunden geht der Bunker 118 wieder verloren... Um 14 Uhr zweistündiges Trommelfeuer... Der Amerikaner bricht durch...*

Über die Situation in Scherberg in diesen Tagen berichtete Josef Rauw: *Um das Gelände an der Kirche entwickelte sich am 17. Oktober ein fünfstündiger Kampf, der später noch durch Panzer unterstützt wurde. Beinahe wäre die Kirche selbst durch einen brennenden amerikanischen Panzer ein Opfer der Flammen geworden, da dieser unmittelbar am Gebäude der Kirche in Brand geriet, dort liegen blieb und ausbrannte. Auch die Häuserkämpfe an der Bergstraße zogen sich bis zum 17. Oktober hin. Am 18. Oktober war ganz Scherberg von Amerikanern besetzt, und die erste Kampflinie verlief der Aachener Straße entlang...*

Am 20. Oktober 1944 ging die örtliche Führung im Raum Würselen vom Generalkommando des I. SS-Panzerkorps wieder auf das LXXXI. Armeekorps über. Ab 21. Oktober sollte die 3. Panzergrenadier-Division, bestehend aus den Regimentern

8, 29 und 3 (Artillerie), die 116. Panzer-Division in ganz Würselen ablösen. Diese Ablösung fiel mit einem Angriff der Amerikaner zusammen, den das 120th US-Regiment entlang der Bahnlinie Morsbach-Würselen auf Elchenrath und das 116th Regiment auf die Sodahalde vortrugen. Die Sodahalde und die umgebenden Straßenzüge fielen vorübergehend in amerikanischen Besitz, doch wurden die Angreifer unter erheblichen Verlusten (allein auf dem Sodaberg wurden 57 tote Amerikaner gezählt) wieder in ihre Ausgangsstellungen an der Krefelder Straße zurückgedrängt.

Regiment 156[37]: *Bei trübem Wetter schießt der Amerikaner morgens aus allen Rohren. Häuser und Hausruinen stürzen zusammen... die ersten Toten und Verwundeten. Unter dem Schutz von Nebelgranaten... sind sie plötzlich vor bzw. unter uns... Erbitterter Kampf um jede einzelne Hausruine, um Keller und Garagen, um ein Fabrikgelände und um mehrere Straßenzüge. Erst nach mehreren Stunden wendet sich das Blatt... auch die "Große Halde" wieder besetzt, hervorragender Überblick über das Gesamtgelände nördlich von Würselen — Beobachtungsstelle. Deshalb... schwerer Beschuß bei Tag und Nacht.*

Die Ablösung der 116. Panzer-Division durch die 3. Panzergrenadier-Division zog sich bis zum 25. Oktober hin. Die Hauptfrontlinie verlief von nun an bis zum 16. November 1944 fast unverändert: Schleibach/Birker-Euchener Feld (bis 1 Kilometer südlich Euchen) = 246. Volksgrenadier-Division; Nähe Elchenrath zurückspringend zur Reichsstraße 57/Verlauf Reichsstraße 57 bis etwa Neuhauser Straße/Judenstatt/Wisselsbach/Haal/Punkt 212,7 südlich Kaninsberg = 3. Panzergrenadier-Division (rechts Regiment 8, links Regiment 29); Weidener Feld = 12. Volksgrenadier-Division.

Tagebuchberichte: Broich 17. Oktober — *Ein Beobachter will auf den Kirchturm. Anfangs wehrt der Arzt* [des Verbandsplatzes] *ab. Feindliche und auch deutsche Flugzeuge... 18. Oktober — Soldaten erzählen von ihren Gegenstößen, daß sie nicht vorwärts kommen vor dem Feuer des Feindes. Euchen, Neusen, Linden und Weiden haben in den letzten Tagen sehr gelitten... 20. Oktober — Granatwerfer und Flakgeschütze kommen kaum zum Schuß wegen der Flieger. Herr H. zurück, wie doch ein nationalsozialistischer Räumungsfanatiker Aufregung bereitet, die nervöser macht als die Frontnot. 21. Oktober — Gegen 3 Uhr kamen neue Truppen an die Euchen-Würselen-Front.* Weiden 17. Oktober — *Es gab wieder Tote unter den Zivilisten. 18. Oktober — Den deutschen Truppen fehlt die Munition. Große Verluste bei den deutschen Soldaten, viele Verwundete. Bombenabwurf auf die deutschen Stellungen. 19. Oktober — Es fallen viele Granaten. 20. Oktober — Während der hl. Wandlung sausen die Bomben nieder. Tiefflieger. 21. Oktober — Beschuß der Kirche, Soldaten der Beobachtung auf dem Kirchturm wurden in der Kirche schwer verletzt. Dann Bombenabwürfe, Granaten.*

Die Vereinigungsstelle des amerikanischen Zangenangriffes gegen Aachen bei Kaisersruh. Ein Vorkriegsfoto der Reichsstraße 57 Aachen-Würselen, in Richtung Würselen aufgenommen. Links oben sind die ersten Häuser von Scherberg zu erkennen.

Über das Schicksal der in Würselen-Mitte verbliebenen Bevölkerung berichtete Josef Bastin, damals Kaplan an St. Sebastian, der neben Kaplan Wilmkes bis zur Zwangsevakuierung am 1. November in der Stadt ausharrte (Bastin im Keller des Pfarrhauses, Wilmkes im Keller der Kaplanei in der Ringstraße): *Von der Besetzung Morsbachs erzählten Augenzeugen, so daß wir weiße Fahnen bereithielten und über die Kaiserstraße die Ankunft der Amerikaner erwarteten. Dann wurden wir vorsichtiger und waren kaum noch sichtbar, da die Zivilisten die Stadt schon längst verlassen haben sollten. In den Trümmern hieß es zu überleben. Gott sei Dank gab es in vielen Kellern Eingemachtes, Brot wurde selbst gebacken (wie!), Milch gab es bei Dobbelstein und ab und zu wurde auch dort notgeschlachtet, zu Kartoffelgärten wurde gerobbt und dabei auch Gemüse mitgebracht. Schreckgespenst wurde die Aussicht auf den nahen Winter. Der alte Turm von St. Sebastian wurde zur geschützten Stelle des Proviantnachschubs für die Wehrmacht... und dann war auch für uns Vorrat. Den Reliquienschrein des Hl. Salmanus habe ich bei donnernden Einschlägen im Kirchgewölbe vom Altar gerissen und in den Heizungsofen der Kirche verstaut. Manch einem, der nicht aus seinem Keller herauskam, wurde nach der Messe im Pfarrhauskeller von unentwegten Nachbarn die hl. Kommunion gebracht. Wer starb, fand meist im nächsten Garten eine Ruhestätte. Nach dem Tode des Herrn H. vom Markt trugen wir ihn zum Eingang des Friedhofs. Wir schaufelten ihm ein Grab, aber dann kam so starker Beschuß, daß die "Totengräber" ins Grab flüchteten und fast darin begraben wurden, während der Tote noch auf dem Rasen lag.*

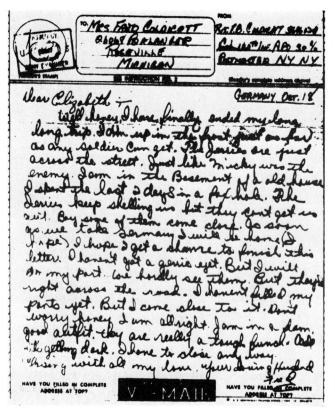

Frederick B. Coldicott, Soldat im 120th US-Infantry Regiment, war nach Würselen als Ersatzmann nach den hohen Verlusten dieses Regimentes gekommen und schrieb am 18. Oktober 1944 an seine Frau in Roseville bei Detroit/Michigan:

Liebe Elisabeth, lieber Schatz, endlich bin ich am Ende meiner langen, langen Reise angekommen. Ich sitze nun in der vordersten Front, näher kann kein Soldat sitzen. Die Jerries [Deutschen] liegen auf der anderen Straßenseite... Ich sitze im Keller eines alten Hauses. Die letzten zwei Tage habe ich in einem Erdloch verbracht. Die Jerries beschießen uns, sie können uns jedoch nicht vertreiben. Aber einige von ihnen kamen ganz nahe. Sobald wir Deutschland erobert haben, komme ich nach Hause (ich hoffe es). Ich hoffe, diesen Brief beenden zu können. Ich habe noch keinen Deutschen zu packen gekriegt. Aber ich werde meine Pflicht tun. Wir konnten sie schon sehen, aber sie waren rechts von uns über der Straße... Mach Dir keine Sorgen, Schatz, ich werde es schon gut machen, Ich bin in einer verdammt guten Einheit, sie ist wirklich eine feine Truppe. Es beginnt dunkel zu werden. Ich muß nun aufhören.

Ich schließe mit all meiner Liebe, Dein Dich liebender Mann Fred.

Fred Coldicott fiel am 22. Oktober 1944, seinem Geburtstag — er war 23 Jahre geworden —, und hinterließ eine junge Frau mit zwei kleinen Kindern. Seine Familie erhielt einige Tage später zunächst eine Vermißtenanzeige, später dann die Todesnachricht. Erst viel später konnte anhand der Regimentsgeschichte rekonstruiert werden, daß er an der Krefelder Straße in der Nähe des Bahnüberganges gefallen war. Seine letzte Ruhestätte fand er auf dem Soldatenfriedhof von Margraten/NL Feld L, Reihe 9, Grab 22[38].

23. Oktober bis 15. November 1944

In Abwandlung des in den englischen Sprachgebrauch eingegangenen Wortes "Blitzkrieg" bezeichneten die Amerikaner die folgende Periode, in der sich die Front im Raum Würselen nicht veränderte, als "Sitzkrieg". Die in der Würselen-Front eingesetzten US-Truppen wurden nunmehr der Ninth Army (bis dahin First Army) zugeteilt. Es begann eine Umgruppierung, die auch der Auffrischung und Erholung der amerikanischen Kampftruppen galt. Heerlen, Valkenburg, sogar Paris waren Ziele von Einheiten, die im Austauschverfahren aus der Front herausgezogen und später wieder eingegliedert wurden. Vom 25. Oktober bis zum 9. November 1944 kämpften Teile des 406. Regimentes der 102. US-Division an der Reichsstraße 57 in Nord-Würselen ("in der Nähe der Halde") und ab 10. November 1944 wurde das 335. Regiment der 84. US-Division in Birk und Kaisersruh eingesetzt; diese Einheiten hatten bis zu ihren Einsätzen noch keine Fronterfahrung. "Mud" = Morast ist das häufig gebrauchte Wort in den Berichten über eine Zeitspanne mit schlechten Wetterbedingungen und den ersten Anzeichen des herannahenden Winters. Die Amerikaner und Briten bereiteten die Offensive "Queen" bzw. "Clipper" vor, mit der die Rur erreicht werden sollte. Vor dem angesetzten Termin nahm — von den Deutschen erkannt — die Spähtrupptätigkeit zu, und anhand von Luftaufnahmen wurden z. B. für den Angriff auf Euchen bis in alle Einzelheiten gehende Vorbereitungen getroffen.

In dieser Zeit erfolgte deutscherseits ein starker Ausbau aller Stellungen (zeitweise wurden bis zu 1000 Mann für diese Aufgabe im Bereich der 3. Panzergrenadier-Division eingesetzt) und die Bildung einer B-Linie, die die "Nase von Würselen" aussparte. Sie verlief von Euchen über Weiden bis zum Schnittpunkt der Eisenbahn mit dem Weidener Wald. Schließlich verlief eine C-Linie: Punkt 177,4 (250 Meter nordwestlich Linden) — westlich Ziegelei Linden — Merzbrück (Südwestecke Flugplatz, Höhe 215 = 1 Kilometer südöstlich des Flugplatzes Merzbrück).

Diese Aufnahme machte ein Jugendlicher am 24. Oktober 1944, als eine Gruppe von Zivilpersonen das bereits stark zerstörte Euchen verließ (Haus Frauenrath Euchener Straße, damals deutscher Verbandsplatz).

Amerikanischer Soldat in seinem Schützenloch, Angehöriger des 120th Regimentes (Birk?).

246. Volksgrenadier-Division: *Die Dörfer werden durch die Pioniere zur Ortsverteidigung ausgebaut, für Panzerabwehr mit Sperren vorbereitet. Sie werden auf höchstem Befehl evakuiert und durch Minen verseucht*[39]. — *Auf Anordnung des Kreisleiters begab sich Bürgermeister Gibbels* [zu dieser Zeit in Niederzier stationiert] *mit einer Abordnung der Politischen Leitung in der Nacht zum 1. November 1944 nach Würselen, um sämtliche Notdienstverpflichtungen aufzuheben und mit Unterstützung der Wehrmacht alle Bürger, denen er habhaft werden konnte, aus Würselen herauszuholen. In dieser Nacht wurden etwa 200 Personen, darunter auch der zum Bürgermeister bestellte Landwirt Wilhelm Rueben, aus Würselen zurückgeführt.*[40]

Über die Zwangsevakuierungsmaßnahmen berichten die Würselener Schwestern, die sich zu dieser Zeit im Sodastollen aufhielten: *Am 30. Oktober, abends um 11 Uhr, kamen mehrere SA-Männer und forderten die Leute, teils unter Drohung auf, die bereitstehenden Autos zu besteigen. Doch zwei Kraftwagen (es hieß es seien 14) waren zuwenig für mehrere Hundert Menschen. Wir saßen bis 4 Uhr morgens im Stollen mit dem Ausgang zur Kreuzstraße hin. Als bis dahin noch keine Autos zurückkamen, ging jeder zurück auf seinen Platz. Wir entschlossen uns, nun mit vielen anderen die deutsche Linie zu durchbrechen, um nach Bardenberg zu kommen. Wir gingen mit vielen anderen, 50—70 Personen, Männer, Frauen und Kinder, unter guter Führung auf beschwerlichem Weg durch zerschossene Hecken, Gärten und Wiesen auf die Schweilbacher Straße zu. Kaum waren wir über die Kaiserstraße hinüber, als aus einem Haus von deutscher Seite auf uns mit Gewehren*

Amerikanische Artillerie in Bardenberg (230th Field Artillery Battalion).

Würselen abgeriegelt

IM SÜDEN, WESTEN UND NORDEN ist der Amerikaner zum Angriff gegen Euch angetreten. Ausbruch nach allen drei Richtungen bedeutet Zusammenbruch im amerikanischen Feuer.

KEINE RÜCKENFREIHEIT ★ Starke, frisch eingesetzte amerikanische Verbände haben Eure Rückzugsstrassen nach Osten abgeriegelt. Ihr seid in eine Todesfalle geraten.

DIE KLUGEN UND DIE UNKLUGEN ★ Schon oft gerieten Kameraden von Euch in die gleiche Lage. Dann gaben die Klügeren unter ihnen nach und die Unklugen gingen unter. Wollt Ihr Euch wirklich noch knapp vor Kriegsende opfern lassen?

Rettet Euch in die Kriegsgefangenschaft!

CPH 7

TERROR in Würselen

Dies ist das Abzeichen der 3.Pz. Gren Division in Würselen, auch "Dreibalken Division" genannt. In Würselen wird geschossen. Hier schiessen Deutsche auf Deutsche.

Fünfzehn deutsche Soldaten lagen in eine Haus am westlichen Stadtrand von Würselen. Oberleutnant gab ihnen am 30.10. den Befehl, einen stark gehaltenen amerikanischen Bunker, 200 Meter weiter westlich, zu nehmen. Es galt, diese Strecke von 200 Metern, die ungedeckt war und von den Amerikanern eingesehen werden konnte, zurückzulegen. Die fünfzehn Mann zögerten, den selbstmörderischen Auftrag auszuführen. Da zieht der Oberleutnant seine Pistole und brüllt: "Wenn ihr Schweinehunde nicht gehorcht, knalle ich Euch nieder."

In Würselen muss die Zivilbevölkerung in ihren Kellern und Schlupfwinkeln bleiben. Aber ein gutherziger deutscher Gefreiter erbarmte sich eines alten Mütterchens und holte ihr einen Eimer Wasser vom Dorfbrunnen. Um ihm daran zu verhindern, schoss ein deutscher Unteroffizier auf den Gefreiten.

Ja, in Würselen schiessen deutsche Unteroffiziere und Offiziere auf deutsche Soldaten. Aber in Oidtweiler, wie in allen anderen von Amerikanern besetzten Ortschaften, wissen die Deutschen, wie gut amerikanische Offiziere deutsche Kriegsgefangene behandeln.

CPH 4

Mehrfach wurden in Würselen ortsbezogene Flugblätter von den amerikanischen Einheiten eingesetzt. Die Flugblätter wurden nicht nur von Flugzeugen abgeworfen, sondern auch mit Spezialgranaten verschossen.

We fired propaganda leaflets — "The Ring Is Closing".

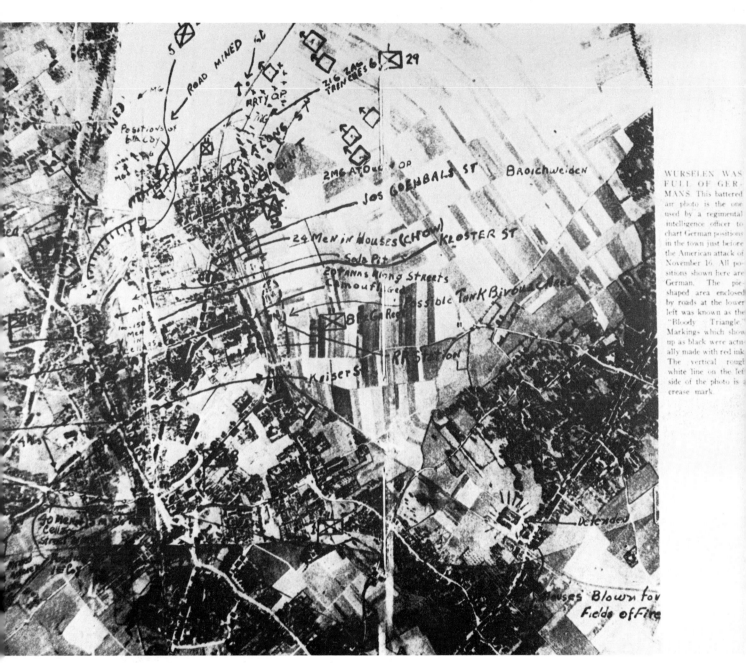

Ein Aufklärungsfoto von Zentral-Würselen
mit Auswertungsvermerken von
Ende Oktober 1944.
Den Amerikanern waren viele
militärische Einzelheiten so genau bekannt,
daß sie in Karten eingezeichnet wurden.

Nr. 255
Donnerstag
19. Oktober 1944

10 Pfennig
Auswärts 15 Pf.

der Angriff
Reichsausgabe

Tageszeitung der Deutschen Arbeitsfront

Zentralverlag der NSDAP., Franz Eher Nachf. GmbH., Zweigniederlassung Berlin, Berlin SW 68, Zimmerstr. 88, Fernspr.: Sammel-Nr. 11 60 71

PK.-Aufn.: Kriegsberichter Jacob (Transocean)
Stolz zeigt der Scharfschütze seinen Kameraden die vier Erfolgsringe

Stadt Belgrad von Banden und Bolschewisten gesäubert
Fortgang der harten Kämpfe um Aachen und die Scheldemündung

An der ostpreußischen Grenze
Sowjetische Großangriffe aufgefangen

Aus dem Führerhauptquartier, 18. Oktober.
Das Oberkommando der Wehrmacht gibt bekannt:
An der Scheldemündung wird erbittert um jeden Fußbreit Boden gerungen. Östlich Helmond traten die Engländer mit starken Kräften und Bomberunterstützung zum Angriff an. Unsere Truppen fingen die feindlichen Angriffe auf und

Moskau überall im Spiele
Helsinki: „Ein rein sowjetischer Sonntag"

Eigener Bericht   Berlin, 18. Oktober.
Der rumänische Kommunistenführer Patrascanu, der sich anschickt, eine rein bolschewistische Regierung zu bilden, gab dem Vertreter des „Journal de Genève" in Bukarest

Gästen, darunter mehrere Mitglieder der finnischen Regierung, ein bolschewistischer Film vorgesetzt. Da die Mitglieder der sowjetischen Überwachungskommission anwesend waren, hatten die Finnen natürlich lebhaft zu applaudieren. Die Leinwand war mit den sowjetischen

---

Deutsche und amerikanische Scharfschützen waren bei den Kämpfen um Würselen eingesetzt. Das in diese Zeitung oben rechts eingerückte Bild mit der Beschreibung zeugt von einer fortgeschrittenen Abstumpfung gegenüber dieser Tötungspraxis in der Endphase des Krieges.

und MG geschossen wurde. Es entstand eine Panik, Frauen und Kinder schrien, viele liefen wieder zurück. Die einen warfen sich auf die Erde, andere suchten in Granattrichtern Schutz, doch Gefahr und Todesangst trieben. Schwester Ansbalda war so unglücklich gefallen, daß ihr der Arm gebrochen war. Wir fanden uns alle [sechs Schwestern] wieder zusammen[41].

Die Flüchtlinge wurden von den Amerikanern überwiegend nach Bardenberg in das Lager Pley gebracht. Am 7. November 1944 flogen deutsche Flugzeuge gegen dieses Lager einen Angriff, der unter den Flüchtlingen drei Tote und mehrere Schwerverletzte forderte.

Gleichlautendes berichtete Josef Pirotte über die Zwangsräumung durch Wehrmachtsangehörige am 30. Oktober 1944 in der Ravelsberger Straße. Deshalb wagte eine 15 Personen umfassende Gruppe (mit vier Personen über 70 Jahren) einen gefährlichen Fußmarsch zur Hindenburgstraße (Wilhelmstraße). Aber von hier wurde die Gruppe, die im Nachbarhaus Johann V. mit Frau und Kind im Regenbassin versteckt wußte, mit Waffengewalt evakuiert und nach Ameln zum Weitertransport mit der Eisenbahn gebracht. Maria Steinbusch vermerkte in ihrem Tagebuch unter dem 31. Oktober, daß die Stollen von SA-Männern geräumt und die Stadtwacht aufgelöst wurde. Das Würselener Rathaus in der Kaiserstraße brannte nach ihren Angaben am 6. November 1944 vollständig aus.

In Weiden begann die Zwangsräumung bereits am 24. Oktober 1944[42]. Am 6. November gelang es einer Gruppe von Zivilpersonen, mit Hilfe deutscher Soldaten von Euchen durch die verminten deutschen Frontlinien hindurch nach dem von den Amerikanern besetzten Schleibach zu flüchten. Auch das Missionshaus Broich berichtete in seinem Tagebuch von der Zwangsräumung durch deutsche Soldaten, die dort endgültig erst am 8. November vollzogen wurde.

Frau Betty Löwenich berichtete über eine Zwangsräumungsaktion im Bereich Markt/Tittelstraße: *Die Feldgendarmerie durchsuchte alle Keller. Sie luden alle Leute in der Tittelstraße auf Lastwagen ... Meine Eltern sind über den Gartenzaun zum Friedhof gelaufen und haben sich im Denkmal der Familie Queck versteckt.* Leonhard Meeßen, der sich als Kind mit Familienangehörigen in einem Versteck im Jugendheim an der Wilhelmstraße aufhielt, schrieb: *Der Bäckermeister Kogel gegenüber versteckte sich vor den Räumungskommandos im durch Wasser überfluteten Keller seines Hauses, indem er auf Tischen hockte.* Zu einer Personengruppe, die in den Häusern gegenüber dem Jugendheim versteckt lebte, gehörten auch die Eheleute Pütz. Frau Pütz erzählte: *Neben dem Haus Hunck in der Wilhelmstraße war ein deutsches Sturmgeschütz postiert. Diese Soldatengruppe hat uns mitverpflegt, sogar einen Tag lang in ihrem Panzer vor der Feldgendarmerie versteckt. Wir hatten große Mühe mit dem in den Keller eindringenden Wasser, erst ein mühsam durch die Kellerwand bis zum Straßenkanal gebohrter Abfluß schuf etwas Abhilfe. Noch in der letzten Nacht vor dem Einmarsch der Amerikaner [17. November 1944] versuchte ein fanatischer deutscher Offizier, uns zwangsweise wegzubringen. Nur durch eine List sind wir der Zwangsevakuierung entgangen. Wir ahnten nicht, daß nur eine Straße breit von uns im Jugendheim auch noch Zivilisten versteckt waren.*

Donnerstag, 16. November 1944

An diesem Tage begann der erwartete Angriff der Amerikaner, die "Operation Queen", die mit einem gewaltigen Luftangriff eingeleitet wurde. Das Schicksal z. B. von Jülich und Düren (diese Städte wurden hierbei dem Erdboden gleichgemacht) blieb Würselen erspart, weil hier die Frontlinien zu verzahnt waren. Wohl aber wurde der Angriff mit einem Trommelfeuer der amerikanischen Artillerie entlang der ganzen Front eingeleitet. In einem als "The Perfect Infantry Attack" in die amerikanische Militärgeschichte eingegangenen Angriff eroberte u. a. das 120th US-Regiment von Schleibach ausgehend das total zerstörte Euchen. Zusammen mit der Einnahme von Mariadorf durch das 117th Regiment am gleichen Tage wuchs die Möglichkeit einer Abschnürung der deutschen Truppen in Würselen, obwohl diese den Angriff des 119th Regiments abschlugen. Die Amerikaner erlitten hier erhebliche Verluste — auch durch Minensperren — und konnten nur geringe Geländegewinne erzielen. Der Rückzug der deutschen Truppen auf die B-Linie erfolgte in der Nacht zum 17. November, um der Einschließung zu begegnen.

Frau Betty Löwenich, die seit dem 2. November 1943 bereits Kriegerwitwe war, schilderte ihr bitteres Schicksal an diesem Tage: ... *16. November ... sind wir um 4 Uhr morgens* [vom Markt her] *über den Friedhof von hinten in unser Haus* [Tittelstraße] *gegangen. Da wir dort nicht heizen konnten, gingen wir in das Haus Nr. 33, dort stand ein Kohleofen, wo wir uns wärmen konnten. Wir waren ganz alleine, meine Eltern, mein Söhnchen und ich. Um 7 Uhr setzte ein derartiges Schießen auf unsere Straße ein, das nicht mehr aufhörte ... Dann gegen 15 Uhr wurde mit Granatwerfern geschossen, die so eingestellt waren, daß sie die Kellerdecken aufrissen. Der Granatwerfer stand in der Neuhauser Straße* [Haus Merx]. *Und von so einer Granate wurden dann am Nachmittag des 16. November um 15.30 Uhr meine Eltern und mein Söhnchen* [21 Monate] *getötet.*

Freitag, 17. November 1944

Nach einer Artillerievorbereitung drang das 119th Regiment in Würselen ein, das die deutschen Truppen zu diesem Zeitpunkt bis auf wenige Nachhutkräfte schon verlassen hatten. Der größte Teil der amerikanischen Verluste wurde durch Minen hervorgerufen. Bis auf den südöstlichen Teil war Würselen am Abend besetzt.

Das 120th Regiment stieß durch Broich nach Neusen und Linden vor, wo ein deutscher Gegenangriff mit sieben Panzern den Amerikanern Schwierigkeiten bereitete. 326 deutsche Gefangene waren vor allen Dingen durch einen Überraschungsangriff gemacht worden, der eine aus Würselen kommende Einheit ab-

Am 16. November 1944 beginnen im Rahmen der Operation "Queen" die US-Angriffe gegen Mariadorf und Euchen (von Schleibach aus). Das Trümmerfeld Euchen wird erobert.

The 117th Infantry moves out of Alsdorf, Germany, toward Mariadorf. This is the

"Von Euchen blieb nicht viel übrig", so der amerikanische Kommentar zu diesen Bildern nach der Einnahme des Ortes am 16. November 1944.

fing, bevor diese hatte in Stellung gehen können. Das 335th Regiment hatte den Befehl erhalten, die Bunker zwischen Euchen und Würselen zu nehmen, fand diese aber überwiegend bereits verlassen vor.

Durch die Eroberung von Hoengen gefährdeten die Amerikaner den weiterhin aus der übrigen Front nach Westen herausragenden Frontbogen (die B-Stellung), so daß daraufhin die C-Stellung bezogen wurde.

Frau Betty Löwenich, die sich zu diesem Zeitpunkt bei einer anderen Familie am Markt aufhielt, schilderte die erste Begegnung mit den amerikanischen Soldaten: *Am Morgen des 17. November kamen die ersten Amerikaner über den Marktplatz, da war ein junger Captain darunter, er sagte, daß er uns kenne, er sei der jüngste Sohn des Metzgers Vohs aus der Wilhelmstraße... Er kannte uns alle wieder ... Als er erfuhr, daß meine Eltern totgeblieben waren, schüttelte er nur den Kopf, denn wir verkehrten mit seinen Eltern früher, es waren sehr gute Menschen. Sie haben ihr Leben verloren, da sie Juden waren.*

Tagebucheintragung Morsbach: *45 deutsche Gefangene aus Richtung Elchenrath, 100—200 kamen schon früher an.*

"Eine Stunde früher kämpften sie noch gegen die Männer unseres Regimentes", vermerkt die Geschichte des 120th US Regimentes zu diesen Bildern deutscher Gefangener in einem Kapitel über die Kämpfe in Birk.

Der Würselener Markt mit der Pfarrkirche St. Sebastian nach der Beendigung der Kampfhandlungen.

Samstag, 18. November 1944

Nach Einnahme des südöstlichen Teils von Würselen stieß das 119th Regiment beim Vormarsch auf Weiden noch einmal bei St. Jobs auf starken deutschen Widerstand, der aber gegen Abend gebrochen werden konnte. Die meisten Häuser von St. Jobs (einschließlich der Kapelle) bis zum Bahnhof waren von den Deutschen gesprengt worden, um ein Schußfeld zu schaffen. Das 120th Regiment kam an diesem Tage in Linden nicht weit voran, da die Deutschen immer wieder aus Richtung Eschweiler Verstärkungen nachschoben.

In verschiedenen Berichten findet man die Angabe, daß 178 Männer, Frauen und Kinder in den Trümmern von Würselen den Einmarsch der Amerikaner erlebt haben. Leonhard Meeßen berichtete: *Erst jetzt erfuhren wir, daß auch in unserer Nähe weitere Nachbarn verblieben waren: Familie Mertens, neben dem Radiogeschäft Ross Ecke Sebastianusstraße, Schmitz neben der Metzgerei Jakob Vohs, Wilhelmstraße.*

Die Krefelder Straße in Würselen in Richtung Parkhotel gesehen. Links die Ruine der ehemaligen Kreisleitung der NSDAP, rechts die Baumreste im Park der Villa Paustenbach. Über viele Wochen war die Reichsstraße 57 hier Frontlinie. Das Schild warnt; nur die Straße ist von Minen geräumt.

Sonntag, 19. November 1944

Heftigen Widerstand von Truppen der deutschen Nachhut mußten die Amerikaner in Vorweiden brechen, bevor sich das 120th und das 119th Regiment vereinigen konnten. Reste deutscher Truppen hielten sich noch bis zum 20. November in der Nähe des Flugplatzes Merzbrück; erst nach diesem Zeitpunkt war der Raum Würselen nicht mehr unmittelbares Frontgebiet. Bereits am Nachmittag des 19. November 1944 errichteten die Amerikaner eine Besatzungskommandantur in der Friedrichstraße in Würselen unter der Leitung von Captain Tyroler, die aus drei Offizieren und fünf Mitarbeitern bestand.

Tyroler schilderte 1965 in Los Angeles seine Eindrücke über das verwüstete Würselen folgendermaßen: *Die Stadt Würselen war in einem sechswöchigen Bombardement, in Straßenkämpfen und Beschuß untergegangen — zu mehr als 90% zerstört. Nicht ein Haus oder nur ein Raum ohne Zerstörungen durch Bomben, Granaten oder Gewehrfeuer... von einem Ende zum anderen minenverseucht. Die*

Foto und Tagebucheintragungen geben ein Bild von den Zerstörungen Broichs und seines Missionshauses.

Die Kirche St. Luzia in Broichweiden verlor bei den Kämpfen den Kirchturm.

Zivilbevölkerung lebte meist in Kellern ihrer zerstörten Häuser. Die Leichen der Soldaten — Deutsche und Amerikaner — lagen da, wo sie gefallen waren. Chaos, wohin man auch sah. Es gab keine Autorität. Die Humanität hatte den absoluten Nullpunkt erreicht.

Die Westwallbunker wurden an diesem und den folgenden Tagen von amerikanischen Pionieren mit schweren Sprengladungen zerstört; nicht selten wurden dabei die Häuser in der Nachbarschaft stark in Mitleidenschaft gezogen.

Medical party about to pick up German civilian who just stepped on a German box mine.

Am 19. November 1944 hielt sich ein amerikanisches Filmteam in Würselen auf und machte u. a. diese Aufnahmen eines Minenunfalles. Das obere Bild zeigt den durch eine Mine verunglückten Joseph Flücken aus der Maarstraße 18 in Würselen. Herr Flücken hatte mit seiner Frau und weiteren Zivilpersonen in einem Erdbunker zwischen den Frontlinien, im "Niemandsland" zwischen Aachener Straße, Kaiserstraße und Grevenberger Straße, die Kämpfe überlebt. Bei dem Versuch, etwas Eßbares in dem vorbeschriebenen Gebiet aufzufinden, geriet er in ein deutsches Minenfeld. Zwei amerikanische Sanitäter versuchten ihn zu bergen und wurden ebenfalls durch eine weitere Mine schwer verletzt. Sie wurden abtransportiert und zunächst das Gelände nach weiteren Minen durchsucht. Während dieser Zeit lag Herr Flücken (ihm war der linke Fuß abgerissen worden) hilflos an der Unglücksstelle. Später wurde der Verletzte in das Bardenberger Krankenhaus gebracht, wo er am 20. November seinen schweren Verletzungen erlag.

Das untere Bild zeigt amerikanische Sanitätssoldaten, die sich um die Verletzten in der Kaiserstraße (zwischen der Grevenberger Straße und der Aachener Straße) bemühen.

Die Bergungsversuche, die Minensuche, die Versorgung der Verletzten und der Abtransport sind als Teil eines Dokumentarfilmes der Ninth US-Army festgehalten worden.

Der Film zeigt weitere Szenen vom Markt mit der zerstörten Kirche St. Sebastian, am Kriegerdenkmal an der Aachener Straße/Maarstraße, in der Grevenberger Straße (?) und der Kaiserstraße.

Die offizielle Schadensstatistik der Stadt Würselen stellte später die Kriegsschäden im gesamten Stadtgebiet Würselen dar:

Bestand an	Gebäuden	Wohnungen	Räumen
im Jahre 1939	2500	6900	20000
beschädigt	alle		
bis zu 40%	1825	5036	14597
von 41—60%	448	1237	3585
über 60%	227	627	1818
Zerstörungsgrad insgesamt:	78%		

Bevölkerungszahl am 17. Mai 1939: 15519; am 2. März 1945: 2123.

Kriegsschäden an öffentlichen Einrichtungen:
Rathaus zu 60% zerstört,
von den 9 Schulen 5 zu 100%, 1 zu 80%, 1 zu 70% und 2 zu 30% zerstört.

Straßen in der Gesamtlänge von 36 Kilometer zu 58% nicht mehr verwendbar, die Kläranlage zu 80% zerstört und der Wald (1939: 288 ha groß) zu 80% vernichtet.

Peter Former aus der Klosterstraße 86 in Würselen, der von der Zwangsevakuierung betroffen war, schilderte in einem Brief vom 14. Dezember 1944 (aus Eisleben?) an die ebenfalls evakuierte Würselener Familie Keufen anschaulich Vorgänge aus dem umkämpften Würselen: *Ich bin erst am 3. November aus unserem Keller fortgegangen. Ich wollte zu Hause bleiben und auch sterben, aber unsere Soldaten haben mich herausgeworfen, ich mußte die liebe Heimat verlassen. Ich bin wohl noch tags vorher im Granatfeuer noch mal nach unserem Haus in der Klosterstraße gegangen und habe weinend von unserem schönen Heim Abschied genommen. Ach meine Lieben, das ist hart, so ein Abschied nehmen. Aber unser Haus war noch eines der besterhaltenen Häuser aus der Klosterstraße. Die anderen sind alle nur Ruinen. Bei der Gelegenheit habe ich auch gesehen, daß das Haus meines Schwagers Philippen, Aachener Straße [Bäckerei Freialdenhoven] auch nur noch ein Trümmerhaufen war. Ach was hat der Krieg uns ruiniert und arm gemacht. - - - Das tut mir leid, daß Ihr, arme Freunde, so schlechte Unterkunft gefunden habt. Den einen Wunsch habe ich auch nur, zurück nach Würselen und wenn es zu Fuß sein muß. - - - Wie wir fortgingen, da war Familie Lausberg und Käfer und Engels im Keller bei Schierens Nettchen [in der Neuhauser Straße] gegangen, ob die nun geblieben sind, ich weiß es nicht. Der Winand Nonn, der junge Käfer und ein junger Mann, dessen Namen ich nicht weiß und vielleicht meine Luzie hatten sich versteckt. Wenn es ihnen gut gegangen hat, sind sie beim Amerikaner. Nun wissen Sie auch, weshalb ich so traurig bin und keinen Mut haben wegen meines Kindes. Wenn ich nur wüßte was aus meiner Luzie geworden ist. Ach ich bin verzweifelt manchmal. Gestern hatte meine Luzie Namenstag, am 13. Dezember. Aber meine Lieben, ich habe mein Kind in die Hand Gottes empfohlen und bete alle Tage für sie, daß wir uns beide noch einmal in diesem Leben wiedersehen mögen.*

Luzia Former, Lehrerin, hatte in Scherberg bereits den Einzug der Amerikaner um den 16. Oktober erlebt. Um den 25. Oktober überwand sie die Frontlinien in der Klosterstraße und gelangte wiederum in den von den deutschen Truppen besetzten Teil von Würselen, wo sie ihren Vater und ihren Verlobten Winand Nonn wußte. Sie brachte Nachrichten aus dem amerikanisch besetzten Gebiet mit, deren Weitergabe im vorerwähnten Brief den Vater veranlaßten, den Empfängern zu raten: *Erzählt bitte nur keinem etwas davon.* An eine Briefzensur, die im Bereich des Möglichen lag, hatte Herr Former wohl nicht gedacht. In seinen vertraulichen Mitteilungen aus Würselen fuhr er folgendermaßen fort: *Über die Onkels Lürken und Tante Ness [Scherberg] kann ich Euch berichten ... so viel ich weiß, lebten die drei noch, Peter, Josef und Tante Ness. Mit Bestimmtheit kann ich sagen bis zum 25. Oktober. Aber das Haus war nur noch eine Ruine. Aber die Tante aus Schweilbach, die Therese, ist beim Melken von einem Granatsplitter getroffen worden und war sofort tot. Die Arme ist in ihrem Garten beerdigt worden, zum Friedhof konnten die Leichen nicht mehr gebracht werden. In Würselen waren sehr viele Tote und Verwundete. Familie Ringens und Tante Anna, kann ich mit Bestimmtheit sagen, die sind beim Amerikaner, wie ganz Kaisersruh. Ringens hatten amerikanische Einquartierung da, ca. 20 Mann. Aber auch alles zerschossen, nur noch das Vorderhaus und die Küche. Der Saal und die Wohnungen von Koch und Klinkenberg, alles zerstört ... auf ein baldiges Wiedersehen in der lieben Heimat, und wenn es nur im Keller ist.*

Die Tochter Luzia Former hat die Kämpfe in Würselen in einem Erdbunker in der Neuhauser Straße auf dem Gelände des früheren Betonwerkes Plum überlebt. Sie schloß vor dem Bürgermeister Hansen am 14. Dezember 1944, an dem Tag, an dem ihr Vater den Brief geschrieben hatte, die Ehe mit Herrn Winand Nonn. Es war die erste Eheschließung vor der neuen Verwaltung in Würselen nach den Kampfhandlungen.

Der Raum Würselen in den Tagesmeldungen der Amerikanischen Armee[43]

7. Oktober 1944

Im Bereich des XIX. Corps der First US-Army erringt die 30th Division, unterstützt durch die Kampfgruppe A der 2nd Armored Division (Panzer) starke Geländegewinne und macht ca. 1000 Gefangene. Das 117th Infantry Regiment stößt nach Alsdorf; die Kampfgruppe A erreicht Baesweiler. Das 119th Infantry Regiment erreicht, unterstützt durch einen Luftangriff auf Merkstein, Positionen jenseits der Wurm bei Kerkrade. Das bringt die 30th Division bis auf etwa drei Meilen an Würselen heran, wo die Vereinigung mit dem VII. Corps erwartet wird.

8. Oktober 1944

Im Bereich des XIX. Corps der First US-Army werden die Hoffnungen der 30th Division auf eine schnelle Verbindung mit dem VII. Corps bei Würselen durch einen feindlichen Gegenstoß in die östliche Flanke zerschlagen. Das 119th Infantry Regiment gelangt, indem es dem Wurmtal südwärts folgt, 1,5 Meilen über Herzogenrath hinaus. Das 120th Infantry Regiment, dessen Ablösung bei Kerkrade durch die 29th Division erfolgte, wird zwischen das 119th und 117th Infantry Regiment eingeschoben und nimmt zwei Weiler. Das 117th Infantry Regiment wird, während es die Bahnlinie westlich von Mariadorf erreicht, heftig von frischen feindlichen Kräften aus Mariadorf angegriffen, von denen Teile bis nach Alsdorf vorstoßen, wo sie gestoppt werden. Beide Seiten erleiden schwere Verluste und das 117th Infantry Regiment zieht sich an den Rand von Alsdorf zurück. Ein Bataillon des 120th Infantry Regiments verstärkt das 117th Infantry Regiment. Die Kampfgruppe A der 2nd Armored Division nimmt Oidtweiler nordöstlich von Alsdorf ein.

Im Bereich des VII. Corps beginnt die 1st Infantry Division den Angriff zur Einschließung Aachens in Zusammenarbeit mit dem XIX. Corps; das 18th Infantry Regiment stößt nordwärts durch Verlautenheide vor.

9. Oktober 1944

Im Bereich des XIX. Corps der First US-Army stößt das 119th Infantry Regiment der 30th Division durch Bardenberg bis in Nord-Würselen vor. Das 120th Infantry Regiment wird in Euchen und Birk, Dörfer an der Straße nach Bardenberg, durch feindliche Kräfte abgewehrt, die die Frontlinien durch einen Vorstoß auf Bardenberg kreuzen. Das 117th Infantry Regiment säubert Schaufenberg und versucht vergeblich, Mariadorf zu erreichen, dann wird ihm gestattet, in der Gegend von Alsdorf und Schaufenberg in die Verteidigung überzugehen. Am Abend erreicht der Feind Bardenberg, vertreibt die schwachen Sicherungskräfte des 119th Infantry Regiments und isoliert den Hauptteil dieses Regimentes in Nord-Würselen. Reserven des 119th Infantry Regiments versuchen, Bardenberg von Norden wiederzugewinnen, werden aber bei der Ortschaft gestoppt.

10. Oktober 1944

Im Bereich des XIX. Corps der First US-Army zieht sich nach mehreren Versuchen, Bardenberg zu säubern, das Reserve-Bataillon des 119th Infantry Regiments/30th Division in der Nacht zurück, damit dort die Stellungen des Feindes mit Artillerie-Feuer belegt werden können. Das 120th Infantry Regiment erobert die Birker Kreuzung, die die Straße nach Bardenberg kontrolliert, und bedroht so die feindlichen Kräfte in Bardenberg. Die 30th Division gibt an, während der Kämpfe am 9. und 10. 20 deutsche Panzer zerstört zu haben.

11. Oktober 1944

Im Bereich des XIX. Corps der First US-Army erobert ein Reserve-Bataillon des 120th Infantry Regiments mit leichter Schwierigkeit Bardenberg und öffnet den Weg nach Nord-Würselen.

12. Oktober 1944

Im Bereich des XIX. Corps der First US-Army hat die 30th Division das Ziel, Würselen einzunehmen und den Kessel von Aachen zu schließen; sie wird aber daran durch eine Serie feindlicher Gegenstöße gehindert, die das Ziel haben, den Aachener Korridor zu erweitern und das Corps auf die Linie Bardenberg-Euchen zurückzuwerfen. Die Deutschen werden in Birk, südöstlich von Bardenberg, und in Nord-Würselen mit Luft- und Artillerieunterstützung zurückgeschlagen, es werden aber neue Panzereinheiten erkannt, die auf einen größeren Gegenschlag in diesem Abschnitt schließen lassen. Die Kräfte des Corps werden umgruppiert, um dieser Bedrohung zu begegnen.

13. Oktober 1944

Im Bereich des XIX. Corps der First US-Army greift das 116th Infantry Regiment der 29th Division, nachdem es seine Position westlich der Wurm bei Kerkrade der 1104. Pionier-Einheit übergeben hat, in die Kämpfe zur Schließung des Aachener Kessels ein. Unterstützt von Panzern der 2nd Armored Division beginnt das 116th Infantry Regiment mit Frontalangriffen gegen Würselen, die unter konzentriertem Direktbeschuß des Feindes liegen. Leichte Fortschritte während dieses und der nächsten beiden Tage.

TAFEL-KALENDER FÜR 1944

JULI		AUGUST		SEPTEMBER		OKTOBER		NOVEMBER		DEZEMBER	
1 Sonnabend	27. Woche	1 Dienstag		1 Freitag		1 Sonntag	41 Erntedanktag	1 Mittwoch		1 Freitag	
2 Sonntag	28	2 Mittwoch		2 Sonnabend		2 Montag		2 Donnerstag		2 Sonnabend	
3 Montag		3 Donnerstag		3 Sonntag	37	3 Dienstag		3 Freitag		3 Sonntag	50
4 Dienstag		4 Freitag		4 Montag		4 Mittwoch		4 Sonnabend		4 Montag	
5 Mittwoch		5 Sonnabend		5 Dienstag		5 Donnerstag		5 Sonntag	46 Reform.-Fest	5 Dienstag	
6 Donnerstag		6 Sonntag	33	6 Mittwoch		6 Freitag		6 Montag		6 Mittwoch	
7 Freitag		7 Montag		7 Donnerstag		7 Sonnabend		7 Dienstag		7 Freitag	
8 Sonnabend		8 Dienstag		8 Freitag		8 Sonntag	42 Opfersonntag	8 Mittwoch		8 Sonnabend	
9 Sonntag	29	9 Mittwoch		9 Sonnabend		9 Montag		9 Donnerstag		9 Sonnabend	
10 Montag		10 Donnerstag		10 Sonntag	38	10 Dienstag		10 Freitag		10 Sonntag	51 Opfersonntag
11 Dienstag		11 Freitag		11 Montag		11 Mittwoch		11 Sonnabend		11 Montag	
12 Mittwoch		12 Sonnabend		12 Dienstag		12 Donnerstag		12 Sonntag	47 Opfersonntag	12 Dienstag	
13 Donnerstag		13 Sonntag	34	13 Mittwoch		13 Freitag		13 Montag		13 Mittwoch	
14 Freitag		14 Montag		14 Donnerstag		14 Sonnabend		14 Dienstag		14 Donnerstag	
15 Sonnabend		15 Dienstag		15 Freitag		15 Sonntag	43	15 Mittwoch		15 Freitag	
16 Sonntag	30	16 Mittwoch		16 Sonnabend		16 Montag		16 Donnerstag		16 Sonnabend	
17 Montag		17 Donnerstag		17 Sonntag	39	17 Dienstag		17 Freitag		17 Sonntag	52
18 Dienstag		18 Freitag		18 Montag		18 Mittwoch		18 Sonnabend		18 Montag	
19 Mittwoch		19 Sonnabend		19 Dienstag		19 Donnerstag		19 Sonntag	48	19 Mittwoch	
20 Donnerstag		20 Sonntag	35	20 Mittwoch		20 Freitag		20 Montag		20 Donnerstag	
21 Freitag		21 Montag		21 Donnerstag		21 Sonnabend		21 Dienstag		21 Freitag	
22 Sonnabend		22 Dienstag		22 Freitag		22 Sonntag	44	22 Mittwoch	Buß- und Bettag	22 Freitag	Wintersonnenw.
23 Sonntag	31	23 Mittwoch		23 Sonnabend	Herbstanfang	23 Montag		23 Donnerstag		23 Sonnabend	
24 Montag		24 Donnerstag		24 Sonntag	40	24 Dienstag		24 Freitag		24 Sonntag	53 1. Weihnachtstag
25 Dienstag		25 Freitag		25 Montag		25 Mittwoch		25 Sonnabend		25 Montag	2. Weihnachtstag
26 Mittwoch		26 Sonnabend		26 Dienstag		26 Donnerstag		26 Sonntag	49	26 Dienstag	
27 Donnerstag		27 Sonntag	36	27 Mittwoch		27 Freitag		27 Montag		27 Mittwoch	
28 Freitag		28 Montag		28 Donnerstag		28 Sonnabend		28 Dienstag		28 Donnerstag	
29 Sonnabend		29 Dienstag		29 Freitag		29 Sonntag	45	29 Mittwoch		29 Freitag	
30 Sonntag	32	30 Mittwoch		30 Sonnabend		30 Montag		30 Donnerstag		30 Sonnabend	
31 Montag		31 Donnerstag				31 Dienstag	Reform.-Tag			31 Sonntag	54

Frau Maria Pütz notierte die für sie wichtigen Ereignisse auf einem Wandkalender. In der 42. Woche (8. bis 14. Oktober 1944) schrieb sie: "Amerikaner bis Morsbach. Die zwei ersten Treffer in der Haustüre, seitdem im Keller bis 17. November" (Amerikaner in der Wilhelmstraße). Eintragung 1. Novemberwoche: "Die schlimmsten 14 Tage für uns".

15. Oktober 1944

Im Bereich des XIX. Corps der First US-Army setzt das 116th Infantry-Regiment sowie die es unterstützenden Panzer der 2nd Armored Division ihre Anstrengungen zur Schließung des Aachener Kessels mit Frontalangriffen fort, aber bis jetzt beträgt der Geländegewinn nur 1000 yards. Ein neuer Angriffsplan wurde aufgestellt, um schnell die Verbindung mit dem VII. Corps aufnehmen zu können.

16. Oktober 1944

Im Bereich der First US-Army wurde der Ring um Aachen geschlossen, als sich Patrouillen des VII. und XIX. Corps um 16.15 Uhr auf dem Ravelsberg treffen.

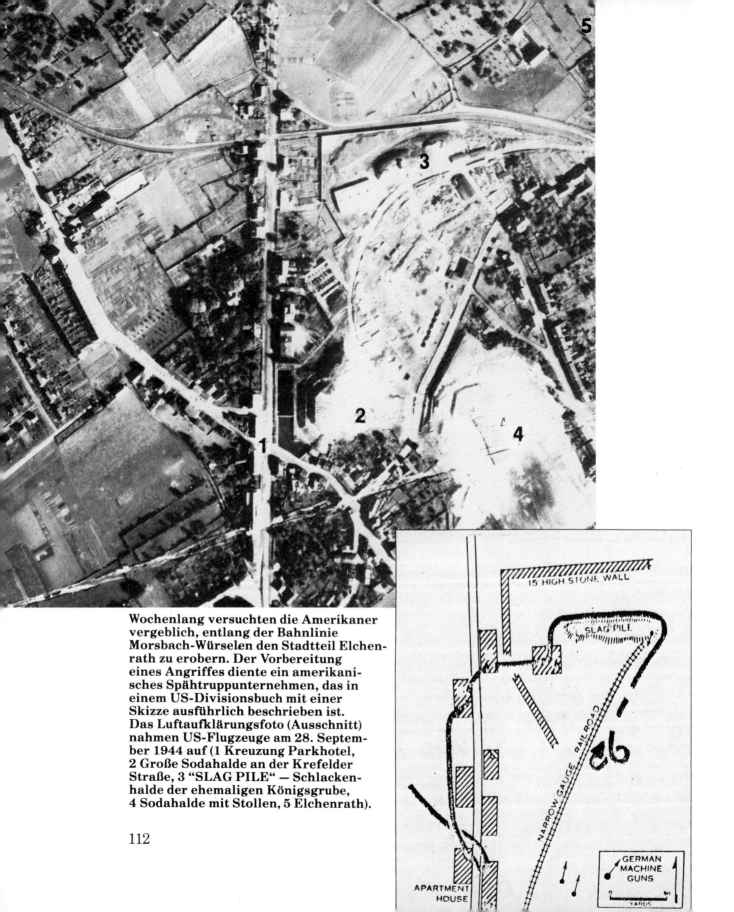

Wochenlang versuchten die Amerikaner vergeblich, entlang der Bahnlinie Morsbach-Würselen den Stadtteil Elchenrath zu erobern. Der Vorbereitung eines Angriffes diente ein amerikanisches Spähtruppunternehmen, das in einem US-Divisionsbuch mit einer Skizze ausführlich beschrieben ist. Das Luftaufklärungsfoto (Ausschnitt) nahmen US-Flugzeuge am 28. September 1944 auf (1 Kreuzung Parkhotel, 2 Große Sodahalde an der Krefelder Straße, 3 "SLAG PILE" — Schlackenhalde der ehemaligen Königsgrube, 4 Sodahalde mit Stollen, 5 Elchenrath).

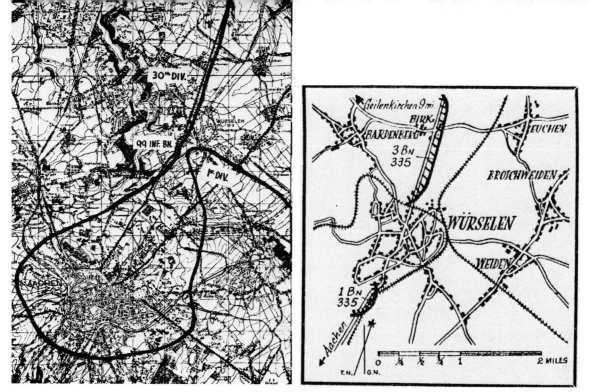

Die amerikanischen Erinnerungsbücher enthalten zahlreiche Lagepläne über den Einsatz der einzelnen US-Einheiten im Raume Würselen.

Im Bereich des XIX. Corps setzt das 116th Infantry Regiment der 29. Division seine Angriffe auf Würselen fort, die 30th Division greift mit dem 119th Infantry Regiment südlich über die Wurm hinweg an. Eine Patrouille stellt dabei mit einer Patrouille des 18th Infantry Regiments der 1st Division des VII. Corps Kontakt her. Das 120th und 117th Infantry Regiment der 30th Division führen begrenzte Angriffe in ihren Frontabschnitten durch. Im Bereich des VII. Corps reagieren die Deutschen unverzüglich und heftig auf die Schließung des Aachener Kessels, indem sie in der Nacht vom 16. auf den 17. versuchen, die Sperre der Straße Aachen-Würselen zu überrennen.

18. Oktober 1944

Im Bereich des VII. Corps unternehmen die Deutschen große Anstrengungen, die Einschließung Aachens aufzubrechen.

19. Oktober 1944

... die Entsatzangriffe lassen nach ...

16. November 1944

Im Bereich der Ninth US-Army greift das XIX. Corps um 12.45 Uhr zur Rurüberquerung bei Jülich an. Die 30th Division, verstärkt durch ein Regiment der 84th

Division, greift südlich in Würselen mit drei Regimentern nebeneinander an, das 117th nimmt Mariadorf und das 120th überrennt Euchen; ein kleiner Fortschritt wird in Würselen gemacht.

17. November 1944

Die 30th Division macht Fortschritte in den stark bebauten Gebieten an der Südflanke des Corps, indem sie im Norden die Ortschaft Hoengen einnimmt und im Süden den Rest von Würselen säubert sowie Broichweiden überrennt.

18. November 1944

Die 30th Division setzt die Säuberung von Broichweiden fort und erobert Warden, südöstlich Mariadorf, nachdem sie zweimal wieder daraus vertrieben worden war.

19. November 1944

Das 117th Infantry Regiment der 30th Division erobert mit starker Unterstützung schwerer Waffen leicht St. Jöris und Kinzweiler.

Vorder- und Rückseite eines im Oktober 1944 in Würselen eingesetzten Flugblattes. Das darin erwähnte 6./60. Pz.Grn.Rgt. verteidigte an der Krefelder Straße/Sodahalde/Aachener Straße.

Am laufenden Band

Schussfeld freimachen!

Wir Amerikaner erzeugen Munition, Schnellfeuerwaffen, Geschütze am laufenden Band. Unsere Ari feuert am laufenden Band.

Euer Kamerad, Gefreiter ▓▓▓▓ (6./60. Pz. Gren. Regt.) gibt das ohne Weiteres zu: "In Würselen ist die amerikanische Ari der deutschen 50:1 überlegen. M. weiss ja auch, warum das so ist. Denn wenn der Amerikaner mit 100 Geschossen zwei Menschenleben retten kann, so tut er das."

WIR können uns das leisten. LKW's, Frachter, Munition, Schnellfeuerwaffen, Geschütze, Flugzeuge, Panzer am laufenden Band: so kämpft Amerika.

EUCH ist das nicht vergönnt. Eure Hände und Handwaffen müssen gegen unseren Stahl kämpfen.

Auch für Dich wird am laufenden Band eine amerikanische Kugel gegossen. Deswegen: Schussfeld freimachen für die amerikanische Ari.

Die sicherste Deckung ist und bleibt die Kriegsgefangenschaft.

Der Raum Würselen im Kriegstagebuch des deutschen Generalkommando LXXXI. Armeekorps[44]

7. Oktober 1944

03.35 Uhr Bv.T.O.AOK7 — O 1: Gegen 5.00 Uhr kommt in Rheydt 1. Zug Tiger-Abt. 506 an. Mit dem Eintreffen der nächsten beiden Züge ist erst in der kommenden Nacht zu rechnen.

09.00 Uhr Es meldet sich der Adjutant des Schn. Regt. von Fritschen mit 3 Abteilungen (503, 504, 505).

09.20 Uhr Arko — O 5: 09.15 Uhr 5 Panzer mit aufgesessener Infanterie Nordrand Alsdorf.

09.25 Uhr Ia 49. I.D. — Ia: Feindpanzer am Nord- und Westrand Alsdorf.

09.50 Uhr Chef AOK — Chef: 15.00 Uhr Eintreffen Feldmarschall Model. Brigade scharf zusammenfassen und mit s.Pz.Abt. 506 gekoppelt einsetzen.

10.20 Uhr Ia 49. I.D. — Ia: Alsdorf feindbesetzt. Sturmgeschütze haben nicht wie befohlen angegriffen. Vordere Linie: Westrand Baesweiler-Alsdorf-Mariadorf, zwischen Alsdorf und Mariagrube Lücke. 30 bis 40 Panzer in Alsdorf.

13.15 Uhr Ia 49. I.D. — Ia: In Baesweiler 10 Panzer eingedrungen. Vor Baesweiler-Süd 40 Panzer. Oidtweiler umstellt?

13.35 Uhr KoPiFü — Ia Hi-Offz.: Diese Nacht werden an Minen eintreffen: 7000 T-Minen, 6000 Panzer-Minen, 2000 S-Minen.

13.45 Uhr Chef — Kdr. Schn. Rgt.: Heute noch Versammlung des gesamten Rgt. abschließen.

14.30 Uhr Arko — Ia: Feindangriff von Neuweiler aus in soe. Richtung auf Schaufenberg.

14.35 Uhr Ia — Ia 49. I.D.: Baesweiler 13.45 Uhr vom Feind genommen.

18.55—19.10 Uhr an Ia 49. I.D. und 246. V.G.D.: Inhalt des Fernschreibens für Angriff gegen Alsdorf.

19.20 Uhr Ia — Kdr. Pz. Brigade 108: Der Panzer-Brigade werden Teile der Tiger-Abt. 506 unterstellt.

8. Oktober 1944

00.30 Arko — O 5: Feind-Feuerstellungen, etwa 4—6 Geschütze, 200 m westlich Sportplatz Baesweiler bestätigt durch Major Göbel. Bttr. wird bekämpft.
8—10 Panzer Sportplatz Baesweiler.

20 Panzer Straßengabel westlich nördlichem Haltepunkt Baesweiler bestätigt durch Zivilisten, werden durch Artillerie bekämpft.

    04.30 Uhr 49. I.D. Morgenmeldung: Schaufenberg feindfrei.

    09.55 Uhr Arko meldet: Gegner tritt auf Mariadorf zum Gegenangriff an.

    09.55 Uhr ... Verlautenheide feindbesetzt.

    11.00 Uhr Chef AOK — Chef: Nach Ansicht des Feldmarschalls ist der Angriff auf Alsdorf so rechtzeitig abzubrechen, daß gegen Feindvorstoß bei Verlautenheide Inf. Reserven und Pz. Brigade 108 zur Verfügung stehen.

    13.30 Uhr Chef — Ia 246. V.G.D.: Ofden feindfrei.

    14.00 Uhr Ia 49. I.D. — Ia: Eigener Angriff mit rechtem Flügel bis Alsdorf Nordrand vorgekommen. Linker Flügel hängt bei Mariagrube. Einsatz der Panzer-Brigade 108 am linken Flügel erschwert durch zu offenes Gelände und starker fdl. Pak.Abwehr aus Südrand Alsdorf. Weiterführung des Angriffes wird beraten.

    14.15 Uhr Ia 246. V.G.D. — Ia: Feind mit 6 Panzern und 2 Kpn. Inf. in Verlautenheide.

    15.00 Uhr Ia 246. V.G.D. — Ia: Feind drückt von Verlautenheide mit 5 Panzern auf Haaren. Div. muß das mit eigenen Kräften in Ordnung bringen.

    15.45 Uhr Kdr. 12. I.D. — Chef: Feind hat die beherrschende Höhe Haarener Steinkreuz mit Bunker in Besitz genommen und bekämpft zur Zeit die umliegenden Bunker. Stärke in Verlautenheide etwa 1 Btl.

    19.00 Uhr Ia 246. V.G.D. — Ia: Bardenberg von Norden her vom Feind genommen. Gef.Stand 246. V.G.D.: Bunker 658 bei Vorweiden.

    Tagesmeldung an AOK: 49. I.D.: Eigener Angriff drang mit rechtem Flügel in Nordostteil Alsdorf ein, während der linke Flügel etwa 500 m westlich Mariagrube in feindlichem Abwehrfeuer liegen blieb.

    Neu angesetzte Schnelle Abt. 503 drang von SO in Kolonie Kellersberg ein. Panzer-Brigade 108 erreichte im Angriff Gegend Straßengabel 1 km ssw. Alsdorf.

    246. V.G.D.: In den Abendstunden durchbrach Feind im Angriff von Norden die HKL und drang mit Panzern in Bardenberg ein. Zur Zeit wird Aufbau neuer HKL Duffesheide — Südostrand Bardenberg versucht.

    Im Angriff aus Verlautenheide nach Westen nahm Feind Bunkergruppe Haarener Steinkreuz.

    Absichten: Angriffsweise Bereinigung des Einbruches Bardenberg.

9. Oktober 1944

    Tagesmeldung an AOK: 246. V.G.D.: Feind nahm in den Nachmittagsstunden mit Inf. und Panzern, aus dem Raum Nieder-Bardenberg antretend, Bardenberg und erreichte den Raum 500 m südl. Bardenberg. Eigener Angriff Panzer-Brigade 108 aus dem Raum sw. Euchen drang 18.15 Uhr bis zum Ostrand Bardenberg vor.

Vordere Linie: Nordrand Euchen — Punkt 173,8 m (an der Straße Birk-Euchen) — Stützpunkt Pfaffenholz — Ostrand Bardenberg — Stützpunkt ostw. Bahnhof Würselen-Nord. — Ost- und Nordrand Kohlscheid.

10. Oktober 1944

03.40 Uhr Ia 183. V.G.D.: Ablösung G.R. 404 im Gange, jedoch durch feindl. Artl.-Feuer verzögert.

04.30 Uhr Meldung Kdr. Stu.Gesch.Brig. 341, Hpt. Barkleit: Die letzten vier einsatzbereiten Sturmgeschütze der Brigade sind am Nachmittag des 9.10. in Birk ausgefallen, 2 total, 1 lang-, 1 kurzfristig.

09.30 Uhr K.G. — Kdr. 246. V.G.D.: Lageschilderung. Div. beabsichtigt, mit Rgt. 404, verst. durch Panzer der Pz.Brig. 108 Angriff aus Raum Vorweiden über Würselen Nord — Bardenberg — Kohlscheid. Angriffsbeginn etwa 14.00 Uhr K.G. befiehlt, Angriffsbeginn möglichst zu beschleunigen.

09.50 Uhr Ia — Ia AOK: Lageorientierung. Ia Armee: Befehl des Generalfeldmarschalls: **Im Korridor von Aachen ist jeder Quadratzentimeter Boden aufs äußerste zu verteidigen. Der Korridor ist durch gut vorbereitete Angriffe, auch mit Teilkräften, schrittweise zu erweitern.**

14.10 Uhr Ia 246. V.G.D. — Ia Hi.Offz.: Der Angriff des Regt. 404 unterstützt von 9 Panzern hat um 13.25 Uhr begonnen. Hinter dem Rgt. wird ein Pak-Riegel von 10 Pak vorgeschoben. SPW-Btl. in Bardenberg säubert die Stadt. Eingebrachte Beute noch nicht zu übersehen. Das Btl. hat sich mit panzerbrechenden Waffen in Bardenberg selbst versorgt. Der 246. V.G.D. wurde die Kampfgruppe Diefenthal zum Einsatz im Korridor Aachen unterstellt, um eine weitere Verengung auf jeden Fall zu verhindern.

20.30 Uhr Ia AOK — Chef: Zur Führung des Gegenangriffs Bardenberg und südlich Haaren werden dem Corps das verst. PZ.Gr.Rgt. 60, die Kampfgruppe Diefenthal zur Verfügung gestellt. Es ist anzustreben, verst. Pz.Gr.Rgt. 60 und Masse aus der Kampfgruppe Diefenthal zum Gegenangriff bei Bardenberg, Teile der Kampfgruppe Diefenthal bei Haaren einzusetzen.

20.50 Uhr Hptm. Kurz (Arko) — Ia Hilfs-Offz.: Birk und Pfaffenholz feindbesetzt. Südl. Birk Panzerbereitstellung. Grube Gouley und Bahnhof Nord-Würselen feindbesetzt. Nordteil Würselen 2 Feindbatl. eingedrungen.

20.50 Uhr Ia — Ia 12. I.D.: Korpsbefehl für Angriff gegen Einbruchsraum Verlautenheide — Haaren. Rgt. 352 mit II./352, 1 Btl. Gruppe Diefenthal, 2 Sturm-Pi.Btl. und verst. Sturmgeschütz-Brigade 394 greifen Feind bei Verlautenheide — Haaren am 11.10. früh an. Ziel Wiedergewinnung alter HKL.

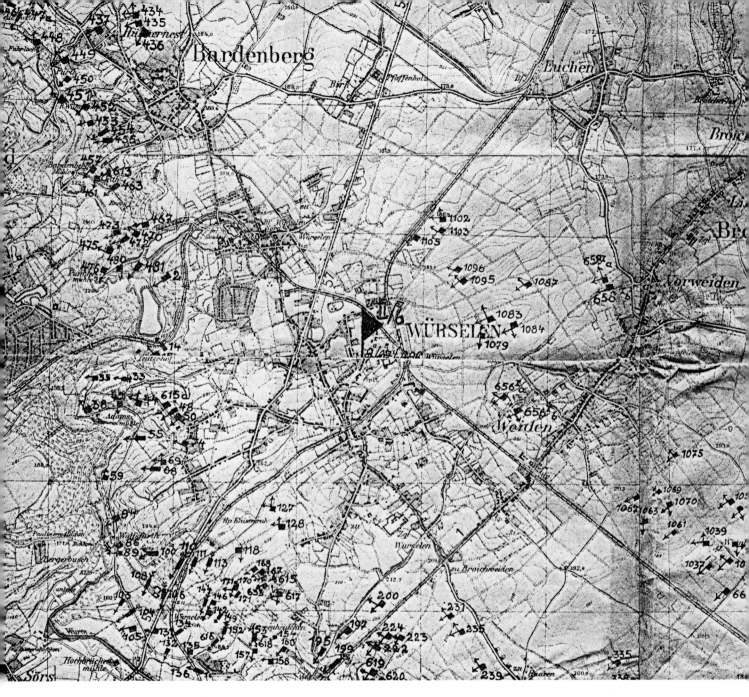

Deutsche Militärkarte mit eingezeichneten Bunkerbefestigungen des Raumes Würselen.

21.10 Uhr Ia — Ia 246. V.G.D.: 246. V.G.D. mit unterst. Pz.Brigade 108, Pz.Abt. 506, Sturmgesch. Brig. 902, die von 49. I.D. zugeführt wird, und Teilen 116. Pz.Div. und Teilen der Gruppe Diefenthal greift am 11.10. Feind im Raum Würselen an und schließt Lücke zwischen Euchen — Bardenberg — Kohlscheid.

Die Gruppe Diefenthal der 246. V.G.D. besteht aus 1 SPW-Kp., 2 mot.Kp. und 1 s.Gr.W.-Zug.

Tagesmeldung an AOK: 246. V.G.D.: In den Nachmittagsstunden angesetzter Gegenangriff des Rgt. 404 und der Panzer der Pz.Brigade 108 zur Wiedergewinnung Bardenberg, welches das SPW-Btl. der Pz.Brigade 108 gegenüber überlegenem Feind den ganzen Tag über zäh verteidigte, erreichte mit rechtem Flügel den Raum westlich der Straße Birk — Würselen, mit linkem Flügel Grube Gouley. Starker feindlicher Gegenangriff aus dem Raum Birk und der Grube Gouley auf Würselen traf die rechte Stoßgruppe in der tiefen Flanke und schlug das Btl. zurück. Linke Angriffsgruppe wurde hinter die Straße Birk — Würselen zurückgedrängt. Feind drang mit 15 Panzern und Inf. in Würselen ein.

Kämpfe des SPW.-Btl. in Bardenberg ... sind noch im ... Gange.

Vordere Linie: Nordrand Euchen — Punkt 173,8 (500 m ostw. Straßenkreuz Birk) — Punkt 181,3, Straße Birk — Würselen, bis Ostrand Kohlscheid vordere Linie unklar, Nordrand Kohlscheid, Westwall.

12. I.D.: Angriff auf Verlautenheide und Haarener Steinkreuz ab 11.00 Uhr infolge massierten Abwehrfeuers und hoher eigener Verluste eingestellt.

Abendmeldungen der Div.: 246. V.G.D.: Nordrand Würselen und Birk feindbesetzt. Schleibacher Hof feindbesetzt.

11. Oktober 1944

Tagesmeldungen an AOK: 246. V.G.D.: Eigener Angriff erreichte gegen 16 Uhr in schweren Häuserkämpfen Bahnhof Würselen Nord. Pz.Grn.Btl. 108 in Bardenberg in schweren Kämpfen mit von allen Seiten angreifendem Feind. Seit 18.00 Uhr starkes Anschwellen des Gefechtslärms im Raum Würselen-Bardenberg und trommelartiges Artl.-Feuer hörbar. Einzelheiten noch nicht bekannt, da sämtliche Leitungen gestört.

12. I.D.: Während gegen 18.00 Uhr alle Feindangriffe gegen Verlautenheide Nord und Haaren blutig abgewiesen wurden, wurde das zum Gegenangriff zur Schließung der Frontlücke westlich davon angesetzte Btl. nach Wegnahme des Ravelsberges durch feindl. Gegenstoß wieder geworfen.

12. Oktober 1944

08.15 Uhr Ia Hi.O. — Ia 246. V.G.D.: Westwallstellung no. Aachen nicht besetzt.

08.35 Uhr Ia Hi.O. — Ia 116. P.D.: 2 Btl. und 1 Pz.Gruppe der 116. P.D. stehen im Raum Broichweiden, um notfalls nach Süden eingreifen zu können.

08.35 Uhr Ia Hi.O.: — KoPiFü: Landesschtz.Btl. II/6 ist sofort aus Arbeitseinsatz herauszulösen und zur 246. V.G.D. in Marsch zu setzen. Zu besetzen ist der Westwall no. Aachen.

09.20 Uhr Kdr. 12. I.D. — Chef: Der Angriff von Teilen des Btl. Diefenthal und Teilen 352 macht gute Fortschritte. Es sind bis jetzt annähernd 10 Bunker wieder genommen worden. Die Ravelsberger Hänge sind erreicht.

09.35 Uhr O.B. (bei 246. V.G.D.) — Chef: Chef unterrichtet O.B. über Fortschreiten des Angriffs auf Ravelsberg.

O.B. schlägt vor, Rgt. 404 nunmehr beschleunigt an Ostfront Aachen einzusetzen. Chef erwidert, daß dies dem Korps jetzt möglich sei, da der Angriff im Norden gegen Ravelsberg im guten Fortschreiten ist und Landesschtz.Btl. II/6 in die Westwallriegelstellung einrückt.

21.00 Uhr O 1 246. V.G.D. — O 1: Ld.Schtz.Btl. II/6 mit 1 Kp. um 17.40 Uhr Bunkergruppe Raum Wolfsfurth bezogen. Restliche Kpn. folgen.

13. Oktober 1944

00.50 Chef — Ia 116. P.D.: Btl. Diefenthal wird z. Zt. herausgelöst, voraussichtlich aber unter großen Verlusten, da Feind seit Stunden Trommelfeuer schießt.

06.10 Uhr O 1 246. V.G.D.: Ablösung SS.Btl. Diefenthal erst ab 4.00 Uhr.

07.10 Uhr Ia 12. I.D.: Während der ganzen Nacht örtliche Kämpfe am Ravelsberg. Genommene Bunker sind fest in eigener Hand. Zu weiterem Angriff fehlen jedoch die Kräfte.

07.20 Uhr O 1 — Ltn. Luchs AOK 7: Heeresgruppe fragt an, wenn der als Absicht in der Tagesmeldung zur Bereinigung des Einbruchs bei 12. I.D. gemeldete Angriff fortgesetzt wird. Antwort: Eine Fortsetzung des Angriffs ist z.Zt. nicht möglich, da durch die verlustreichen Kämpfe der vergangenen Nacht die Verbände stark durcheinandergekommen sind, es daher zunächst darauf ankommt, diese neu zu gliedern, um so einen Überblick über überhaupt noch verfügbare Kräfte zu erhalten. An der Absicht wird weiterhin festgehalten.

11.15 Uhr K.G. — Chef: Feind drückt mit Panzern in die Lücke an Ostflanke Aachen. Rgt. 404 soll zur Abstützung des rechten Flügels der Ostflanke Aachen verwandt werden. Btl. Diefenthal beschleunigt heranholen.

11.30 Uhr Ia — Ia 246. V.G.D.: Das Btl. ist notfalls auch kampfweise nach Aachen heranzuführen.

14.15 Uhr Ia 246. V.G.D. — Ia Hi.Offz.: Btl. Diefenthal hat mit Spitzen Teuterhof erreicht. In Flanke Angriff von Norden her aus Grube Gouley hineingestoßen. Btl. ist gezwungen, 2 Kpn. zur Abwehr des Angriffs abzudrehen.

16.35 Uhr Besuch Generalfeldmarschall Model: Vortrag über Lage bei Aachen. Btl. Diefenthal soll mit allen Mitteln herangebracht werden.

21.10 Uhr K.G. — Ia 246. V.G.D.: SS-Btl. Diefenthal in Würselen im Häuserkampf verstrickt, konnte nicht rechtzeitig herausgelöst werden. Es muß versucht werden, daß Btl. Diefenthal Anschluß gewinnt an II/6, das im Westwall steht.

21.20 Uhr Chef AOK — Chef: Oberst von Gersdorff weist darauf hin, daß die 3. Pz. Gren. Div. westl. Eschweiler bereitgestellt wird, um über den rechten Flügel Aachen wiederzugewinnen.

14. Oktober 1944

00.00 Uhr O 5 — O 1 Armee: Das Marschbatl. Trier wird am 14.10. der 246. V.G.D. nach Langweiler zugeführt, um von dort aus in den Ostabschnitt Aachen weitergeleitet zu werden.

Arko Hptm. Kurz — O 1: 16.40 Uhr Würselen außer Grube Gouley und Würselen Nord feindfrei. 16.48 Uhr Feind hat aus Grube Gouley antretend die Siedlung 300-400 m südlich davon erreicht.

14.05 Uhr Hptm. Kurz, Arko — O 1: Feind von Norden kommend soll Südwestausgang Würselen erreicht haben. 4.u.5./A.R. 246 aus Aachen Würselen erreicht, ohne Munition. 2./246 auf dem Wege nach Aachen, steht in Würselen und beteiligt sich am Abwehrkampf gegen den eingebrochenen Feind.

23.10 Uhr Verlustzahlen für die Zeit vom 1.—11.10.1944 mit 183. und 49. I.D. 5053, ohne die 183. und 49. I.D. 3743, wovon auf 246. V.G.D. 3250, auf 12. I.D. 493 entfallen.

15. Oktober 1944

05.13 Uhr Lt. Lux, AOK 7 — O.v.D.: 3. Pz.Gren.Div. hat ohne nennenswerten Feindwiderstand HKL überschritten.

07.35 Uhr Arko — O.v.D.: Angriff, wie gestern geplant, ist heute morgen um 7.30 Uhr angetreten. Div. meldet dazu: Angriff hat Haarener Wald erreicht.

13.30 Uhr Funkstelle — O 5: Funkspruch von Gef.Std. Wilck (mitgehört): "Hauptsturmführer Diefenthal über 246. V.G.D.: 08.00 Uhr eingetroffen mit allen Teilen. 09.35 Uhr Einsatz läuft. Obersturmfhr. Rink".

17.00 Uhr Ia 246. V.G.D. — O 5: Btl. Trier z.Zt. in Kaserne Eschweiler untergebracht, der 246. V.G.D. unterstellt. Btl. Trier soll 14 Tage Ausbildung erhalten, um dann in das I./352 eingegliedert zu werden.

18.45 Uhr Ia Armee — Chef: Dem Gen.Kdo. wird am 16.10. oder in der Nacht vom 16./17.10. zugeführt die Kampfgruppe Cuppinger. Dafür soll herausgelöst werden die Kampfgruppe Bucher.

22.00 Uhr K.G. — Chef: General ist der Auffassung, das Btl. Trier nach Aachen zu schicken. Chef rät ab, da dieses Btl. keinerlei Kampfwert besitzt.

22.05 Uhr Chef AOK — Chef: Chef AOK ist auch der Ansicht, daß keine neuen Kräfte dem Kampfkommandanten zugeführt werden können. 3. P.D. wird wahrscheinlich durch neue Angriffe dem Kampfkdt. indirekt Entlastung bringen. O.B. ist derselben Auffassung.

Tagesmeldung an AOK: 246. V.G.D.: 19.45 Uhr wurde der sw. Würselen eingebrochene Feind mit Panzerunterstützung durch den rechten Nachbarn 600 m nach N zurückgeworfen.

12. I.D.: Bunker 223 in der vergangenen Nacht durch Feind, der deutsche Stahlhelme und Zeltbahnen trug und deutsch sprach, ausgehoben.

16. Oktober 1944

10.30 Uhr O 2 246. V.G.D. — O 5: Feind greift seit 07.30 Uhr entlang der nach Süden laufenden Straße an der westlichen Häuserzunge Würselen an und hat Straßenkreuz an der Schule genommen. Abwehr erfolgt durch 1 Btl. 156 und Teile A.A. 116. Pz.Div. sowie durch Teile vom II/6. Kdr. von II/6, Major Becker, und 1 Wachtmeister wurden in den späten Abendstunden wahrscheinlich bei Schule gefangen genommen. Kdr. trug Bunkerkarte bei sich. Südteil Kohlscheid feindbesetzt. Von dort Inf.-Feuer in Richtung Teuterhof. Nach Meldung von II/6 sind Bunker 14 und 15 und Teuterhof von A.A.116 nicht mehr besetzt.

11.55 Uhr O 1 246. V.G.D. gibt Funksprüche vom Kampfkdt. Aachen durch: Takt. Zeit 09.15 Uhr: Feind im Gegenstoß aus Friedhof 400 m o. Kirche Kohlscheid geworfen. 1 Offz. und 16 Amerikaner gefangen genommen. (Anm.: Durch I/149) Feind zieht sich aus Bardenberg nach Süden. Lücke Kohlscheid — Bardenberg muß unbedingt geschlossen werden, somit Einschließung Kohlscheid nicht zu verhindern. Wilck.

Takt. Zeit 10.30 Uhr: Btl. Stach (Anm. I/149) wird ab Morgengrauen von Panzern und Inf. in Rgts.-Stärke angegriffen.

Takt. Zeit 11.25 Uhr: Feindangriff auf Nordfront Kohlscheid. Zur Abwehr Panzer benötigt. Wilck.

11.00 Uhr Ia 246. V.G.D. — Chef: Feind drückt von Norden gegen 116. P.D. Diese will sich von Schule am Straßenkreuz westl. Würselen auf Pkt. 182,0 absetzen.

12.35 Uhr Ia 12. I.D. — Ia Hi.Offz.: Um 11.50 Uhr stand der Feind im Westteil Würselen bis hart nördlich des Wegekreuzes über 182,0. Feind greift von NO Bunker 615 an. Aufbau einer Abriegelungsfront südlich des Wegekreuzes im Gange.

17.50 Uhr Arko meldet: 17.30 Uhr Feindangriff in unbekannter Stärke von Ravelsberg nach NO. 3 Feindpanzer Straßenspinne Verlautenheide.

19.15 Uhr Arko — O 1: 18.55 Uhr eigene Inf. mit 10 Panzern Südteil Verlautenheide an Kirche vorbeigestoßen, wahrscheinlich im weiteren Vorgehen.

22.00 Uhr Ia Hi.Offz. — Ia 246. V.G.D.: Das Batl. Cuppinger (2 1/2 Komp. — 5/52/213, 20 MG, von Gruppe Bucher 3 5,7 Pak und 1 s.Gr.W.Gruppe) wird 246. V.G.D. zur Herauslösung der Kampfgruppe Bucher morgen Nacht zugeführt.

23.30 Uhr Ia 12. I.D. — Chef: Nachmeldung von 21.10 Uhr: Im Abschnitt Würselen Bunker 86 und 89 feindbesetzt. Bunker südlich davon sollen noch in eigener Hand sein. Soers und Kläranlage feindbesetzt. Linker Flügel 116. P.D. auf Bunker 127 zurückgeklappt.

Die Lage im Raume Würselen/Aachen am 16. Oktober 1944, 20.00 Uhr. Der Sperriegel in Würselen ist formiert, jedoch die vordere Frontlinie, vor allem bei Scherberg, völlig unklar.

17. Oktober 1944

00.05 Uhr Obltn. Claussen, Arko — Hi.Offz.: 23.10 Uhr die 3 nördlichsten Häuser von Verlautenheide in eigener Hand.

17.20 Uhr Arko — O 5: Feindangriff aus Verlautenheide nach Osten wird zur Zeit mit allen Rohren bekämpft von 12. I.D.

18.08 Uhr Arko — O 1: 17.40 Uhr Zweiter Feindangriff aus Ravelsberg nach Westen mit Panzern.

18.50 Uhr Ia 116. P.D. — Ia: Ia 116.: Btl. Trier hatte Auftrag zu sichern, hätte aber nicht gewußt, wem es unterstellt sei. Batl. stand mit linkem Flügel bei Bunker 59 und mit rechtem Flügel 1 km ostw. davon. Es erhielt Auftrag, Verbindung zum rechten Flügel 149 zu nehmen. Batl. ist im Laufe des Tages zerplatzt. Kdr. meldete sich auf Gef.Stand 116. P.D., weiß nicht, wo sein Batl. geblieben ist. Auch Spähtrupps konnten nicht feststellen, wo das Batl. z.Zt. steht. Z.Zt. Lücke westlich der Straße Würselen-Aachen bis Pkt. 199,4. In eigener Hand Bunker 108, 103. In feindl. Hand Bunker 84, 86, 89. Lage war bei 116. P.D. kritisch.

Ia 116: "Wir waren froh, daß das Batl. Trier da war". II./689 und Pi.Btl. 246 befinden sich in Gegend Euchen.

20.45 Uhr Arko — O 1: Bei dem Feindangriff vom Ravelsberg nach Westen gingen folgende Bunker verloren: 110, 111, 113, 118 und 144.

18. Oktober 1944

07.55 Uhr Arko 117, Oberstst. Semmler — Oblt. v. Stünzner: Bunker 168 genommen von 3. Pz.Gren.Div., 1 Bunker unbekannter Nr. im Knacken. Orientierung von I. SS-Korps: Angriff der 116. P.D. noch nicht gestartet infolge nicht beendeter Ablösung und Umgruppierung.

08.35 Uhr Oblt. Wagner, 246. V.G.D. — O 1: Gr.Rgt. 352 meldet, daß Bunker 168 genommen wurde. Gegen Bunker 167 Angriff im Gange.

19. Oktober 1944

08.10 Uhr Arko 117 — O 1: Gestern genommene Bunker 167, 168 und 170 wieder in Feindeshand. Feind greift wahrscheinlich mit Inf. und Panzern aus diesem Raum an.

09.50 Uhr Oblt. Wagner 246. V.G.D.: Pi.Btl. 246 auf eine Kampfstärke 2:9:29 zusammengeschmolzen.

23.10 Uhr Arko 117 Hptm. Kurz — O.v.D.: Ravelsberg ab 23.03 Uhr wieder in Feindeshand.

20. Oktober 1944

09.25 Uhr 12. I.D. — O 1: Eigener Spähtrupp, durch Pi.Btl. 246 zur Verbindungsaufnahme gegen Bunker 113 und 118 angesetzt, erreichte sein Ziel nicht, sondern wurde durch starke Feindbesetzung, die die Umgebung des Bunkers besetzt hielt, scheinbar bis auf einen Mann aufgegeben.

Gegen 24.00 Uhr drückte der Feind aus Richtung Ravelsberg gegen 118, so daß gegen 02.00 Uhr 118 aufgegeben werden mußte. Die Besatzung zog sich kämpfend auf 127 zurück. Die Masse des Btl., die zum Angriff angesetzt war, griff nicht weiter an, sondern besetzte neue Linie im Raum Bunker 127 — 128 bis Punkt 182,0. (Morgenmeldung von Kampfgruppe Musculus an 116. P.D., irrtümlich an 12. I.D. infolge Decknamenwechsel abgesetzt.)

09.40 Uhr O 1 116. P.D. — O 1: Infolge Feinddrucks von Südosten Bunker 118 vom Feind umgangen. Besatzung hat sich auf HKL zurückgezogen. Durch gleichzeitigen Feinddruck auf Haltepunkt Kaisersruh keine Verbindung zu Bunker 111 und 113. Feindliche Panzerbereitstellung in Gegend 800 m o. Adamsmühle (westlich Würselen). Starke feindliche Jabotätigkeit.

10.16 Uhr Oblt. Wagner O 1 246. V.G.D. — O 1: 9.30 Uhr Würselen bombardiert, dabei Flugblattabwurf.

10.25 Uhr 3. Pz.Gren.Div.: Feind schoß mehrere Art.- und Werferfeuerüberfälle auf Südrand Würselen und griff Würselen selbst durch 16 Jabos an.

16.15 Uhr Ia-Besprechung: Anwesend Chef, Ia und die Ia der 3. P.G.D., 116 Pz.D. und 246. V.G.D. Grund der Besprechung Umgliederung des Korps. Herauslösung der 116. Pz.D., Abschnittverteilung, Artl.-Beurteilung und Umgruppierung der Artl., Ausbau der Riegelstellungen und Eingliederung der 49. I.D. in 246. V.G.D. Ab 17.00 Uhr wohnt K.G. der Besprechung bei.

17.10 Uhr: spricht K.G. zu den Anwesenden über die Punkte, die seiner Ansicht nach zu den mangelhaften Erfolgen bei den Angriffen der letzten Tage führten. Er weist daraufhin, daß nicht Führung und materialmäßige Unterlegenheit sowie Mangel an Luftunterstützung der Grund hierfür sein konnten, sondern daß vielmehr der Grund hierfür bei den unteren Truppenführern sowie bei der Truppe selbst zu suchen ist. Die Div.Kdre. sind dafür verantwortlich, daß grundlegender Wandel geschaffen wird. Die Einheitsführer sind schärfstens zu belehren und auf die Folgen derartiger Laschheit hinzuweisen. Auch sind die Nationalsozialistischen Führungs-Offiziere verschärft einzusetzen, sie haben der Truppe zu schildern, welche chaotischen Zustände nach einem verlorenen Krieg in Deutschland herrschen würden.

K.G. hat auch festgestellt, daß in fast allen Abschnitten die Stellungen miserabel ausgebaut sind und daß sich auch hierum die Einheitsführer zu wenig kümmern.

K.G. verlangt umgehend Wandel und wird nach Ablauf von 8 Tagen säumige und laue Einheitsführer rücksichtslos zur Rechenschaft ziehen.

Weiter weist K.G. auf die ihm vielfach begegnete mangelhafte Disziplin hin; diese sei vorne besser als hinten. Jede Div. hat einen Offz. verantwortlich einzuteilen, der für Disziplin und Ordnung, vor allem im Raum der Versorgungsdienste, zu sorgen hat. Diesem Offz. ist gleichzeitig die Überwachung von Luftschutz, Stellungsbau, Aufräumungsarbeiten und Erfassung von Versprengten zu übertragen. Er hat die Feldg. Trupps des Korps zu unterstützen.

19.05 Uhr Besprechung O.B. — K.G., Chef und Ia über Einsatz Cuppinger und Herauslösung des II./156. O.B. Hält Cuppinger für den Einsatz im Schwerpunkt bei Würselen für ungeeignet, da der Verband wirr zusammengewürfelt sei.

19.35 Uhr O.B. — Kdr. 3. Pz.Gr.Div.: O.B. weist darauf hin, daß die ihm gemeldeten Gefechtsstärken der unterstellten Verbände nicht glaubhaft sind, ihm sei gemeldet

Bericht und Skizze der Kampfgruppe Musculus innerhalb der deutschen 116. Panzer-Division, die bis zum 21. Oktober vor allem an der Aachener Straße in Würselen kämpfte.

```
Oberstleutnant Musculus
als Führer der damaligen                O.U., den 24.10.44
Kampfgruppe Musculus.

                  Gefechtsbericht
              über die Herauslösung der Kampfgruppe
                     Musculus in Nacht 20./21.10.44.
Nach Einstellung der Angriffsabsichten in Richtung Aachen war die
Kampfgruppe Musculus am Abend des 20.10.44 im Raum Würselen gemäß
anliegender Skizze mit dem Auftrage Verteidigung eingesetzt.
Grenze rechts: Straßenkreuz 500 m nördl. Pkt. 182,0 (ausschließlich) -
               Straßenkreuz 500 m nordwestl. Hp. Weiden,
Grenze links:  Bunker 127 (ausschließlich) - Hp. Weiden.
Anschluss nach rechts bestand zum I./Pz.Gren.Rgt.156 (dem Pz.Gren.Rgt.
60 unterstellt), Anschluss nach links zur Einheit Kupfinger (3.Pz.-
Gren.Div.).
Gliederung und Einsatz der Kräfte der Kampfgruppe:
In Front eingesetzt: III./Rgt. Trier (Führer Hptm. Steinbach, 3 Kpen.
                     ca. 200 Köpfe) und unterstellte inf. Restteile
                     Pz.A.A. 116 (Führer Lt. Göbel, ca. 20 Köpfe)
                     und zwar: Rechts 7. Kp., anschließend 9. Kp. Rgt.
                     Trier. Von Pkt. 182,0 bis Bunker 127 der Zug Pz.
                     A.A.116 stützpunktartig beiderseits des Bahn-
                     Dammes.
                     1 Zug m.Gr.W. (5) der Pz.A.A.116 in Feuerstellung.
Ferner als Eingreif-Reserve:
                     Rest Pi.Btl.246 (Führer Oblt.Karch, ca.50 Köpfe)
                     in Gegend 300 m nordwestl.Kirche Würselen,
                     Einsatz-Kp. Pz.Gren.Batl.2108 (Führer Lt.Schwar-
                     zer, ca. 55 Köpfe) in Gegend südl.Kirche Würselen.
Auf Zusammenarbeit mit Kampfgruppe angewiesen:
                     6 Pz.Jg. "Panther" der 1./s.Pz.Jg.Abt.519,
                     6 Stu.Gesch. (IV lg.) der 4./Pz.Abt.2108.
Gef.St. der Kpf.Gr.: Nadelfabrik 200 m ostw. Kirche Würselen.
Am 20.10.44 gegen 24.00 Uhr traf fernmündlicher getarnter Befehl der
116. Pz.Div. ein, daß Kampfgruppe sowie das I./Pz.Gren.Rgt.156 noch
in der Nacht durch 3. Pz.Gren.Div. herausgelöst würden. Ein Offz.
wird zur Verbindungsaufnahme zum Rgts.Gef.St. dieser Division nach Kinz-
weiler befohlen und in Marsch gesetzt.
Gegen 22.40 Uhr trifft auf dem Kpf.Gr.Gef.St. der Ord.-Offz. des
Pz.Gren.Rgts. 8 (3. Pz.Gren.Div.) ein und wird in die Lage eingewiesen
sowie über Stärken und Bewaffnung orientiert. Er meldet, daß für
24.00 Uhr die Batl.-Kdre. des I. und II./Pz.Gren.Rgt.8 zu einer Be-
sprechung zum Rgts.Gef.St. befohlen sind und bittet um Einweisungs-
kommandos für die etwa gegen 02.00 Uhr beim Kpf.Gr.Gef.St. zu er-
wartenden Vorkommandos.
                          - 2 -
```

worden, daß sich Angehörige dieser Verbände hinter der Front aufhielten und sich vor dem Einsatz drücken. O.B. befiehlt scharf, Nachforschungen anzustellen und gibt seiner Überzeugung Ausdruck, daß sich dadurch bald die Kampfstärken erheblich ändern werden.

21. Oktober 1944

08.18 Uhr O 2 — O 5: Obltn. Gerloff teilt mit, daß die durch 116. P.D. für Würselen bestimmte Verpflegung nicht in die Stadt hinein gebracht werden konnte, da Feindeinwirkung zu stark. Der Kreisleiter hat den Ortsgruppenleiter angewiesen, die gesamte Zivilbevölkerung des noch in deutscher Hand befindlichen Teiles der Stadt nach rückwärts zu führen. Von den 1500 Deutschen erklärten sich jedoch nur 5 Personen bereit, der Aufforderung des Ortsgruppenleiters zu folgen. Obltn. Gerloff hat den Kreisleiter gebeten, mit dem Ortsgruppenleiter den Chef aufzusuchen und eine Entscheidung des Generalkommandos herbeizuführen.

08.25 Uhr O 4 246. V.G.D. — O 5: Ltn. v. Bülau meldet, daß Abschnitt Musculus um 8.20 Uhr übernommen wurde.

08.45 Uhr O 1 116. P.D.: 8.30 Uhr Ablösung I./60 planmnäßig durchgeführt. Seit 7.30 Uhr Feindangriff auf rechtem Flügel und Mitte 60, nach starkem Artl. Feuer bisher ohne Panzer. Lage noch nicht ganz geklärt.

Abschnitt Musculus durch 3. Pz.Gren.Div. übernommen, Batl. Trier infolge zu späten Einsatzes der Ablösung nur mit 30 Mann herausgelöst. Ablösung bei Tage nicht möglich.

12.15 Uhr Ia 116. P.D. — Ia: Feind hat Höhe 182,0 genommen, ist aber zum Stehen gebracht.

12.30 Uhr Ia — Ia AOK 7: Feind in Btls.-Stärke bei Füs.Btl. 246 eingebrochen, anscheinend durch 116. P.D. bereits aufgefangen.

16.00 Uhr Ia 3. P.G.D. meldet: Stand des Gegenangriffs Pkt. 182,0 noch unklar. Straße und nördl. davon erreicht. Angriff z.Zt. wegen außerordentlich starker Jabo-Tätigkeit zum Stehen gekommen, wird so bald Luftlage es gestattet, fortgesetzt.

17.50 Uhr Ia 3. P.D. — Ia: Erneuter Angriff auf Straßenkreuz nördlich 182,0 angelaufen. Ia teilt mit, daß die 3. P.G.D. den Abschnitt des Pi. 600 übernehmen muß. Übernahme des Abschnittes des Pi.Btl. 600 und der Füs.Kp. 246 am 22.10.; 10.00 Uhr. Ia 3. P.G.D. meldet, daß Cuppinger herausgelöst ist und in Broichweiden zur Verfügung steht.

21.50 Uhr Arko meldet: 21.30 Uhr Feind schiebt sich mit unbekannten Kräften an die Bunker 200, 224, 222, 223, 235 und 239 heran.

22.30 Uhr Arko, Lt. Schramm, meldet: 22.30 Uhr (durch Melder) Feind greift mit Inf. im Raum aus Verlautenheide an.

22. Oktober 1944

10.50 Uhr Arko — O 5: Arko meldet, daß HKL bei Würselen sowie Halde ostw. Reichsstraße wieder in unserem Besitz sind. 50 Gefangene eingebracht.

11.12 Uhr 3. Pz.Gr.Div. meldet, daß HKL wieder völlig in unserer Hand. Vor 182,0 seien 4 Panzer mit Inf. gesichtet. Zwischen Euchen und Hoengen starke Art. Tätigkeit.

11.50 Uhr Vorschlag Ia, II./156 und Rgt.Stab mit Trier und Restteile Füs.Btl. 246 herauslösen. Weiterhin morgen das Rgt. 60 mit Cuppinger und Füs.Kp. 246 abzulösen. Herauslösung des I./156 um 24 Stunden zu verschieben, Ablösung dann durch I./8.

12.10 Uhr Ia — Ia 246. V.G.D.: Ia 246. V.G.D. gibt folgende Personalstärken an: Trier 5/43/200, II./156 10/46/279, Cuppinger 5/65/215, Füs.Btl. 246 (Restteile) rund 150 Köpfe, Füs.Kp. 246 rund 80 Mann, Rgt. 60 16/65/334.

Ia 246. V.G.D. bittet, Cuppinger eingliedern zu dürfen, da er keine schweren Waffen hat und endlich in einen festen Verband aufgenommen werden will.

12.15 Uhr Kdr. 116. P.D. — Ia: Oberst von Waldenburg meldet, daß im zurückgewonnenen Raum 57 Feindtote gezählt, 40 eigene Gefangene herausgehauen wurden.

12.35 Uhr O.B. genehmigt Eingliederung Cuppinger in 246. V.G.D.

15.40 Uhr Ia 246. V.G.D. — Chef: Ia 246. V.G.D. schildert, daß der Kampf in den Häusern tobt und erhebliche Kräfte fordert. Major Heyd stellt noch fest, daß die neue Besatzung des Abschnittes wesentlich schwächer als die bisherige ist und darüber hinaus sowohl Trier wie Cuppinger keine zusammengeschweißte Truppe darstellen, sondern eher als Marsch-Btle. zu werten sind.

Ein Absetzen auf die Riegelstellung wird von Ia 246. V.G.D. nicht befürwortet, da dann die hohen Halden in Feindeshand und zu beherrschend sind.

Ablösung von Rgt. 60 wird herausgeschoben. Panzer verbleiben im Abschnitt.

18.35 Uhr Ia 3. P.G.D. — Chef: Ia 3. P.G.D. bittet um Rücknahme der HKL im Raum nördlich des Punktes 182,0 um etwa 100 m. Grund: besseres Schußfeld, bessere Wirkungsmöglichkeit für schwere Waffen.

19.56 Uhr KoPiFü — O 5: 3. P.G.D. baut Stellung mit aus Trossen und Versorgungstruppen zusammengestellten Kolonnen.

Im Raum der Bunkergruppe 1105 bis 664 a 340 Köpfe eingesetzt, von da 12. I.D.

20.10 Uhr Kdr. 116. P.D. — K.G.: Oberst von Waldenburg meldet, daß gesamte HKL im Abschnitt wieder in eigener Hand. K.G. spricht besondere Anerkennung aus.

21.05 Uhr K.G. — Kdr. 3. P.G.D.: Es ist notwendig, daß von rückwärtigen Teilen des FEB Kräfte nach vorne geholt werden. Denkert weist darauf hin, daß im FEB junge Flieger-Rekruten mit bestenfalls 14 Tagen Ausbildung eingesetzt wurden. D. gibt an, daß gestern bei 29 60 Mann und bei Rgt. 8 100 Mann eingesetzt wurden.

K.G. weist darauf hin, daß stärkere Besetzung der HKL befohlen ist und daß es keine andere Lösung gibt.

23. Oktober 1944

09.05 Uhr O 1 116. Pz.Div.: Ablösung II./Pz.Gr.Rgt. 156 mit Pi.-Kp. durch Btl. Cuppinger planmäßig durchgeführt.
An Naht zu 246. V.G.D. feindlicher Spähtrupp abgewiesen. 2 Gefangene.
13.00 Uhr O 1 3. Pz.Gren.Div.: Bunker 200 11.40 Uhr unter direktem Pak-Beschuß, Kaliber etwa 10 cm. Bisher 1 Gefallener, 2 Verwundete, 2 Mann betäubt.
22.40 Uhr Ia 3. Pz.Gr.Div. — Ia: Aussprache über Rücknahme der HKL auf Sehnenstellung, an der zur Zeit nach Angaben Ia 3. Pz.Gr.Div. mit 350 Mann gearbeitet würde. Diese Stellung könne am 26./27.10. bezogen werden. Die Verlegung der HKL hat den Vorteil, daß die Truppe endlich aus dem sehr kräftezehrenden Häuserkampf in Würselen herauskomme, außerdem weites Schußfeld und vor allem für schwere Waffen Wirkungsmöglichkeit habe. Durch Luftschutzgesetz sind in der Stadt die Keller alle untereinander verbunden und bieten dem Feind überall Einbruchmöglichkeiten.

24. Oktober 1944

00.25 Uhr Obtl. Claußen Arko — O.v.D.: Feind hat sich auf Linie Schaufenberg-Ofden dicht an eigene HKL herangeschoben und schanzt.

25. Oktober 1944

09.40 Uhr O 1 3. Pz.Gr.Div. meldet: In den Abendstunden feindl. Spähtrupp in Stärke von 5 Mann durch Pz.Gren.Rgt. 8 gefangen genommen.
09.45 Uhr 116. P.D. Zwischenmeldung: Feindl. Artl.-Störungsfeuer weiterhin mit Schwerpunkt Euchen. Starker Feuerüberfall auf Vorweiden. Eigene Gefechtsaufklärung stellte stärkere Besetzung Siedlung Würselen fest. Erkannte Feindansammlung in Siedlung Würselen durch zusammengefaßte Artl.-Feuer bekämpft.
10.15 Uhr Ia — Ia 246. V.G.D.: Ia 246. V.G.D. meldet: Restteile Füs.Btl. 246 und Trier werden zusammengelegt zum I./352, Cuppinger wird II./352. II./689 und I./148 werden Rgt. 689. Rgt. Fritschen: Rgt. 404 zu 2 Btln.
16.25 Uhr O 5 — Ia 3. P.G.D.: In der ersten Sehnenstellung verläuft die Trennungslinie im Norden von Bunker 1102 (einschl.) bis 664 a.
20.05 Uhr O 1 3. Pz.Gren.Div. — O 1: Zur Zeit Angriffsunternehmen des Feindes gegen Bunker 223 und 224.

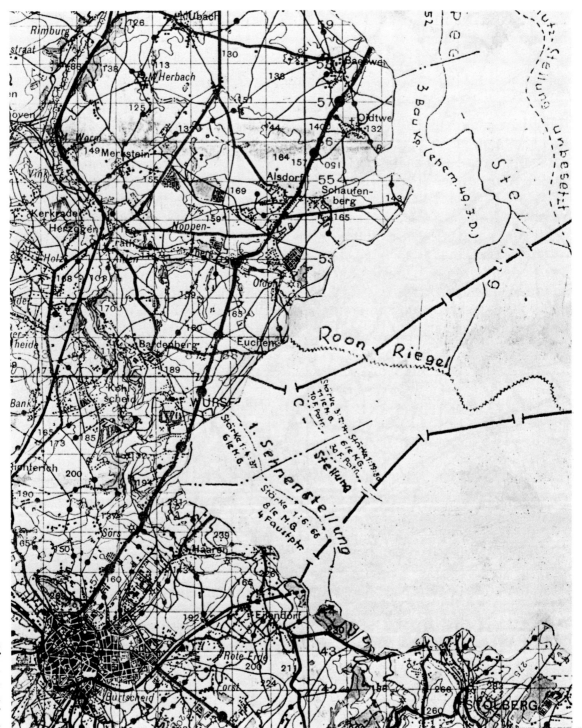

Die Karten-Montage zeigt den Verlauf der deutschen Riegel-stellung im November 1944.

26. Oktober 1944

10.22 Uhr Ia — General Denkert, 3. P.G.D.: 1. Sehnenstellung ist am 28.10. bezugsfähig, am 2.11. vermint und endgültig fertig. Durchlaufender Graben. Minen werden vordringlich in Riegelstellung verlegt, noch 5 Tage.

27. Oktober 1944

09.55 Uhr Flivo Pz.AOK 5 — Chef: Obstlt. Wennig bittet um Ziele für eigene Flieger. Eigene Maschinen bereits startbereit.
10.08 Uhr Chef — Flivo Pz.AOK 5: Nach Rücksprache mit Ia der Div. gibt Chef folgende Ziele für eigenen Luftwaffen-Einsatz an: ... Bardenberg.

28. Oktober 1944

01.30 Uhr Oberstlt. Jaster — O.v.D.: Bei der Ziegelei Würselen befindet sich ein Stollen, in dem sich etwa 1000 Zivilisten aufhalten. Der Stollen ist bereits halb versoffen. Mehrere Kinder haben Diphterie. Die Leute haben nichts zu essen. Es besteht die Vermutung, daß ein Teil der Zivilisten bereits zu dem Amerikaner übergelaufen ist. Angeblich warten die Zivilisten auf Abtransport. Die Div. hat folgendes veranlaßt: 1.) Der Ib der Div. ist um 01.00 Uhr zum Kreisleiter, mit dem die Div. schon vorher wegen dieser Angelegenheit Verbindung aufgenommen hatte, gefahren, um die Frage des Abtransportes zu klären. 2.) Der Div.-Arzt ist angewiesen, sich der Sache anzunehmen.
09.15 Uhr Chef — Ia 3. Pz.Gr.Div.: 1.) Evakuierung der 1000 Zivilisten aus Grube Ziegelei Würselen unter Zuhilfenahme der Feldgendarmerie der Div. 2.) Verminung der 1. Sehnenstellung vordringlich, damit sie bezogen werden kann. 3.) Ia 3. Pz.Gr. Div. beantragt Begradigung der HKL am linken Flügel. 4.) Bunker 222 in letzter Nacht durch Stoßtruppe wieder genommen, teilweise gesprengt. In nächster Nacht wird erneut Stoßtrupp angesetzt, um Vernichtung zu vollenden.
09.20 Uhr O 4 — 3. Pz.Gren.Div.: Einem Stoßtrupp des Gren.Rgt. 29, verst. durch Pi.Btl. 3, gelang es, 4.45 Uhr Bunker 222 zu nehmen. Ein toter Amerikaner geborgen, ein eigener Verwundeter. Die befohlene Sprengung wird in der Nacht vom 27./28.10. durchgeführt.
11.55 Uhr Ia 246. V.G.D. — Ia: Auf Anfrage teilt Ia mit, daß 3. Pz.Gren.Div. morgen den Abschnitt II./352 übernimmt.
13.35 Uhr Arko Ia — Lt. Hunger: Feind greift bei III./29 in unbekannter Stärke an.
13.45 Uhr Arko Ia — O 5: Feind greift Bunker 223 und 224 an.

29. Oktober 1944

09.15 Uhr O 4 3. Pz.Gr.Div. meldet: Im Morgengrauen durchgeführte Stoßtruppunternehmen des III.Pz.Gr.Rgt. 29 gegen Haltepunkt Kaisersruh brachte keine Gefangenen, da Feind ständig auswich, sondern lediglich einige Funkgeräte als Beute.

Bericht über ein deutsches Spähtruppunternehmen in Kaisersruh in der Nacht vom 28. zum 29. Oktober 1944.

Abschrift!

III./Gren.Rgt.29
Kommandeur

Btl.Gef.Std., den 29.10.1944

Betr.: Stoßtruppunternehmen am 28./29.10.44.

Dem Regiment

Führer: Lt. Stanko, 11./G.R.29

Stärke: 1 : 2 : 14

Bewaffnung: 6 M.P., 3 Faustpatronen, 2 Schnellfeuergewehre, 5 Gewehrschützen, 2 3kg Ladungen und pro Mann 3 Handgranaten.

Unterstützende Waffen: 5 m.Gr.Werfer, 2 s.Gr.Werfer, 2 Battr.

Auftrag: In das Stellungssystem und der Erdbunker bei dem ersten "r" von Haltepunkt Kaisersruh (Karte 1:25 000) an der Wegegabel einbrechen, den Kampfstand zu vernichten und Gefangene einzubringen.

Auftrag 2: Sollte der Feind ausweichen, bei Haltepunkt Kaisersruh über die Bahnlinie und über die Straße Würselen – Aachen angreifen und dort in eine erkannte Feldstellung und Häusergruppe eindringen, diese vernichten und Gefangene einbringen.

Ausgangslage: Mulde 50 m westlich Bunker 127.

Verlauf: Der Stoßtrupp griff um 03.35 Uhr das erste Angriffsziel an, erhielt schwaches Gewehrfeuer und fand die Stellung leer. Der Erdbunker wurde durch eine 3kg-Ladung gesprengt. Verschleiert wurde dieser Angriff durch Gr.Werfer-Störungsfeuer auf Bunker 118 und Haltepunkt Kaisersruh. Der Stoßtrupp griff jetzt den Haltepunkt Kaisersruh an und gegen die Straße Würselen – Aachen. Unterstützt wurde der Angriff durch zwei Feuerschläge der m. und s.Gr.Werfer und weiter laufendes Störungsfeuer in die Häusergruppen westlich Haltepunkt Kaisersruh. Gefechts-Vorposten an der Straße westl. des Haltepunktes wichen bei kurzem Feuerwechsel aus und zogen sich in die Häusergruppen zurück. Im Nachstoßen wurden 2 Häusergruppen angegriffen, in die sich der Feind zurückgezogen hatte. Nachdem Handgranaten in die Kellerfenster geworfen waren, drang eine Gruppe unter Führung von Lt. Stanko in das Haus ein, während die andere Gruppe Feuerschutz gab und beiderseits der Häuser abriegelte. Der Feind hatte sich jedoch weiter zurückgezogen. In einem weissen Hause wurde in einem bombensicheren Keller eine Vermittlung mit Klappenschrank und größerem Funkgerät gesprengt. Nach Aussagen von Zivilisten, die in einem Nachbarkeller waren, handelte es sich um eine am.Btl.-Vermittlung.

Unter dem weiteren Feuerschutz drang die Gruppe durch die Gärten westl. dieser Häuser auf ein freiliegendes weisses Haus vor, erhielt jedoch von hier aus Kellerfenstern und einer Erdbefestigung links des Hauses M.P.- und M.G.-Feuer. Drei Mann arbeiteten sich an die Kellerfenster heran und warfen Handgranaten hinein. Das Eindringen in das Haus wurde durch ein flankierendes M.G. vereitelt. Die Stellung (M.G.) links des Hauses wurde durch 2 Faustpatronen vernichtet. Der Feind hatte Ausfälle. Ein Einbringen von Gefangenen oder Verwundeten war nicht mehr möglich, da der Feind jetzt Leuchtkugeln abschoß und aus weiteren Stellungen und Häusern schoß. Bei der nun schon eintretenden Dämmerung setzte sich der Stoßtrupp, dessen Angriffsgruppe sich ziemlich verschossen hatte, ohne eigene Verluste ab und erreichte um 06.50 Uhr die Ausgangsstellung. Gedeckt wurde das Absetzen durch Artillerie- und Gr.Werfer-Feuerüberfälle, die auf rot-grüne Leuchtkugel ausgelöst wurden.

Im Stoßtrupp befanden sich außer 2 guten Unteroffizieren nur junge Luftwaffen-Soldaten, die sich gut gemacht haben und mit großem Schneid angriffen, obwohl sie solch einen Auftrag zum ersten Mal ausführten.

gez. Wehrmann

30. Oktober 1944

08.05 Uhr Lt. v. Bülow, 3. Pz.Gr.Div. — O.v.D.: Um 04.30 Uhr griff wie befohlen ein eigener Stoßtrupp ein feindl. Widerstandsnest vor dem rechten Abschnitt G.R. 8 an. Es gelang ihm, überraschend in die Kellergewölbe einzudringen. Trotz der an Zahl überlegenen Besatzungsmannschaften konnte er das gesamte W.N. mit M.Pi. und Handgranaten bekämpfen, daß der Gegner z.T. unter Mitnahme der Verwundeten und Gefallenen sich in weiter rückwärts liegende Stützpunkte zurückziehen mußte. Infolge der Härte der Kämpfe und der Zähigkeit, mit der auf beiden Seiten gerungen wurde, konnten keine Gefangenen eingebracht werden.

Der Auftrag des Stoßtrupps, Beseitigung eines dicht vor der HKL liegenden feindl. Stützpunktes, der bis tief hinter die eigene HKL einwirken konnte, war damit erfüllt. Eigene Ausfälle: 3 Verwundete.

31. Oktober 1944

14.45 Uhr Kdr. 246. V.G.D. — Ia: Oberst Körte teilt mit, daß sich soeben die beiden Offz. Oblt. Stach und Lt. Drechsler bei der Div. melden, nachdem sie sich durch die feindl. Linien durchgeschlagen haben. Oberst Körte gibt an, daß diese wertvolle Aussagen über den Feind wie auch ganz besonders über die Haltung der Zivilbevölkerung in den von den Amerikanern besetzten Gebieten machen können.

1. November 1944

08.37 Uhr Chef — Ia 3. Pz.Gr.Div.: Die Arbeiten in der 1. Sehnenstellung schreiten gut vorwärts, sie ist am Freitagabend bezugsfertig.

2. November 1944

10.40 Uhr Chef — Kreisleiter Fried: Evakuierung von Würselen ist abgeschlossen, Zivilarzt mit ca. 50 Mann sind übergelaufen. Z.Zt. läuft eine Evakuierungsaktion in Hoengen. Heute oder morgen Nacht gehen 3 Männer in Zivil nach Alsdorf. Chef bittet vor allem Klärung zweier Fragen: 1.) Sind in den Abschnitt neue Truppen eingerückt? 2.) Welche Abzeichen tragen sie?

11.30 Uhr Ia 246. V.G.D. — Chef: Während der Nacht waren erneut Spähtrupps am Feinde, ohne besondere Ergebnisse erzielen zu können. Weiter teilt Ia 246. mit, daß die Gruben nördlich Aachen wieder in Betrieb genommen seien und der Fahrzeugverkehr höchstwahrscheinlich Kohlentransport sei. Das oft gehörte Rattern von Kettenfahrzeugen scheine lediglich Stellungswechsel von Batterien auf SF zu sein, die nachts vorgezogen und in den Morgenstunden zurückgezogen werden. Das Feindverhalten deute ausgesprochen auf Abwehr. Im linken Abschnitt mache der Feind die wiederholten Vorstöße, um die das Gelände beherrschenden Halden in

Besitz zu nehmen. Weiter bittet Ia 246 um Zuführung von Minen. Es seien in den letzten 42 Stunden einschl. Erkundung 2200 verlegt.

Tagesmeldungen an AOK: 3. Pz.Gren.Div.: Evakuierung Würselen mit Nacht 1./2.11. abgeschlossen. Insgesamt wurden ohne Weiden, Vorweiden, Broichweiden 29.10.–2.11. 750 Personen evakuiert.

3. November 1944

09.49 Uhr Ia 246. V.G.D. — Ia: Im Abschnitt ruhig. Stärkeres eigenes Artl.-Störungsfeuer; erneut angesetzte Spähtrupps hatten keinen Erfolg, da Nacht zu hell und Feind sehr aufmerksam.

Div. hat genügend freiwillige Meldungen erzielt, aber mit Spähtrupps keinen Erfolg. Stärkere Unternehmungen sind erforderlich.

10.25 Uhr General Denkert — Ia: D. bittet um Auskunft über Einstellung des Generalfeldmarschall Model zur HKL-Rücknahme auf B-Linie. Ia teilt mit, daß dieses zunächst nicht genehmigt wird, B-Linie aber fertig auszubauen sei.

4. November 1944

08.30 Uhr Ia — Ia 3. Pz.Gren.Div.: Ia 3. P.G.D. meldet: Im Abschnitt ruhig. Im rechten Abschnitt angesetzter Spähtrupp mußte sich vor gleichzeitig angesetztem Feindstoßtrupp zurückziehen.

16.30 Uhr Ia 246. V.G.D. — Chef: Ia 246. V.G.D. meldet Bombenteppiche auf frontnahe Ortschaften im mittleren Div.-Abschnitt, vor allem Hoengen.

16.38 Uhr Chef — Ia 12. V.G.D.: Ia orientiert, daß Bombenteppiche voraussichtlich auf Würselen, beobachtet wurden 36 Marauder.

16.45 Uhr Chef — General Denkert: Feind schießt auf Bunker 200 mit Phosphor und Nebel.

5. November 1944

09.40 Uhr Ia 246. V.G.D. — Ia: Feind schießt mit Panzern Kirch- und Wassertürme ab, bisher neue Beobachtung im Div.-Abschnitt.

11.00 Uhr Arko meldet: Seit 11.00 Uhr auffallend starkes Art.- und Störungsfeuer auf Eschweiler, St. Jöris und ostwärts Würselen.

20.55 Uhr Arko meldet: Lebhafte Inf.-Tätigkeit südlich Würselen.

22.05 Uhr Ia Arko — O 5: Auf Grund gerade eingetroffener Meldung einer B-Stelle, greift Feind mit Inf.-Kräften aus Richtung Kellersberg auf Blumenrath an.

22.20 Uhr O 1 246. V.G.D. — Ia: Es handelt sich bei Angriff auf Blumenrath lediglich um einen verstärkten Stoßtrupp, der in unserem Feuer zusammenbrach.

22.22 Uhr General Denkert — Ia: Im Raume der 3. P.G.D. heute erheblich stärkere Artl.-Tätigkeit auf Artl.-Stellungen.

6. November 1944
   09.40 Uhr O 4 3. Pz.Gren.Div. meldet: In den frühen Morgenstunden zweimaliger Versuch eines feindl. Spähtrupps in die HKL einzudringen abgewiesen. 3 unverwundete, 4 verwundete Gefangene.
   22.50 Uhr Arko — Ia: Der feindliche Art.-Beschuß erreichte heute mit 8000 Schuß seinen bisherigen Höchststand.

7. November 1944
   17.25 Uhr Ia 3. P.G.D. — Ia: Ia 3. P.G.D. meldet, daß nach Feststellungen an Toten nordwestlich Würselen die B.-Kp. des I./406 und vor Abschnitt III./8 die C.-Kp. I./406 bestätigt wurden. Der US-Angriff heute morgen erfolgte in Btls.-Stärke.
   18.00 Uhr Ia 12. V.G.D. — Ia: Ia 12. V.G.D. bittet um Rücknahme des Fingers in der HKL im Abschnitt des Füs.Btl. 12. Die dort befindlichen Bunker sind zerschossen, die Rücknahme würde das Freimachen 1 Kp. bedeuten.
   18.05 Uhr Ia 3. P.G.D. — Ia: Ia 3. P.G.D. meldet 2 weitere Gefangene von Rgt. 119 der 30. am.I.D., die an der Halde westlich Bahnhof Würselen gemacht wurden.
   Gefechtsverlauf: Während der Nacht, in den Abendstunden stärker, später schwächer werdende Art.- und Granatwerfer-Tätigkeit auf HKL und frontnahe Ortschaften, zum Teil in Feuerüberfällen.
   In den frühen Morgenstunden setzte der Feind im Abschnitt des Pz.Gr.Rgt. 8 in Btl.-Stärke zum Angriff an. Es gelang ihm, im Nord- und Nordwestteil von Würselen in die HKL einzudringen. Ein schneidig geführter Gegenstoß des I. und III./8 warf den Gegner zurück und brachte ihm hohe Verluste bei. Bis 10.00 Uhr war die HKL wieder voll in unserer Hand. Bei diesem Angriff 6 Gefangene eingebracht.

8. November 1944
   Gefechtsverlauf: Außer einem Stoßtruppunternehmen vor I./Pz.Gren.Rgt. 8, das vor Erreichen der HKL im zusammengefaßten Feuer unserer Grenadiere zusammenbrach, verlief der Tag infanteristisch ruhig.
   Trotz schlechten Wetters und tiefhängender Wolkendecke war in den Nachmittagsstunden eine rege Aufklärungs- und Jabotätigkeit festzustellen.
   Aufgrund der notwendigen engen Belegung von Würselen wird erneut die Rücknahme der HKL auf die B-Linie beantragt.
   . . . Lage so beurteilt, daß ein Großangriff mit Schwerpunkt im Abschnitt des LXXXI. A.K. unmittelbar bevorsteht.
   23.00 Uhr Arko — O 1: Verstärktes Störungsfeuer auf Alsdorf, Kolonie Kellersberg, Baesweiler, Grube Karl-Alexander, Würselen: Grube Gouley, Bhf. Nord, Sportplatz.
   Durch Minen 1 Uffz. und 5 Mann der 15./8 im Bunker 1079 tödlich verunglückt.

9. November 1944

Gefechtsverlauf: Der Feind schanzte vor 246. V.G.D. in vermehrtem Umfange. Diese Tatsache kann jedoch noch nicht als Verteidigungsabsicht gewertet werden, vielmehr muß angenommen werden, daß der Feind sich eine starke Stellung zu schaffen sucht, über die er seine Angriffskräfte vorschieben wird.

Der Kampfwert der im Korpsbereich eingesetzten Div. ist unterschiedlich. Die vor feindlichem Schwerpunkt eingesetzte 246. V.G.D. ist im Kampfwert lediglich als "zur Abwehr bedingt geeignet" zu bezeichnen. Die 3. Pz.Gren.Div. ist "für Abwehr voll geeignet". 12. V.G.D. ist eine vollwertige Angriffs-Div. mit besonders gutem Kampfgeist.

10. November 1944

15.25 Uhr — 15.35 Uhr Besuch Feldmarschall Model: Die Rückverlegung der HKL bei Würselen auf B-Linie wird dahingehend entschieden, daß im Falle eines Angriffs auf den Korpsabschnitt diese genehmigt wird, um die unbedingt erforderlichen Reserve-Btle. für einen Gegenangriff freizubekommen.

Tagesmeldungen der Div.: 3. Pz.Gren.Div.: Gren. Gudd von 2./29, seit 9.11. abends in der Stellung, erzielte bis 10.11., 17.00 Uhr mit Zielfernrohrgewehr 4 Abschüsse.

11. November 1944

Gefechtsverlauf: Außer beiderseitigem Artl.- und Granatwerfer-Störungsfeuer verlief der Tag infanteristisch ruhig. Bei Würselen-Nordbahnhof wurde durch Sturmgeschützfeuer eine B-Stelle vernichtet.

Die beabsichtigte großräumige Verminung in panzergefährdeten Abschnitten der 246. V.G.D. kann nicht in diesem Umfange durchgeführt werden, da die Armee

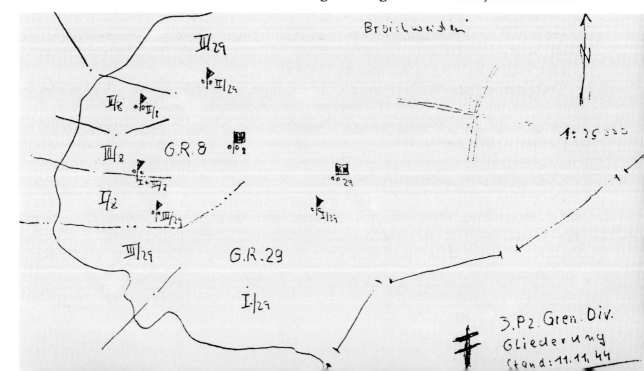

nicht in der Lage ist, die erforderlichen Panzerminen zuzuführen. Die vorhandenen Armeebestände sind aufgebraucht, über erneute Zuführung besteht keine Klarheit.

12. November 1944

Bei schlechter Wetterlage und stärkeren Winden verlief der Tag infanteristisch ruhig. Feindliche Artillerie und Granatwerfer legten Störungsfeuer auf HKL und einzelne Feuerüberfälle auf frontnahe Ortschaften.

08.40 Uhr Ia — O 1 246. V.G.D.: Auf Anfrage meldet O 1, daß im Raume Kellersberg ein stehender Spähtrupp in Stärke 1:2 noch nicht zurückgekehrt, ein Doppelposten spurlos verschwunden und von einem weiteren Doppelposten 1 Mann verschwunden sei.

15.55 Uhr Arko 117, Lt. Dase an B.O.: Feind nebelt um 15.40 Uhr eigene HKL im Raume um Euchen ein.

13. November 1944

Gefechtsverlauf: Im Feindbild ergab sich gegenüber dem Vortage keine Veränderung. Außer einigen Stoßtruppunternehmungen, die von II./29 und III./27 vor der HKL abgewiesen wurden, war nur geringe Artillerie- und Granatwerfer-Tätigkeit zu verzeichnen. Die Fliegertätigkeit ließ in Anbetracht der sehr schlechten Wetterlage erheblich nach.

14. November 1944

Gefechtsverlauf: Gegenüber den Vortagen verstärkte sich die Inf.- und Art.-Tätigkeit wesentlich.

Im Laufe des Tages wurde ein Stoßtrupp in Zugstärke südlich Würselen abgewiesen. Feindliche Fliegertätigkeit war während des ganzen Tages infolge sehr schlechten Wetters (teilweise Schneesturm) nicht zu verzeichnen. Stark vermehrte Feindbewegungen und erkannte Zuführung von neuen Div. im rechten Armeeabschnitt lassen nahe bevorstehenden Großangriff erwarten.

17.35 Uhr Armee-Chef — K.G.: Armee-Chef teilt mit, daß Feldmarschall Model aufgrund der Feindbeurteilung, die auf einen baldigen Großangriff im Raum Geilenkirchen — Würselen deutet, Vorschläge fordere, die Abwehrkraft durch Abänderung der Linienführung der HKL oder Veränderung in der Kräfteverteilung zu erhöhen.

Armee-Chef deutet auf die Zurücknahme der HKL im Raume Würselen auf B-Linie hin.

K.G. erwidert, daß Feldmarschall Model bei seinem gestrigen Besuch bei 3. P.G.D. den Zeitpunkt für Rückverlegung der HKL für noch nicht gekommen hält; vielmehr sei dieser Plan erst durchzuführen, wenn ein Großangriff unmittelbar bevorsteht.

Auf die Frage des Armee-Chef, ob Vorbereitungen für Straßen- und Brückensprengungen getroffen seien, teilt K.G. mit, daß dieses nur im Raum Würselen durchgeführt sei.

15. November 1944

Gefechtsverlauf: Infanteristisch verlief der Tag im gesamten Korpsabschnitt ruhig. Ein feindlicher Stoßtrupp wurde bei Euchen abgewiesen. Während der Nacht starkes feindliches Art.-Störungsfeuer mit Feuerüberfällen. Infolge schlechter Wetterlage war die Lufttätigkeit geringfügig.

Das Korps hat den Eindruck, daß der Feind im großen vor dem Abschluß seiner Angriffsvorbereitungen steht.

12.15 Uhr K.G. — Arko: Die art. Aktivität des Feindes hat wesentlich zugenommen. Der Verschuß erreichte gestern seinen Höhepunkt und lag für die Zeit vom 13.11., 18.00 Uhr — 14.11., 18.00 Uhr bei 9000 Schuß.

Tagesmeldungen der Div.: 3. Pz.Gren.Div.: Gren. Gudd, 2./29, erzielte mit 3 weiteren Abschüssen während des heutigen Tages bisher (seit 9.11.) insgesamt 25 Abschüsse. Künftig werden nur jeweils 10 weitere Abschüsse des Gren. Gudd gemeldet.

16. November 1944

Gefechtsverlauf: Während der Nacht herrschte rege feindliche Spähtrupptätigkeit im gesamten Korpsabschnitt und lebhaftes Artl.-Feuer. Mot.- und Panzergeräusche stärker als an den Vortagen.

Gegen 11.00 Uhr setzte der Feind mit starken Luftangriffen auf gesamten Korpsabschnitt ostwärts der Rur ein. Er legte Bombenteppiche vor allem auf die Hauptverkehrszentren und zerstörte mit einer großen Anzahl 4-mot. Bomber Düren und Jülich. Nach diesem Bomber-Einsatz und sehr starker Artl.-Tätigkeit trat der Feind zwischen 12.00 und 13.00 Uhr zu dem erwarteten Großangriff an.

In kurzer Folge wurde von der Div. Angriffe auf ... Euchen, Würselen Nord, Verlautenheide ... gemeldet. Im Raum Mariadorf-Euchen blieb die Lage einige Zeit unverändert, bis schließlich auch hier ein Einbruch bestätigt wurde.

Infolge der günstigen Munitionslage war es möglich, die Inf.-Angriffe wesentlich durch Artl. zu unterstützen. Es wurden im Laufe des Tages rund 12 000 Schuß verschossen.

Durch Bomben- und Artl.-Volltreffer waren 16 Geschütze ausgefallen, von denen jedoch die Hälfte nach kurzfristiger Instandsetzung wieder einsatzbereit waren.

Absichten für den 17.11.44: Bereinigung der Einbrüche, Zurückverlegung der HKL im Abschnitt 3. P.G.D. auf den B-Riegel und Ausbesserung der durch die Bombardierung zerstörten Verkehrsverbindungen.

Ab 11.20 Uhr laufend Meldungen über Bombenteppiche, Vernebelung und starke Artillerietätigkeit an der gesamten Front.

11.40 Uhr Ia 246. V.G.D. meldet, daß durch Kdr. für Div. Alarmstufe I befohlen wurde.

12.56 Uhr Ia 246. V.G.D. meldet: Ia 246. V.G.D. rechnet mit Angriffsbeginn spätestens in einer halben Stunde.

13.52 Uhr Ia — Ia 3. Pz.Gr.Div.: Ia befiehlt, sich darauf einzustellen, daß HKL heute abend auf B-Riegel zurückgenommen wird.

Ia 3. Pz.Gr.Div. meldet: Angriff von Bahnhof Würselen auf Naht zwischen II./29 und II./8.

14.07 Uhr Ia 3. Pz.Gr.Div. meldet: Um 13.00 Uhr Feind bei Mariagrube eingebrochen.

Gemeldeter Feindangriff von Bahnhof Würselen dehnt sich nach Norden aus. Angriff mit Panzern und Inf.

14.15 Uhr Arko, Lt. Dase, meldet: 14.05 Uhr Feind bis Kirche Mariadorf durchgebrochen.

14.35 Uhr Ia 3. Pz.Gr.Div. meldet: 1. Um 14.10 Uhr wurde folgender Feindspruch mitgehört: "Ich warte außerhalb Würselen, bis Infanterie vorgeht". 2. 13.25 Uhr bei Verlautenheide 1 Btl. und 3 Pz. vom Feind im Angriff. 3. Eigener stehender Spähtrupp meldet, daß Feind bei Punkt 172,0 nördlich Euchen eingebrochen.

14.25 Uhr Ia Pz.Gr.Div. weist auf folgende Punkte hin: ... 2. Bei B-Linie muß Zerstörung der vorderen Abschnittsbunker befohlen werden. Sprengstoff ist nicht vorhanden.

14.55 Uhr KoPiFü meldet, daß 3. Pz.Gr.Div. 9 250-kg-Bomben erhalten habe, mehr Sprengstoff sei nicht vorhanden.

16.00 Uhr Arko meldet: Euchen vom Feind genommen.

16.05 Uhr Arko meldet: 15.20 Uhr Feindeinbruch Euchen bis Ostrand durchgefressen. Mariadorf feindbesetzt. Feind in Stärke etwa 1 Kp. hat Reichsstraße 1 erreicht. Eigene Inf. in Siedlung sw. davon.

17.35 Uhr Ia 246. V.G.D. meldet, daß der Einbruch bei Mariadorf noch nicht abgeriegelt ist. Sämtliche Reserven wurden eingesetzt.

20.05 Uhr Ia 3. Pz.Gr.Div. weist auf Schwierigkeiten hin, die durch die Einbrüche bei Euchen und Mariadorf entstanden sind.

20.57 Uhr V.G. R. 404 wird 3. Pz.Gr.Div. unterstellt und Bereinigung der Einbrüche bei Euchen und Mariadorf durch 3. Pz.Gr.Div. befohlen.

General Denkert meldet: Durch Pz-Gr.Rgt. 8 Einbruch bei Hammerhalde auf 200 m Breite und 140 m Tiefe wieder bereinigt. Es wurden 4 Panzer in Brand geschossen, davon 2 durch Lt. Heisemann.

21.05 Uhr Ia Pz.A.O.K. — Ia: Es wurden rund 12 000 Schuß verschossen.

17. November 1944

Gefechtsverlauf: Nach starkem Artl.- und Granatwerfer-Störungsfeuer auf HKL und HKF trat der Feind im ersten Morgengrauen zur Fortsetzung des Großangriffes an. Der Feind hatte während der Nacht starke Panzer- und Inf.-Kräfte vorgezogen. Er unterstützte seine Angriffe durch sehr starkes Artl.- und Granatwerfer-Feuer und erweiterte seine Einbrüche vor allem im Raum Mariadorf-Euchen ... Es gelang dem Feind, die beherrschenden Halden in Mariadorf in Besitz zu nehmen und in die Ortschaften Neusen, Linden, Hoengen und Warden einzudringen. Eine durchgehende HKL konnte in diesem Raum infolge Mangels an verfügbaren Kräften nicht wiederhergestellt werden.

Die Rückverlegung der HKL auf die B-Linie erfolgte reibungslos. Ein besonderer Gefahrenpunkt bildet der Einbruch von Euchen bis Hoengen. Hierzu wurden von der Armee zur Abriegelung das Herausziehen eines weiteren Batls. der 3. P.G.D. aus der B.-Linie befohlen.

Es wurde befohlen, die erfolgten Einbrüche mit allen zur Verfügung stehenden Mitteln abzuriegeln, auf Rückgewinnung der HKL, vor allem im Raum Euchen, Mariadorf wurde verzichtet.

10.18 Uhr Arko (Lt. Stadler) meldet: 9.35 Uhr Feindangriff aus Mariagrube und Mariadorf nach SW. Ein weiterer Angriff aus Neusen in Richtung St. Jöris (bis an die Bahnlinie). Diese beiden Angriffe werden aus Euchen heraus genährt.

12.10 Uhr Funkzentrale: Mitgehörter Funkspruch von Kampfgruppe Lutz an G.R. 8: "Feindangriff bei rechtem Btl. Strasse Neusen - Hoengen liegengeblieben".

09.45 Uhr Ia 3. Pz.Gr.Div.: Feind greift zur Zeit auf Linden und Neusen an. Er befindet sich auf der Straße in Linden. Weiter greift er von Mariadorf Richtung Warden und auf Hoengen an.

10.35 Uhr K.G. bei 3. Pz.Gr.Div. — Chef: K.G. orientiert, daß Lage von Euchen bis Hoengen unklar. Einbruch auf 5 km Breite bis zu 2 km Tiefe. In Warden abgeriegelt.

---

3. Panz. Gren. Division
Ia
Div.Gef.Stand, den 19.11.44

Betr.: Nachmeldung zu den Kampfhandlungen des 17.11.44

Dem
Generalkommando LXXXI.A.K.

Im Zuge des Absetzens von der A.- auf die B-Stellung sollte das I./8 zur Abriegelung eines Feindeinbruchs bei rechter Nachbardivision den Raum ostwärts Euchen erreichen. Hierzu marschierte eine Kompanie weit voraus, das Gros des Btl. folgte in Reihe. Wegen des fdl. Artl.- und Gr.Werfer-Beschusses wurden von Mann zu Mann weite Abstände gehalten.

Am 17.11.44 gegen 07.00 Uhr wurde das Btl. mit dem Gros in Linden von der trommelfeuerartigen Vorbereitung eines erneuten Feindangriffs erfasst. Alles, was nicht durch die ersten einschlagenden Lagen fiel oder schwer verwundet wurde, suchte Schutz in Häusern. Trotzdem traten durch das massierte, langanhaltende Feuer aller Kaliber immer mehr Verluste ein.

Sofort nach Verlagerung des fdl. Feuers in die Tiefe des H.K.F. brach fdl. Infanterie in Linden und Neusen ein. Eine geschlossene Führung des Btl. im Kampf gegen den überraschend angreifenden Feind war nicht möglich, da die schon grossen Marschabstände durch starke Ausfälle während des fdl. Trommelfeuers noch erheblich grösser geworden waren. Die wenigen kampffähig gebliebenen Soldaten des I./8, die sich zum Teil erst aus Häusertrümmern befreien mussten, erlagen dem Feind sodann einzeln nach kurzem, hartem Nahkampf. So wurden der Btl.-Stab und 3 Kompanien vernichtet.

Die mit grossem Abstand vorausmarschierende Kompanie des Btl. wurde von dieser Kampfhandlung nicht erfasst und erreichte die Kolonie südwestlich Warden. Sie wurde in Verlauf harter Abwehr- und Gegenstosskämpfe mit in die Kolonie eingedrungenem Feind im Laufe des Nachmittags des 17.11.44 ebenfalls vollständig vernichtet.

Teile der Panzer-Abt. 103 nahmen am 17.11.44 um 11.35 Uhr im Gegenstoß den Ort Neusen, mussten ihn jedoch, da keine Infanterie zur Verfügung stand (das I./8 sollte hierzu herangezogen werden), wieder aufgeben, nachdem sich Feindvorstösse lfd. verstärkten und ein Stu.-Geschütz der Panzer-Abt. 103 bereits durch fdl. Nahkampfmittel ausgefallen war.

Bei diesem Angriff auf Neusen wurden vernichtet:
    1 Sherman-Panzer
    3 M.G.
    1 Gr.Werfer
    1 Lkw. mit aufgesessener Infanterie
    80 Infanteristen (ungefähr)

Durch einen weiteren Gegenangriff von Teilen der Pz.Abt. 103 wurde am Abend des 17.11.44 der Bhf. Höngen genommen. Verluste des Feindes konnten wegen der Dunkelheit nicht festgestellt werden.

Für das Divisionskommando
Der erste Generalstabsoffizier

12.01 Uhr Ia 3. Pz.Gr.Div. meldet, daß bei Ziegelei Vorweiden das III./8 zur Abriegelung gegen Linden, Neusen eingesetzt ist. Außerdem steht gep. Kampfgruppe mit 9 SPW im Raum südlich Neusen, mit einem 2. Teil in Warden. SPW-Btl. wurde zum Gegenangriff angesetzt.

14.53 Uhr Arko 117, Lt. Dase: Meldung von A.R. 3: Seit 12.45 Uhr Neusen von gep. Kampfgruppe wieder genommen.

15.30 Uhr Funkzentrale (mitgehörter Funkspruch): 4 Amerikanische Panzer mit folgender Inf., Stärke etwa 50 Mann, von Mariadorf nach Hoengen. Gegner verbleibt in Hoengen.

16.15 Uhr Arko: A.V.O. 3 meldet: Aus Richtung Euchen nach SSO Feindangriff auf Weiden. Feind augenblicklich noch nw. Straßengabel Vorweiden.

17.53 Uhr General Denkert orientiert K.G. über Lage im rechten Div.-Abschnitt: III./8 liegt vor Wegekreuz in Linden, bis Eisenbahn nördlich Würselen nur Spähtrupp-Verbindung. Linden und Neusen beim Feind.

Tagesmeldungen der Div.: 3. Pz.Gren.Div.: Feindverschuß 35 000. Eigener Verschuß 1176 le.F.H., 385 s.F.H., 148 Kanone, 131 Werfer.

18. November 1944

Gefechtsverlauf: Nach starkem Art.- und Granatwerferfeuer sowie einer Reihe schwerer Feuerüberfälle setzte der Feind in den frühen Morgenstunden seine Angriffe im gesamten Korpsbereich fort.

Auf Grund der hohen Verluste und um den sich laufend verstärkenden Feind abzuwehren, wurde auf Befehl des Generalfeldmarschalls Model die Frontausbuchtung im Raum Weiden auf die Spee-Stellung zurückgenommen.

Infolge der Schlechtwetterlage setzte der Feind außer Artl.Flieger nur Jabos ein.

11.35 Uhr Chef — General Denkert: Chef bittet, sich darauf vorzubereiten, die HKL auf folgende Linie, die teilweise ausgebaut ist, zurückzunehmen: westlich Kinzweiler und St. Jöris, Klösterchen, Bunker 1031, Bunker 670, West-Ost-Riegel.

19. November 1944

Gefechtsverlauf: In den frühen Morgenstunden trat der Feind nach stundenlangem und pausenlosem Trommelfeuer zu dem erwarteten Großangriff erneut an.

Unterstützt von sehr starken Jabo-Verbänden, die den ganzen Tag über bei klarem Wetter das gesamte HKF überflogen, gelang dem Feind die Inbesitznahme der Orte Kinzweiler, St. Jöris und Schleiden.

Die sehr schweren Angriffe des Tages mit dem Verlust einiger Ortschaften zwangen erneut zu einer Frontverkürzung. Die Kampfstärken der Div. sind durch die schweren, von Panzern unterstützten Angriffe des Feindes sowie die dauernde Jabotätigkeit stark geschwächt. Durchschnittlich besitzen die Regimenter noch eine Kampfstärke von 150 200 Mann.

Noch heute zeigt dieses Missionskreuz am Hauptweg des Würselener Zentralfriedhofes am Korpus die Schußspuren von 1944.

Die amerikanischen Kampftruppen und die deutsche Bevölkerung

Während des ersten Zusammentreffens der deutschen Zivilbevölkerung mit den amerikanischen GI's bildete sich die überwiegend auch heute noch vorhandene Beurteilung: "Die Amerikaner waren durchweg feige Soldaten". Abgeschwächt wird dieses Pauschalurteil meist durch die entschuldigende Aussage: "Die Amerikaner setzten das Menschenleben höher an als das zu ersetzende Material."

Auch dem militärischen Laien fiel der Unterschied zwischen den gut ausgerüsteten, äußerst vorsichtigen und sicherlich oft auch ängstlichen Amerikanern und den trotz Mangel an Verpflegung, Ausrüstung und Munition auch im sechsten Kriegsjahr immer noch verbissen kämpfenden deutschen Truppen stark auf. In aussichtsloser Lage waren allerdings die deutschen Soldaten bei den Kämpfen in unserem Raum schon eher bereit, sich gefangennehmen oder nach Beschaffen von Zivilkleidern "überrollen" zu lassen. Die Gefangenenzahlen der Amerikaner, besonders in der ersten Oktoberhälfte, belegen diese Aussage. Andererseits wären auf deutscher Seite die hohen Ausfälle durch Krankheit und "battle fatigue" = Kampfmüdigkeit, wie bei den Amerikanern, undenkbar gewesen. Das der 2nd Armored Division zugeordnete 48th Medical Battalion betreute im Verlaufe der zweiten Aachen-Schlacht 1933 Patienten — davon waren 90 Zivilisten und deutsche Soldaten —, in dieser Gesamtzahl eingeschlossen waren 211 Soldaten der amerikanischen Panzerwaffe, die bis zum 20. Oktober 1944 in schweren Kämpfen im Raume Würselen tätig waren und sich psychiatrisch in einem besonderen "Exhaustion-Center" behandeln ließen.

Dem Wesen nach erschienen die Amerikaner den deutschen Augenzeugen "wie große Kinder, die Krieg spielten". Durchweg gutmütig, sorglos und übertrieben optimistisch, fand der amerikanische Soldat es selbstverständlich, daß man ihn gut kleidete, ausgezeichnet ernährte und gut führte, so daß er mit seinen Waffen und seiner technischen Ausrüstung dem Feind überlegen war. Der im Raum Würselen sich verstärkende Widerstand von deutschen Truppen, die ihre Fronterfahrung zum Teil in Rußland gesammelt hatten, schuf allerdings einen gründlichen Wandel in der Einstellung der amerikanischen Soldaten. Farbige waren bei den ersten Kampftruppen nicht häufig vertreten, im Gegensatz zu den Versorgungstruppen, die fast nur aus Farbigen bestanden. Den Deutschen fiel gleich auf, daß das Verhältnis der einfachen Soldaten zu ihren Vorgesetzten für deutsche Verhältnisse sehr locker war; auch waren die Rangabzeichen nicht auffällig und nur schwer zu unterscheiden.

Zeichnerische Darstellung eines GI's im Erinnerungsbuch des 119th US Infantry Regimentes.
So sah der Illustrator des Erinnerungsbuches für das 743rd US Tank Battalion den deutschen Soldaten bei der Verteidigung des Westwalls.

Gegenüber der Zivilbevölkerung und besonders gegenüber den Kindern waren die amerikanischen Soldaten, nachdem ein gewisses Mißtrauen abgebaut war, durchweg freundlich und sehr hilfsbereit. Dies galt insbesondere für die farbigen Soldaten, während Mischlinge, z. B. mit indianischen Vorfahren, die, bevorzugt bei Spähtruppunternehmen eingesetzt, als besonders mutig galten, selbst gegenüber ihren Kameraden verschlossen und kontaktarm waren. Die Ausnahmen bildeten sehr oft meist deutsch sprechende jüdische Soldaten, die in den 30er Jahren als Emigranten aus Deutschland nach Amerika gekommen waren. Diese Soldatengruppe behandelte auch gefangene deutsche Soldaten manchmal grundlos sehr rüde. Bei der Behandlung von Verwundeten jedoch, ob es sich um deutsche Zivilisten oder Soldaten handelte, zeigten alle Amerikaner Anteilnahme und große Hilfsbereitschaft. Die deutsche Bevölkerung wunderte sich über Amerikaner, die mit einem Regenschirm versehen Wache bezogen, bei Beschuß den sichersten Winkel eines Kellers bevorzugten und versessen waren auf Orden und Abzeichen mit nationalsozialistischen Emblemen, die sie zum Teil auch trugen, wobei das "Mutterkreuz" geradezu komisch wirkte.

Die nicht richtige Einschätzung von Dingen, die zwar mit dem Nationalsozialismus zusammenhingen, aber ganz anders zu werten waren, führte oft zu belastenden Situationen im Verhältnis von Zivilbevölkerung zu den Besatzungssoldaten. In Scherberg z. B. nahmen amerikanische Soldaten das Auffinden einer Uniform eines Angehörigen der Deutschen Reichsbahn mit Hakenkreuz zum Anlaß, die gesamte Wohnung zu verwüsten. Auch Pastor Josef Thomé beschreibt in seinem Tagebuch eine kritische Situation, die durch das in jedem Haus vorhandene Luftschutzplakat mit Hakenkreuz hervorgerufen worden war.

Der in der amerikanischen Armee verbotene Alkohol war sehr gefragt und infolgedessen für die Zivilbevölkerung ein wichtiges Zahlungsmittel bei Tauschgeschäften mit den Amerikanern. Eingemachtes Obst, frisches Gemüse, Eier, Hühner und Bratkartoffeln waren oft gefragt als Ergänzung zu der kalten Verpflegung in wachsbeschichteten Päckchen, die neben Lebensmittelrationen und Kaffee auch Kaugummi und Zigaretten enthielten. Das ausgeschabte Wachs der weggeworfenen Dosen wurde von der Zivilbevölkerung vielfach zum Herstellen von Wachslichtern verwendet.

Schriftliche Äußerungen über die Zivilbevölkerung fehlen zumeist in den sonst sehr ausführlichen amerikanischen Divisions- und Regimentsberichten der Kampftruppen. In einigen Berichten wird, wenn auch beiläufig, die recht massive Bauweise der Häuser im Wurmrevier (wohl im Gegensatz zu den Holzhäusern in den ländlichen Gegenden der USA) erwähnt und die günstige Gelegenheit zum Duschen in den Kohlegruben (z. B. Alsdorf/Grube Anna = "Shower-point") Fotoalben mit Soldatenbildern aus vielen europäischen Ländern, ein in vielen Häusern vorgefundenes blaues Buch über die Olympischen Spiele in Berlin 1936 (Zigarettenbilder-Alben), religiöse Gegenstände wie Kruzifixe und Heiligenfiguren, die Steinguttöpfe mit den für die Amerikaner zungenbrechenden Wörtern "Zucker", "Salz", "Mehl" und "Nudeln" scheinen für den Chronisten der 29th Division[45] in den durchsuchten Häusern bleibende Eindrücke hinterlassen zu haben. In Herzogenrath — hier befand sich über viele Wochen der Befehlsstand der 30th Division — wurde unter der Zivilbevölkerung eine Umfrage abgehalten mit dem Ergebnis, daß die Mehrzahl der Abstimmenden die Besatzung guthieß und die SA und die SS heftig abgelehnt hatte.

Ob jedoch der im folgenden vorzustellende Abschnitt im Bericht des 119th Regiments[46] dem vorherrschenden Eindruck der amerikanischen Soldaten vollständig entsprochen hat, muß bezweifelt werden. Nach dem 22. Oktober 1944 wurde dieses Regiment nach den schweren, insgesamt wenig erfolgreichen Kämpfen in Würselen zur Auffrischung und Erholung unter anderem in das weniger zerstörte Kohlscheid verlegt. Über diese Zeit bis etwa Beginn der November-Offensive "Queen" am 16. November berichtet die Regimentsgeschichte im Hinblick auf die Zivilbevölkerung[47]: *In Kohlscheid lernten wir zum ersten Male die deutsche Bevölkerung näher kennen. Die Situation schien auf den ersten Augenblick wenig politisch alarmierend, weil wir mit den Deutschen gut auskamen. Wir befanden uns in einem Industriegebiet, amerikanisch genug, um uns ein wenig wie zu Hause zu fühlen.*

Private Mason H. Armstrong in seinem Schützenloch. Aus der Placierung des Fotos in Berichten läßt sich ermitteln, daß es sich wahrscheinlich um einen Angehörigen des 120th US Regimentes in Birk handelt. Rechts im Bild ein wachsbeschichtetes Päckchen mit der Aufschrift Breakfast = Frühstück, Teil der sogen. K-Ration der US Army, die in drei verschiedenen Verpackungen konzentrierte Nahrungs- und Genußmittel (insgesamt 3726 Kalorien) enthielt.
Die Schützenlöcher wurden meist mit Gegenständen aus den umliegenden Häusern ausgestattet: eine oder mehrere Türen dienten als Abdeckung des Grabens, gegen die Nässe wurden Matratzen und Teppiche verwandt.

"Laßt uns ihn nicht beachten, dann geht er vielleicht weg".

"Keine Anzeichen für eine Partisanentätigkeit".

"Wir sollten ihnen sagen, daß die ganze Truppe nicht so aussieht wie wir, Joe".

Die abgebildeten Comics, in Deutschland bis dahin fast unbekannt, erschienen während der Kampfzeit im Raume Würselen in der Armeezeitung "The Stars and Stripes". Der hier dokumentierte Humor war für die Deutschen damals nur schwer verständlich.

Wir hatten übereinstimmend eine nördliche, halb katholische, halb protestantische Tradition und wir verspürten gewisse sentimentale Empfindungen wie "Weihnachten", "Mutter", "Reinlichkeit", die direkt nach der "Frömmigkeit" kamen. Die Deutschen waren verrückt auf Schrubben und Staubwischen — morgens, mittags und abends —, so wie wir dies in Holland festgestellt hatten. Vielleicht waren wir auch voreingenommen. Der deutsche Geschmack von schönen Möbeln, Kleidung und sonstigen Einrichtungsgegenständen entsprach dem des amerikanischen Mittelstandes. Natürlich galt unser Hauptaugenmerk den deutschen Frauen. Diese waren meist plump und hatten wenig Stil, trotzdem konnten sie sich für "gewisse Dinge" begeistern. Trotz Androhungen, Vorträgen, Befehlen und Strafen über 65 Dollars begannen die Freundschaften zu wachsen. Es gab einfach einen biologischen Druck und man behandelte diesen Sachverhalt mit zu großer Strenge. Nach wenigen Tagen unseres Aufenthaltes seit der Ablösung erfuhren wir jedoch, daß die Deutschen über eine große Energie, aber keine Lebensfreude verfügten. Sie hatten eine fatale Art von Humor; selbst ihre obzönen Witze waren irgendwie nicht lustig. Die Deutschen waren in einem Maße dumm, daß selbst ihre Feinde in Europa nicht übertrieben hatten. Sie hielten den Amerikaner für grundsätzlich einfältig und in ein oder zwei Monaten wußten wir, daß selbst die guten Deutschen, wenn es sie überhaupt gab, in einer uns unbekannten Weise unzivilisiert waren. Ihre Meinungen, Gewohnheiten und ihr Leben waren so eingefahren und systematisiert, daß die kleinste Störung in ihrem Leben sie vollständig durcheinanderbrachte.

Als Sperrstunden eingerichtet wurden, reagierten sie mit Verzweiflung. Eine Frau z. B. beklagte sich unter Tränen, sie sei seit 46 Jahren nie später als 10 Uhr zum Bäcker gegangen und bat, dies weiterhin so tun zu dürfen, nicht erst um 11 Uhr. Gutgekleidete Männer und Frauen bückten sich ohne Zögern, um aus den Rinnsteinen Zigarettenkippen aufzuheben. Viele unserer Soldaten warfen ihre gerade zu Ende gerauchten Zigaretten vor ihre Füße, um ihre verloren gegangene Arroganz zu sehen, wenn sie sich bückten und ein unterwürfiges "bitte" murmelten.

In den Oktober-Ausgaben 1944 der amerikanischen Armee-Zeitung "The Stars and Stripes" wurde das Problem des Umganges mit der deutschen Zivilbevölkerung immer wieder behandelt. Am 13. Oktober 1944 brachte diese Zeitung eine richtungweisende Äußerung Eisenhowers: *Die alliierten Truppen betreten das Reich als Eroberer und es darf keine Verbrüderung ("Fraternization") zwischen Alliierten und Deutschen geben!* In einer Spalte mit Leserzuschriften wurden gegensätzliche Ansichten über Geschenke an deutsche Kinder vertreten (*Don't Gum Up the Peace*, 21. Oktober 1944).

Jede Ausgabe enthielt Warnungen vor deutschen Partisanen; am 30. Oktober 1944 berichtete sie sogar über den Tod von drei amerikanischen Soldaten, die angeblich "in Deutschland" mit ihrem Jeep auf von Deutschen gelegte Minen gefahren sein sollten. Die 30th Division warnte das 120th Regiment ausdrücklich davor, mit der Würselener Bevölkerung Kontakt aufzunehmen "wegen Diphteriegefahr" (30. Oktober 1944). Späterhin wurden den amerikanischen Truppen ein Film mit dem Titel "No Fraternization" vorgeführt (Januar 1945); zu diesem Zeitpunkt hatte sich jedoch die Bereitschaft zu Kontakten, vor allem wegen der Auswirkungen der deutschen Ardennen-Offensive, wesentlich verringert.

Don't Gum Up the Peace

You deserve a citation for "Will We Gum Up the Victory?" I hope every man in the American Army reads it

I know the Germans well, having lived in Germany for years. I know their character and their mentality. Hitler did not mislead the German nation; neither did the Kaiser nor the rulers of past centuries. The Germans *want to be misled.* Soon enough we will suddenly discover a nation of 75,000,000 believers in democracy, human decency and all ideals we are fighting for. They will try to make us think that Nazism was forced upon them.

Let us remember when we are tempted to give a piece of chocolate, a stick of gum or only a cigarette for papa that the peaceful, humanitarian people of Norway invited thousands of German children after the last war. They came back 20 years later disguised as

"Keine Verbrüderung zwischen den Alliierten und den Deutschen", diese Richtung der Besatzungspolitik in Deutschland wies General Eisenhower den amerikanischen Truppen in einem Interview, das die Armeezeitung "The Stars and Stripes" am 13. Oktober 1944 veröffentlichte.

In der Leserspalte derselben Zeitung diskutierten amerikanische Soldaten am 21. Oktober 1944 gegensätzlich über das Thema: Soll man deutschen Kindern überhaupt ein Stück Schokolade oder einen Kaugummistreifen geben? Die Meinungen reichen von "hartem Druck", da "die Deutschen nur diese Sprache verstehen" bis zur Vorstellung über die Hilfe beim Wiederaufbau, wie sie später beim Marshall-Plan durchgeführt wurde.

When Will It End, General? – No Comment

'We Go In As Conquerors, With No Fraternizing' – Ike

Refusing to predict when the war against Hitler would end, Gen. Eisenhower told a press conference in Paris yesterday that Allied troops entering the Reich "go in as conquerors" and reiterated that there would be no fraternization between the Allies and the Germans.

"We shall treat the Germans justly," Eisenhower said. "In conformity with the civilized standards as exemplified by our governments. We will have nothing else to do with them except in the necessary official relationships."

The supreme commander said it was possible that, after formal defeat of Germany, a partisan underground movement might continue to harass the Allies. He said the broad strategic plan was to get to Berlin and smash Germany, but refused to speculate on when that might be accomplished.

Eisenhower had high praise for the First Allied Airborne Army's recent landing in Holland.

Die Bevölkerung unter der Militärverwaltung

Fast unmittelbar nach Beendigung der Kampfhandlungen wurden in den einzelnen Gemeinden und Städten unter einem Kommandaten mit einem Verwaltungsstab ("detachment") deutsche Bürgermeister berufen. Diese waren in Niederbardenberg Pfarrer Johannes Königs, in Bardenberg Kaufmann Gerhard Schillings (der bald durch eine Minenexplosion schwer verletzt wurde), danach Lehrer Peter Havers. In Morsbach wurde Pfarrer Josef Thomé, in Würselen Paul Reuters, später Severin Hansen und in Broichweiden Landhändler Gottfried Pütz durch die Amerikaner ernannt. Neben dem Ordnungsdienst, bei dem deutsche "Hilfspolizisten" die Militärpolizei unterstützen sollten, standen die dringendsten Lebensbedürfnisse wie die Wasser- und Stromversorgung, die Lebensmittel- und Wohnungsverteilung im Mittelpunkt der ersten Bemühungen. In Würselen und Broichweiden galt es zuerst, die zahlreichen Leichen wegen der aufkommenden Seuchengefahr zu beerdigen und die lebensbedrohenden Minen zu beseitigen. Die Verwaltungsarbeit kam aus vielen Mangelgründen nur recht schwer wieder in Gang.

Josef Schaeffers aus Morsbach, Burgstraße 30, führte in der Zeit vom 6. Oktober 1944 bis zum 24. Oktober 1946 ein Tagebuch, das wegen seiner zeittypischen Aussagen mit präziser Zeitangabe der folgenden Beschreibung dieser Zeit zugrunde liegt.

25. Oktober 1944 — *Ab heute ist amerikanische Polizei MP = Militärpolizei eingesetzt.* 26. Oktober — *Zwei Tage Ausgehverbot vor allem für Männer; Frauen dürfen von 14 Uhr bis 15 Uhr nur ausgehen, es sollen nämlich SS-Leute in Zivil herumlaufen und auf US-Soldaten schießen.* 30. Oktober — *Männer haben striktes Ausgehverbot.* 21. November — *Sch. ist seit gestern und J. ab heute "Patrolman" = Polizeimann im Sicherheitsdienst geworden.* 23. November — *Antrag für einen Passierschein nach Alsdorf gestellt* [zur Arbeitsaufnahme]. 27. November — *Die Bevölkerung darf vorläufig für drei Tage von 9 bis 16 Uhr die Straße passieren.* 28. November — *Nach Alsdorf, Anna II, gefahren, um mich zur Arbeitsaufnahme zu melden. Sobald ich sämtliche Reparaturarbeiten fertiggestellt habe, gehe ich zur Arbeit.*

Diese Einstellung, vor allem die eigene Wohnung wieder instandsetzen zu wollen, war nicht nur im Bergbau verbreitet. Die Alliierten forderten eine Produktionserhöhung der Gruben, da Kohle weiterhin — jetzt für sie, wie vordem für die Deutschen —, "kriegswichtig" war. Durch Streiks in den belgischen Kohlerevieren waren sie gezwungen, die Kohle über weite Transportwege heranzuschaffen. Deshalb vermuteten sie hinter den hohen Abwesenheitszahlen bei den Grubenbelegschaften

Die amerikanische Besatzungsbehörde

trifft für die nächsten Tage folgende Anordnung.

1. Die Bewohner von Morsbach, die sich im Stollen geborgen haben, bleiben aus Gründen der eigenen Sicherheit Tag und Nacht dort im Stollen. Sie dürfen sich also vorläufig nicht frei auf einer Straße bewegen.
Für das Notwendigste der Ernährung sorgt soviel wie möglich eine Gruppe von Männern, die sich zu diesem Zwecke gebildet hat.

2. Die Bewohner von Morsbach, welche in einen Keller geflüchtet sind, also noch ein Wohnhaus benutzen, bleiben nach Möglichkeit Tag u Nacht innerhalb des Hauses. Für den Einkauf der dringendsten Nahrungsmittel ist die Mittagstunde von 12 - 1 freigegeben, während welcher sie sich also auf die Straße begeben können. Doch auch dies nur im Fall dringender Notwendigkeit.

3. Ganz besonders verboten ist es, während der Dunkelheit sich außerhalb des Hauses zu zeigen. Es ist Befehl gegeben worden, während der Dunkelheit auf jeden, der sich auf der Straße zeigt, ohne Anruf u Warnung zu schießen.

4. Die Notwendigkeit einer strengen Verdunkelung bleibt nach wie vor bestehen.

Die amerikanische Besatzungsbehörde hat mich gebeten, diese Anordnung den Bewohnern von Morsbach zur Kenntnis zu geben.
Ich glaube mit der Übernahme dieses Auftrages der Bevölkerung einen Dienst zu tun und bitte, der Anordnung Folge zu leisten.

Morsbach, den 15. Oktober 1944.

[Unterschrift]

Pfarrer.

BEKANNTMACHUNG AN DIE DEUTSCHE BEVÖLKERUNG

1. Jede Gewaltanwendung oder deren Versuch durch Zivilpersonen gegen die amerikanische Streitkräfte wird schwerstens bestraft.

2. Sämtliche Zivilpersonen werden in ihren Häusern oder Luftschutzkellern bleiben, ausgenommen jene, die eine schriftliche Bewilligung von dem Ortskommandanten der Alliierten Streitkräfte besitzen.

3. Bis Zur Einstellung der Feindlichkeiten muss totale Verdunkelung in der Zeit von 30 Minuten nach Sonnenuntergang bis 30 Minuten vor Sonnenaufgang strengstens eingehalten werden.

4. Nur mit einer schriftlichen Reisebewilligung der Alliierten Militärverwaltung ist es erlaubt zu reisen. Es ist überhaupt und ohne Ausnahme verboten zu reisen in den Stunden wenn es dunkel ist.

5. Deutsche Flaggen und Embleme dürfen nicht gezeigt werden. Das Spielen der Nationalhymne oder deutscher patriotischer Musik, wie auch patriotischer Musik der Nationen die mit den Alliierten in Kriegszustand sind, ist verboten.

6. Das Vernichten von Privaten oder Militärischen Eigentum oder Urkunden ist verboten. Treuhändler solcher Urkunden haften für deren Schutz und sind verpflichtet deren Vorhandensein der Amerikanischen Behörden zur Kenntnis zu bringen.

7. Angehörige der Wehrmacht müssen sich unverzüglich bei der nächsten amerikanischen Militärbehörde melden um den vollen Schutz der Kriegsgefangenen geniessen zu können. Personen die Angehörigen der Wehrmacht Unterkunft gewähren oder diesen irgendwelche Hilfe leisten, machen sich eines schweren Verbrechens schuldig und werden dementsprechend bestraft.

8. Das Plündern wird strengstens bestraft.

Jede Person die sich gegen den obenangeführten Anordnungen beschuldigt, wird in Haft genommen und durch ein Militärgericht der Alliierten verurteilt.

Im Auftrage des Ortskommandanten.

Die Anordnungen der amerikanischen Militärverwaltung wurden durch Plakatanschläge bekanntgemacht.
Links: Die erste Anordnung des von den Amerikanern eingesetzten Bürgermeisters von Morsbach, Pfarrer Josef Thomé.
Rechts: Plakatanschläge in Bardenberg (Ecke Dorf- und Niederbardenberger Straße) am 15. Oktober 1944.

"THOU SHALT NOT—" A German studies strict rules posted by AMG in Bardenberg

Eine Aufnahme für das private Fotoalbum: Das "Detachment 16 C 2", die amerikanische Militärverwaltung in Würselen; Leiter: Captain Louis Tyroler (rechts oben). Die Aufnahme entstand in der Friedrichstraße.

Sabotagemaßnahmen durch Nazi-Funktionäre. Daß die Bergleute durch die Sperrstunden und mangels Transportmittel in ihrer Bewegungsfreiheit stark eingeschränkt waren und außerdem unbedingt zunächst ihre zerstörten Wohnungen in Ordnung bringen wollten, war zumindest den übergeordneten Stellen der amerikanischen Militärverwaltung verborgen geblieben. Die Fehleinschätzung durch die Besatzungsmächte, die die recht verständlichen Gründe für die Arbeitsversäumnisse ignorierten, führte im Januar 1945 zu Verhaftungsaktionen, die zum Teil durch die öffentliche Meinung in den Heimatländern der Alliierten angefacht worden waren.

2. Dezember — *Heute mußten Radiogeräte und Fotoapparate der Behörde gemeldet werden.* 3. Dezember — *Heute durfte ohne Paß keine männliche Person nach Würselen hinein. Mit Handwagen darf am Sonntag keiner über die Straße fahren, die Amerikaner halten strikt den Sonntag ein. Bei Dahmen Peter war in den unteren Räumen heute Gottesdienst, morgens und nachmittags.* 4. Dezember — *Ohne Erlaubnis darf überhaupt keine männliche Person mehr nach Würselen hineingehen. Es wurden heute 20—30 männliche Personen angehalten und mit 20 Mark und zwei Tagen Haft bestraft. Trotzdem gelang es mir nochmals, nach dem elterlichen Hause* [Nordstraße] *zu fahren und Eingemachtes und verschiedene Küchensachen zu holen.* 5. Dezember — *Noch immer die Möbelerlaubnis nicht erhalten* [zur Sicherstellung der elterlichen Möbel]. 11. Dezember — *Erste Schicht verfahren.* 31. Dezember — *Ausgehzeiten sind im ganzen Landkreis immer noch die gleichen und zwar für*

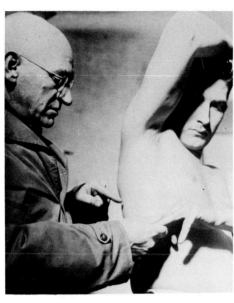

Capt. Tyroler führt der Presse einen angeblich von Deutschen mißhandelten DP (Displaced Person) vor.

Bürgermeister Severin Hansen, Würselen, an seinem Arbeitsplatz.

22.1.45

Sehr geehrter Herr Kommandant!

Gestern nachmittag gegen 4 Uhr ist hier eine Frau von einer belgischen Patrouille erschossen worden. Sie ist die Tochter eines sehr angesehenen Bürgers unserer Gemeinde, des Schlossermeisters Gerhard Einerhand; der Vater hat ein Geschäft für Maschinenbau, Eisenwaren und Installationen; er ist jetzt 70 Jahre alt und krank; die Tochter versorgte ihn; sie hatte dafür einen Paß, der ihr erlaubte, die 4,30 die Straße zu benutzen.

Wir haben Krieg. Jeden Tag werden Tausende von Menschenleben vorzeitig vernichtet. Wir werden leicht abgestumpft gegen den Tod. Was kommt es auf ein Menschenleben mehr oder weniger an?!

Aber: der alte Vater ist ganz allein; Frau und Geschwister und Kinder haben geräumt. Die einzige zurückgebliebene Tochter betreute ihn in seiner Krankheit. Nun ist sie tot.
Sie hatte, soviel ich weiß, vier Kinder. Zwei Söhne sind im deutschen Heer. Zwei Töchter sind noch hier. Und sie läßt einen Mann in der Blüte der Jahre zurück.
Wenn man sich das ausmalt, so fühlt man, daß es doch der Mühe wert ist, auf jedes einzelne Menschenleben sorgsam acht zu geben. Welch eine Summe von Leid entsteht aus diesem Tod!

Aber ist die Frau ihres Tod nicht selbst schuld?! Ist sie nicht vor den Soldaten weggelaufen?
Die 17-jährige Tochter stand am Fenster der Wohnung, als die Mutter am Hause vorbeiging. Sie hat mit ihr gesprochen. Sie sagt aus, die Mutter sei wegen der Glätte des Schnees sehr langsam gegangen, nicht etwa gelaufen.
Sie sagt ferner aus, sie habe keinen Anruf der Soldaten gehört. Dabei ist es natürlich möglich, daß die Soldaten gerufen haben; aber die Entfernung war nach Aussage der Tochter groß; ich schätze sie auf etwa 100 m. Da kann ein Anruf sehr leicht ungehört bleiben. (Mir selbst ist das schon zweimal passiert, einmal bei einer holländischen Patrouille, einmal bei einer belgischen).
Ferner: der Weg der Mutter vom Hause des kranken Vaters zu ihrer eigenen Wohnung führte auf die Soldaten zu, nicht von ihnen ab. Man kann also von "Weglaufen" nicht sprechen. Ich lege eine Skizze bei, um den Weg zu veranschaulichen.
Und zuletzt: die Mutter hatte nicht nötig, wegzulaufen; sie hatte ja einen Paß!
Es scheint mir demnach, daß die Frau das Opfer eines tragischen Irrtums geworden ist, an denen der Krieg so reich ist.

Wenn ich Ihnen, sehr geehrter Herr Hauptmann, dies schreibe und am Schluß eine Bitte hinzufüge, so tu ich das nicht, um auf jemand eine Schuld zu werfen; wenn eine Schuld vorläge und der Schuldige würde eine Strafe erhalten, so änderte das an dem Leid der Familie nichts.
Ich möchte überhaupt nicht mich auf das Recht berufen. Unsere S-S-Abteilungen und unsere Gestapo hat so viel gegen Recht und Gerechtigkeit ge-

die Zeit von 8 Uhr bis 10 Uhr und 15 Uhr bis 17 Uhr. Übertretungen werden seitens holländischer Militärposten streng und scharf geahndet.

Unter der Zivilbevölkerung waren in diesem Zeitraum Opfer einer teilweise willkürlichen Strenge in Bardenberg (15. Dezember 1944, Barbara Linkens, 21 Jahre), Birk (20. Dezember 1944, Jakob Thelen, 36 Jahre) und Morsbach (21. Januar 1945, Maria Gieren geb. Einerhand, 45 Jahre) zu beklagen. Bei dem Zwischenfall in Bardenberg erschoß der holländische Wachtposten Guillaume Hamelers in der Schützenstraße Barbara Linkens bei einer geringfügigen Überschreitung der Sperr-

gekündigt, daß ich mich schäme, an das Recht zu appellieren.
Aber ich berufe mich auf die Ausführungen der leitenden Staatsmänner der verbündeten Nationen. Sie haben oft kundgetan, daß sie im Namen der Menschlichkeit, der Zivilisation, der Kultur und des Christentums kommen, um die Menschheit von der Barbarei des Nationalsozialismus zu befreien. Auch um uns davon zu befreien, die wir viele Jahre lang unter diesem Nationalsozialismus gelitten haben; die wir uns als die Vertreter des echten Deutschtums bekennen, des Deutschtums, das der Welt die unerreichten Schätze der Musik, das ihr kostbare Dichtungen und bewundernswerte Leistungen der Wissenschaft geschenkt hat. Noch in der letzten Unterhausrede hat der englische Ministerpräsident und bei seiner Vereidigung der Präsident der Vereinigten Staaten beteuert, daß die Verbündeten im Namen der höchsten Güter der Menschheit ihren Krieg führen. Wir, die wir trotz allem hier geblieben sind, haben solchen Worten geglaubt und uns Ihnen, der Militärregierung, anvertraut.

Dahin geht nun meine Bitte: Tragen Sie doch Sorge dafür, daß das Vertrauen des Würselener Volkes nicht schwindet!
Ich habe Verständnis dafür, daß junge belgische Soldaten, die in ihrer Heimat aus dem vielen Schweren, das sie erlitten haben, einen Haß gegen den Nationalsozialismus in sich tragen, sich zu einem Übereifer hinreißen lassen.
Wäre es, sehr geehrter Herr Hauptmann, nicht möglich, diesen jungen Soldaten zu sagen, daß die hiesige Bevölkerung, soweit sie noch hier ist, zum allergrößten Teil nicht nationalsozialistisch gesinnt ist, sondern den Nationalsozialismus gerade so verabscheut, wie sie es? Daß wir uns also gar nicht als Feinde der Besatzungsarmee betrachten, sondern ein und denselben gemeinsamen Feind haben?

Und noch eins: wäre es nicht möglich, daß Sie dem Manne der erschossenen Frau ein paar gütige Worte sagten, aus denen hervorgeht, daß diese Erschießung nicht aus den Grundsätzen der amerikanischen Armee hervorgeht, sondern ein tragischer, unberechenbarer Zufall ist, wie er in jedem Kriege oft vorkommt?
Sie würden dadurch nicht bloß dem Manne einen Trost geben, sondern auch wirksam verhindern, dieser traurige Fall zur unterirdischen Propaganda gegen die Militärregierung mißbraucht wird. Ein paar gütige Worte von Ihnen in Ihrer Stellung würden eine große Wirkung haben.

Nehmen Sie, sehr geehrter Herr Hauptmann, zum Schluß die Versicherung, daß ich diesen Brief nicht bloß als Pfarrer meiner Gemeinde schreibe, um zu helfen, daß ähnliche Fälle in Zukunft möglichst vermieden werden, sondern auch als Bürger des besetzten Gebietes, als ein Bürger, der gern mit dazu beitragen möchte, daß die Zusammenarbeit zwischen Militärregierung und Bevölkerung möglichst reibungslos vonstatten geht.

stunde und verletzte weitere Begleiterinnen schwer. Die an dieser Stelle stationierten farbigen Soldaten einer amerikanischen Versorgungseinheit (Wäscherei) griffen den Täter und machten Anstalten, ihn zu lynchen. Nur das sofortige und energische Einschreiten von Offizieren verhinderte diese Selbstjustiz. Pfarrer Josef Thomé beschäftigte sich eingehend mit diesen Vorfällen und den Hintergründen; er schrieb dem Stadtkommandanten nach dem Tode seines Pfarrkindes, Frau Gieren, einen Brief, in dem er sich bitter über die Vorgehensweise der Wachtposten beschwerte und protestierte.

Für Pfarrer Josef Thomé müssen die schlechten Erfahrungen mit der Besatzungsmacht besonders enttäuschend gewesen sein, denn er hatte sich vom ersten Tag der Besetzung an im Interesse der Bevölkerung um ein gutes Verhältnis zu den Amerikanern bemüht. Am 21. Oktober 1944 übergab Josef Thomé dem Hauptquartier der 30th Division eine Ausfertigung seines Tagebuches, das die wahre Einstellung der deutschen Zivilisten zum verflossenen nationalsozialistischen Regime und die Erwartungshaltung gegenüber den Amerikanern demonstrieren sollte. Am 23. Dezember 1944 schrieb der Pfarrer an den Kommandanten in Würselen, Louis Tyroler, eine Weihnachtsbotschaft, in der er die Hoffnung aussprach, *daß es Ihnen gelinge, die Hoffnung unserer Bürger zu erfüllen und die positiven Gefühle, die sie gegenüber Ihrer Armee haben, zu erhalten.*

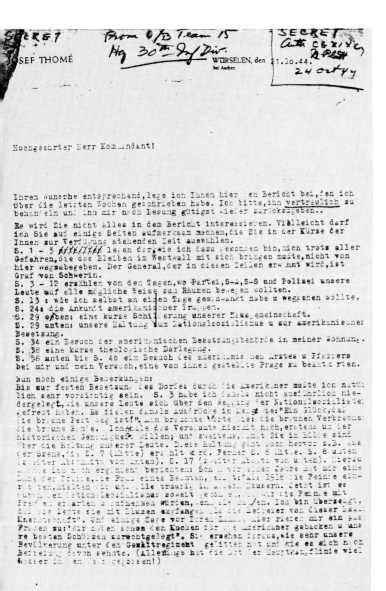

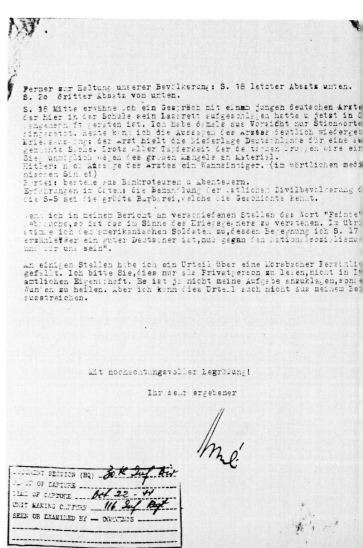

Abschrift!

den 23.12.44.

An den Kommandanten der Stadt Würselen,
Herrn Hauptmann Louis Tyroler,

Würselen!

Hochgeehrter Herr Hauptmann!

Es ist hierzulande Sitte, zum Weihnachtsfest den Menschen, die man schätzt, einen Segenswunsch zu schicken. So möchte ich auch Ihnen meine besten Wünsche zum Fest übermitteln.

Sie werden längst gespürt haben, daß Sie hier eigentlich nicht in Feindesland sind. Die Bewohner, welche trotz der Gewaltmittel, die man angewandt hat, noch hier geblieben sind, betrachten Ihre Armee nicht als Feinde, sondern als Befreier von dem unerträglichen Joch des Nationalsozialismus; sie haben Sie mit großen Hoffnungen erwartet.

So möchte ich Ihnen zunächst wünschen, daß Gott Ihre Tätigkeit als Kommandant unserer Stadt segne, auf daß es Ihnen gelinge, die Hoffnungen unserer Bürger zu erfüllen und die positiven Gefühle, die sie Ihrer Armee gegenüber haben, zu erhalten.

Mein zweiter Wunsch geht dahin, daß auch Ihre Tätigkeit dazu beitragen möge, unser Volk und die ganze Menschheit einen dauerhaften Frieden entgegenzuführen.

Dieser mein Segenswunsch ist, hochgeehrter Herr Hauptmann, Ausdruck des eigentlichen und wahren Deutschtums, das seit mehr als zehn Jahren mit allen Mitteln der List und Gewalt geknechtet und unterdrückt worden ist; jenes Deutschtums, das schon oft in der Geschichte von den herrschenden Gewalten verkannt und verfolgt worden ist und das dann in den letzten Jahrhunderten aus allen seinen Gauen -vom nördlichen Westfalen bis zum südlichen Tyrol- Ströme seines besten Blutes auch nach Amerika geschickt hat und dort heute noch lebt.

    Im Namen dieses eigentlichen und wahren Deutschtums nochmals meine und der ganzen katholischen Bevölkerung von Würselen beste Segenswünsche zum

    Weihnachtsfeste!

Ihr sehr ergebener

Würselen,
Bardenberg, den 1e.1.45.

An die Amerikanische Militärregierung,
z.H. der Herren Kommandanten von Würselen und Bardenberg!

Die unterzeichneten katholischen deutschen Geistlichen nehmen
mit Bedauern Kenntnis von der Maßnahme, daß der hier gebliebenen
Bevölkerung alle Bett-Tücher beschlagnahmt werden sollen. Die
Bett-Wäsche gehört zu den wesentlichsten und intimsten Dingen
des Hausrats; ein Eingriff an dieser Stelle wird als etwas so
Einschneidendes empfunden, daß er psychologisch die weittragendsten Folgen haben muß.
Die Maßnahme, nicht bloß einen Teil, sondern alle Bett-Tücher zu
beschlagnahmen, bedeutet für die zurückgebliebenen Familien
eine solche Härte, daß sie ihre Erwartungen auf das empfindlichste trifft, ihren Glauben erschüttert und die Zusammenarbeit
erschwert.
Wir alle haben auf Grund der Versprechungen, die uns gemacht
worden sind, geglaubt, das Eigentum der zurückgebliebenen Familien werde sorgfältig geachtet.
Die Quittung, auf Grund deren vielleicht später eine geldliche
Entschädigung gegeben werden soll, bedeutet für unser Volk
nichts, da wir alle wissen, daß es in den nächsten Jahren unmöglich ist, die verlorenen Bett-Tücher wieder zu kaufen.

Für die Gemeinde Bardenberg:

Für die Gemeinde Würselen:

Josef Schaeffers schrieb über die Weihnachtszeit 1944 in sein Tagebuch: *In diesem Jahr fiel der zweite Weihnachtstag behördlicherseits aus und war Werktag. Am Weihnachtsabend mußte ich zur Arbeit und konnte wegen Ablauf der Ausgehzeit nicht nach Hause und mußte nun den Heiligenabend auf der Grube verbringen. Unser Kirchenraum befindet sich bis auf weiteres im Restaurant Peter Dahmen. Fahrräder müssen angemeldet werden und man darf ohne Genehmigung nicht mehr mit dem Fahrrad fahren. 1. Januar 1945 — Wasser entnehmen wir dem Löschteig in den Tellebenden und Licht spenden uns Mannschaftsgrubenlampen, die ich von der Grube einzeln mitbringe. In der vergangenen Woche habe ich einen Auftrag zum Abholen von Kohlenschlamm aus dem elterlichen Keller gestellt, denn Brennmaterial ist knapp. 7. Januar 1945 — Nun gibt es endlich Wasser aus* der Leitung, es lief seit gestern ununterbrochen. Gottesdienst ist jetzt auch regelmäßig, sonntags drei hl. Messen und werktags eine hl. Messe. 10. Januar 1945 — Bettücher und weiße Rohstoffe müssen abgeliefert werden gegen Quittung.

Beschlagnahmungen gehörten zur Tagesordnung unter den Besatzungsbehörden. Die Bettücher sollten angeblich zu Tarnanzügen für die amerikanische Armee verarbeitet werden. In Bardenberg quittierte der Ortskommandant, Capt. Mullin, 3763 eingesammelte Bettücher; lediglich 36 Personen durften aufgrund eines ärztlichen Attests von Dr. Biermanns je drei Bettücher offiziell behalten. Die katholischen Pfarrer von Bardenberg und Morsbach protestierten vergeblich in einem Schreiben an den Kommandanten gegen diese Maßnahme.

Links: Protestbrief der Geistlichen von Würselen und Bardenberg gegen die amerikanische Bettuch-Aktion (Verfasser: Pfarrer Josef Thomé).

Rechts: Liste über requirierte Bettücher in Bardenberg.

```
DETACHMENT 17C2
CO.C 2D ECA RGT
Bardenberg
                                        12 January 1945

RECEIPT.

       Received from Herr Havers, Bürgermeister of Gemeinde
Bardenberg, 3,163 white bed sheets for the use of the U.S. Army.

   ALLIED EXPEDITIONARY FORCE
   MILITARY GOVERNMENT
         OFFICE
Signature ...........................    CHARLES E MULLIN
Date .......Jan..12..1945........        Capt, CWS,
Detachment No. ......17C2.........       Military Govt O,
                                         Commanding
```

                                        12 Januar 1945

QUITTUNG.

       Bestatige hiermit, von Herrn Havers, Bürgermeister of Bardenberg, 3163 Bettücher, die zum Gebrauch der Amerikanischen Armee bestimmt sind, erhalten zu haben.

                                        CHARLES E. MULLIN
                                        Capt. C.W.S.
                                Befehlshabender Militärregierungsoffizier

3763 Bettücher wurden
in Bardenberg eingesammelt;
die Differenz zur Quittierung des
Ortskommandanten (600 Stück)
wurde später aufgeklärt.

Geldschein
der alliierten
Militärbehörde
(Serie 1944).

Am 18. Dezember 1944 erschienen „Die Mitteilungen" der 12. amerikanischen Armeegruppe für die deutsche Zivilbevölkerung. Neben den kleinen Meldungen auch aus dem Raum Würselen enthielt diese Zeitung die Anordnung, daß die englische Sprache als Amtssprache eingeführt wird.

Unten: "Im besetzten Würselen wird erstmalig wieder Brot gebacken." Bäckermeister Lynen bei seiner Arbeit am 8. Dezember 1944.

Zur Beachtung

Die Militär-Regierung Deutschland, Kontroll-Gebiet des Obersten Befehlshabers verordnet: „Amtssprache in allen Angelegenheiten, die die Militärregierung betreffen, innerhalb des Kontrollgebietes der Militärregierung, ist die englische Sprache. — Alle offiziellen Bekanntmachungen und alle Schriftstücke, die durch den Obersten Befehlshaber der Alliierten Streitkräfte oder in dessen Auftrage erlassen und herausgegeben werden, werden in englischer Sprache abgefaßt. Falls Uebersetzungen in die deutsche oder irgend eine andere Sprache gemacht werden, so gilt immer der englische Wortlaut. — Diese Verordnung tritt am Tage ihrer ersten Verkündigung in Kraft."

Aus Stadt und Land

Lebensmittelkonferenz im Landkreis Aachen

HERZOGENRATH. — Eine Konferenz über die Lebensmittelversorgung wurde hier unter Leitung des neuen Landrats des Landkreises Aachen abgehalten. Vertreter der Ortschaften Alsdorf, Würselen, Bardenberg, Kohlscheid und Herzogenrath waren anwesend. Pläne für den gegenseitigen Austausch von Lebensmitteln, die in den einzelnen Ortschaften über den Bedarf vorhanden sind, wurden besprochen. Im Landkreis soll ein einheitliches Verteilungssystem eingeführt werden.

Erste Bürgermeisterkonferenz

AACHEN. — Die Bürgermeister von Stolberg, Kornelimünster, Brand, Oberforstbach, Walheim, Vicht, Venwegen, Breinig und ihre Stellvertreter hielten die erste Bürgermeisterkonferenz des Landkreises Aachen in Brand ab. Folgende Beschlüsse wurden dort gefaßt: Alle Einwohner des Landkreises sollen dieselben Rationen erhalten. Während den Bauern die Verteilung des Gemüses obliegt, werden die Milchprodukte von einer zentralen Stelle ausgegeben.

Ärztin für Rötgen

RÖTGEN. — Den Einwohnern von Rötgen und Rott steht eine deutsche Ärztin zur Verfügung, der es gelang, der deutschen Zwangsevakuierung zu entgehen. Sie wohnt in Rott, und die Militärregierung stellt ihr zwecks Weiterführung ihrer Praxis in Rötgen Transportmittel zur Verfügung.

Scherpenseel gut versorgt

SCHERPENSEEL. — Der Bürgermeister von Scherpenseel hat das von den evakuierten Einwohnern zurückgelassene Vieh unter den Bürgern des Ortes verteilt. Die Umgegend von Scherpenseel versorgt die Einwohner der Stadt sowie 600 weitere Zivilisten, die dort Unterkunft gefunden haben. Die Erzeugung von Milch und Butter macht Lieferungen an Nachbarortschaften möglich.

Empfang mit Volksempfänger

Bewohner der besetzten Teile Deutschlands hören regelmäßig — auch mit Volksempfänger — die Programme des Senders Luxemburg. Neueste Nachrichten: 0700—0710; 0800—0810; 0900—0910; 1100—1115; 1215—1230; 1930—1945; 2000—2015; 2100—2115. — Nachrichten-Kommentare: 1230—1245; 1315—1330; 2130—2145; 2200—2230. — Für Deutsche Soldaten: 0710—0730; 1815—1830. — Für die Arbeiter: 1330—1345; 1915—1930. — Geschichte des Tages: 2315—2330. — Frontpost and Tom Jones: 2015—2030. — Briefe die sie nicht erreichten: 2115—2130.

Kostenlose Behandlung bedürftiger Patienten

AACHEN. — Das Marienkrankenhaus ist wiedereröffnet worden und beschäftigt 60 Angestellte unter Leitung von fünf Aerzten. Das Krankenhaus hatte nur wenig Schaden gelitten und selbst die meisten Fenster wurden bereits repariert. 150 Betten, ausreichende Medikamente, sowie Gerät zur Durchführung von Operationen stehen zur Verfügung. Bedürftige Patienten werden kostenlos behandelt.

Molkerei eröffnet

KOHLSCHEID. — Die erste Molkerei wurde in der Gegend von Kohlscheid und Richterich am 10. Dezember wieder eröffnet. Acht Milch-Großhändler sind an dem Betrieb beteiligt. Die Molkerei wird 600 kg Butter pro Woche liefern.

Spareinlagen wachsen

VICHT. — Der Direktor der Spar- und Darlehnskasse Vicht gibt bekannt, daß sich am 14. Dezember die Gesamteinlagen der Sparkasse auf 30 600 Mark erhöht haben. Am 2. November hatte die Sparkasse nur 15 000 Mark Einlagen. Beträge, die nach dem 2. November eingezahlt wurden, können jederzeit ohne Beschränkung abgehoben werden. Von Beträgen, die vor dem 2. November eingelegt wurden, können bis zu 50 Mark monatlich abgehoben werden.

Kleinhandel in Würselen

WÜRSELEN. — In Würselen sind bereits fünf Bäckereien, vier Fleischerläden, ein Friseur, ein Schmied und ein Schuhmacherladen wieder in Betrieb und weitere Läden bereiten die Wiedereröffnung vor. Die Kartoffelernte macht gute Fortschritte.

„Mariä Verkündigung" in Eft

EFT. — Am 5. Dezember fanden in Eft und Borg Gottesdienste zur Feier von „Mariä Verkündigung" statt, denen fast die gesamte Bevölkerung beiwohnte. Am 8. Dezember wurde der neue Bürgermeister von der Militärverwaltung eingeschworen. Bei diesem Ereignis waren ebenfalls die meisten anwesend.

Ämter in Betrieb

WÜRSELEN. — Die Stadtverwaltung hat neue Ämter, und zwar ein Arbeitsamt, Wohlfahrtsamt, Lebensmittelamt und ein Volkszählungsamt wieder eröffnet. Unterabteilungen dieser Ämter wurden in Weiden und Morsbach unter der Leitung der dortigen Bürgermeister eröffnet.

Niederbardenberg, den 8. 12. 1944

Auf Anordnung der Militärregierung hat der unterzeichnete Pfarrer Königs aus Niederbardenberg seit 8. Oktober 1944 die Verwaltungsgeschäfte des Bürgermeisters für die Ortschaften Niederbardenberg, Wefelen, Kämerhöf, Feldchen, Häuser-Jt Duffesheide, Reifeld, Esel und Birk geführt. Für die Ortschaften Duffesheide, Reifeld, Esel und Birk hat Ende November 1944 der damalige Bürgermeister von Bardenberg Gerhard Schillings die Verwaltungsgeschäfte übernommen. Gleichfalls auf Anordnung der Militärregierung übernimmt nunmehr der jetzige Bürgermeister von Bardenberg Peter Havers die Verwaltungsgeschäfte für die Ortschaften Niederbardenberg und Wefelen.

Ferner sind gezahlt worden an Arbeitslöhnen
für Instandsetzung des elektr. Drahtnetzes   385.- ℳ
An Unterstützung der Kriegerfrauen und sonstigen
       Mittellosen der Gemeinde.......   416.- ℳ
Als Beihilfe zur Wiederaufnahme des Zahlungs-
       dienstes der Knappschaft   500.- ℳ
                                          ─────────────
                                      Sa.   1301.- ℳ

Diese Summe ist aus Sammlungen der Pfarrcaritas in der Kirche während der ersten Zeit der Besetzung aufgebracht worden. Sie ist in der Gemeindekasse nicht verrechnet worden und wird auch nicht von der Gemeindekasse zurückgefordert. Diese Finanzierung ist als eine Notation der Pfarrcaritas aufgefasst worden,

Sehr geehrter Herr Bürgermeister.
Anschließend an obige Abrechnung sei es mir gestattet Ihnen noch eine Bitte zu unterbreiten.
In den Kämpfen am 8. 1o. 1944 sind 10 deutsche Soldaten auf dem hiesigen Pfarrgebiet gefallen. Ich habe damals für die Bestattung derselben auf dem hiesigen Friedhof an einem geeigneten Platze Sorge getragen. Auf meine Anregung hin haben Mädchen aus der Pfarre die Gräber bepflanzt. Ein hiesiger Bergmann hat für jedes Doppelgrab ein Birkenkreuz mit Tafel aufgestellt. Da hier kein Maler zur Verfügung steht, bitte ich sie von Amtswegen einen Maler von Bardenberg mit der Anbringung der Namen zu beauftragen. Die Namen und die Lage der toten Soldaten können auf dem Pfarramt erfahren werden.

An der Niederbardenberger Kirche ist ein Hydrantventil der Hauptwasserrohrleitung schon seit mehreren Wochen undicht und verursacht täglich einen grossen Wasserverlust. Vielleicht ist es I

Vom 8. Oktober bis zum 8. Dezember 1944 bekleidete Pfarrer Johannes Königs das Amt des Bürgermeisters von Niederbardenberg. Dann übernahm Peter Havers, Bardenberg, auch diesen Gemeindebezirk. Aus einem Schreiben von Pfarrer Königs an die Gemeinde Bardenberg: Die nicht aus Gemeindemitteln finanzierten Mehrausgaben des Bezirks Niederbardenberg wurden in einer Spendenaktion der Bevölkerung aufgebracht, eine Nachforderung wurde nicht erhoben. Ein gutes Beispiel für die Selbsthilfe in schwerer Zeit.

Zu den Nöten und Erschwernissen kommen auch nach Beendigung der unmittelbaren Kampfhandlungen im hiesigen Gebiet immer wieder Eintragungen über Kampftätigkeiten: 1. Dezember 1944 — *Deutsche Flugzeuge und Schießereien in der Luft. Bombenabwürfe in weiter Entfernung. 3. Dezember 1944 — Am Nachmittag wiederum ein deutsches Flugzeug über uns mit Bordwaffenbeschuß. 31. Dezember — Heiligabend und in der letzten Woche des Jahres nochmals schweres Geschützfeuer aus Richtung Geilenkirchen. Abschüsse ganz schwerer Artillerie aus der kleinen Ortschaft Esel [Radsberg], so daß die Leute hier wieder den Keller aufsuchen wollten. Die letzten Nächte brachten uns verschiedentlich deutschen Fliegerbesuch mit vielem Geschieße. In einem dieser Nächte waren auch in hiesiger Gegend deutsche Fallschirmjäger in amerikanischen Uniformen abgesetzt worden.* Noch einmal wurde die Gefahr unmittelbarer Kampfhandlungen für unsere Gegend durch die deutsche Ardennen-Offensive heraufbeschworen, die am 16. Dezember 1944 begonnen hatte (tatsächlich sahen die ersten Planungen die Einbeziehung des Aachener Raumes in eine Hauptstoßrichtung der Offensive vor). Die Besorgnis der Amerikaner war auch für die Zivilisten unübersehbar; alle verfügbaren Truppen wurden nach Beginn des Angriffs auch aus dem Raum Würselen in den neuen Kampfraum verlegt. Vor und während der Offensive hat es nachweislich in Würselen und Umgebung Absprünge von deutschen Fallschirmjägern gegeben, die unter ortskundiger Führung Störungen hinter den amerikanischen Linien hervorrufen sollten. Das Wissen um diese Vorgänge rief bei den Amerikanern eine fast panische Angst hervor. Auch bei der Zivilbevölkerung tauchte die bange Frage auf, was wohl geschehen werde, wenn die deutschen Truppen unseren Raum wieder zurückeroberten.

Die letzte Nacht des Jahres 1944 brachte uns wiederum deutsche Flieger und man hörte deutlich ihre tödlichen Geschosse die Luft durchschneiden. 1. Januar 1945 — Als wir aus dem Gottesdienst kamen, waren die deutschen Flugzeuge wohl so eine Stunde in der Luft und brachten die Abwehr in Tätigkeit. Die schwere Ari ballert auch noch ihr donnerähnliches Lied. 7. Januar 1945 — Die Schießereien der schweren Geschütze haben aufgehört. Wohl hat man in der Burggasse bei Peter Mohren ein schweres Flakgeschütz hingesetzt. 15. Januar 1945 — Gestern sahen wir eine "V1" über unsere Köpfe hinwegbrausen mit donnernden Motoren, als ob ein 6-motoriger Flieger mit losen Motoren abhebt.

24. Januar 1945 — Würselen und Morsbach sind jetzt zwei getrennte Orte und es darf ohne Paß keiner den anderen Ort betreten. Das ist eine Härte für manchen Einwohner hüben und drüben. Ausgehzeiten sind jetzt nur noch von 10 bis 14 Uhr. Heute habe ich mein Motorrad und Damenfahrrad bei der Behörde abgeliefert, vorläufig mal zur Sicherstellung, wie es heißt. Am Dienstag [23. Januar] bin ich zu Fuß zur Arbeit [nach Alsdorf] gegangen, erhielt aber heute mein Fahrrad zurück und kann es weiter benutzen, bis der Antrag genehmigt oder abgelehnt ist. In Bardenberg wurden 808 Fahrräder beschlagnahmt, davon 480 durch die Besatzungsmacht abtransportiert. Es hielt sich hartnäckig das Gerücht, die Fahrräder seien nach Belgien und Holland geschafft worden. In Würselen sahen Augenzeugen Soldaten *mit einem Frack bekleidet auf den beschlagnahmten Fahrrädern umherfahren und Unsinn treiben.* Die deutsche Bevölkerung sah in den Requisitionen der Fahrräder eine Maßnahme, die den Zweck verfolgte, die Bewegungsfreiheit einzuschränken. Das Fahrrad nahm zu dieser Zeit als Fortbewegungs- und vor allem als Transportmittel einen sehr hohen Stellenwert ein. Öffentliche Verkehrsmittel gab es nicht mehr und die Ausgangszeit für notwendige Besorgungen war knapp.

Die erste erfreuliche Eintragung findet sich am 28. Januar 1945 — *Lichtnetz endlich in Ordnung.* 30. Januar 1945 — *Gestern mußten sich alle Invaliden und Rentenbezieher auf dem Amte melden. Es wird wohl in nächster Zeit etwas Geld geben für diese Leute.*

Hierzu muß man wissen, daß die erwähnte Personengruppe schon fast fünf Monate kein Geld mehr erhalten hatte. Da es außer den rationierten Lebensmitteln fast

Naturaltausch zwischen der Gemeinde Bardenberg und der Stadt Würselen zugunsten der Würselener Flüchtlinge: Fleisch gegen Tabakwaren.

nichts zu kaufen gab, reichten die Ersparnisse meist zur Bezahlung der Zuteilungen gerade aus. Die Preise waren durch die Preiskontrolle — wie im Kriege — weiterhin festgeschrieben. Einige Preise: Ein Kilo Brot zwischen 50 und 80 Pfennig, das Kilo Fleisch etwa 2 Reichsmark, das Pfund Butter durchschnittlich 2,20 Reichsmark und der Liter Milch 25 bis 30 Pfennig.

Zu den Zuteilungen vermerkte Josef Schaeffers in seinem Tagebuch (Angaben pro Person): 17. November 1944 — *100 g Schweinefleisch.* 18. November — *125 g Rindfleisch.* 20. November — *Jede männliche Person 375 g Tabak, jede Person 500 g Rübenkraut.* 25. November — *200 g Pferdefleisch.* 4. Dezember — *500 g Zucker, 50 g Chesterkäse, ein Brot, 6 Zigarren oder 10 Zigarillos.* 11. Dezember — *Für Bergarbeiter in Alsdorf (jede Woche) ein Brot, 300 g Fleisch (wenn vorhanden) und im Monat vier Dosen Ölsardinen.* 31. Dezember — *Zu Weihnachten: 24 Zigaretten, 1000 g Zucker, 250 g Margarine, zwei Dosen Ölsardinen — kostenlos. Neue Stamm- und Lebensmittelkarten, Preis 0,50 Reichsmark.* 24. Januar 1945 — *Vorige Woche gab es in der Gemeinde 250 g Trockenmilch, 500 g Mehl und 500 g Zucker, aber kein Fleisch.*

Eine Bekanntmachung über die Ausgangszeiten.

Im März 1945 waren Transportmittel Mangelware, Würselen unterhielt damals einen Pferdewagen zum Krankentransport.

Weitere Eintragungen ab Februar 1945: 4. Februar — *Mit dem heutigen Tag haben wir neue Ausgangszeiten. Männer dürfen überhaupt nicht mehr auf die Straße. Frauen nur zur Erledigung der notwendigen Einkäufe von 11 bis 12 Uhr und von 3 bis 4 Uhr. Bergleute von 7 bis 8 Uhr und von 5 bis 6 Uhr. Gestern in Haft genommen . . . in unserer Gemeinde angeblich 20 frühere PG's. Unter anderem auch Herr K. verhaftet. Die Häuser Immelen, Johnen, Wirtz müssen ab sofort geräumt werden. Innerhalb Würselen darf die Krefelder Straße nicht mehr betreten oder befahren werden* [Militärverkehrsstraße]. *Gottesdienst fand nicht statt, auch wochentags nicht mehr. Auf der Grube gab es gute Butter* [unterstrichen!].

In vielen Verhaftungsfällen genügte Denunziation aus sehr unterschiedlichen Gründen für eine wochenlange Inhaftierung. Die Sperrung der Krefelder Straße wurde im Zusammenhang mit der Frühjahrsoffensive der Alliierten vorgenommen.

5. bis 16. Februar — *Heute war wiederum ein amerikanischer Offizier hier und wollte unseren Fotoapparat kaufen, eventuell eintauschen gegen rare Artikel. Übrigens der vierte, welcher danach fragte. So nötig man etwas Fettiges hätte, es ist zu gefährlich, amerikanisches Eigentum anzunehmen und seien es nur Lebensmittel. In der Gemeinde gab es in der vorigen Woche 6 Zigarren auf Karte (ebenso in dieser Woche), dann 250 g Rind-, Schweine- oder Pferdefleisch, 250 g Printen, je 2 Personen 2 Dosen Ölsardinen und 50 g Öl. 4. März 1945 — In der Vorwoche gab es auf Anna II: 425 g Zucker, 850 g Roggenmehl, 125 g Butter, 2 Dosen Ölsardinen und 17 Zigaretten. Letzte Woche 100 g Butter, 200 g Fleisch, 1 1/2 Brot, 170 g Zucker, 850 g Roggenmehl, 2 Dosen Ölsardinen. 6. März — Der lang ersehnte Ausgang ist da und zwar von morgens 6 Uhr bis abends 7 Uhr. Wichtig ist vor allen Dingen, daß man auch nun nach Würselen gehen darf. 10. März — Gestern sind alle vor fünf Wochen verhafteten Leute zurückgekehrt. 19. März — Eine erste Sammlung für unsere zerstörte Kirche erbrachte die schöne Summe von annähernd 1100 Reichsmark und 10 Gulden. 21. März 1945 — Am vergangenen Montag* [20. März] *sind zahlreiche Bergleute hier auf der Grube* [Gouley] *angelegt worden. Bis zum August muß die Grube rentabel sein, sonst wird der Betrieb hier eingestellt. In der letzten Woche und auch in dieser Woche ist fast kein Tag vergangen, an dem nicht ein Mann auf eine Mine tritt und entweder ein Glied oder sein Leben läßt. An einem Tag waren es sogar vier Leute. Ab und zu kommt mal ein evakuierter Würselener Bürger in seine alte Heimat zurück. Heute wurde das Vieh, welches von Jülich und Umgebung nach hier gebracht wurde, an seine zurückgekehrten Eigentümer wieder abgeliefert.*

Mit der Rückkehr der evakuierten Bürger traten große Probleme zwischen den in der Heimat Verbliebenen und den Zurückkehrenden auf, die Pfarrer Josef Thomé in einer Predigt am 29. April 1945 behandelte.

29.4.45.

A.Chr! Mitbürger von Morsbach!

Seit etwa 4 Monaten sind wir hier in unserer Gemeinde aus den Gefahren der Granaten und Bomben heraus. Seit ungefähr 5 Monaten arbeiten wir an der Heilung der Schäden,die der Krieg uns gebracht hat. Jetzt sind wir so weit,daß wir wieder in einer gewissen Geborgenheit leben. Wir haben wieder eine Wohnung,haben Möbel und soviel an Nahrung,daß wir wenigstens nicht verhungern. Unsere Lage ist sehr nicht beneidenswert; aber wir können leben u am Aufbau einer besseren Zukunft arbeiten.

In den nächsten Tagen,Wochen und Monaten werden nun neue Fragen,Aufgaben u Schwierigkeiten an uns herantreten: Unsere Mitbürger,die vor einem halben Jahr von hier weggezogen sind,werden zurückkommen. Die allermeisten von ihnen finden hier keine Wohnung und keinen Hausrat vor; vielleicht sind Wohnung und Möbel zerstört; vielleicht ist ein anderer in die Wohnung eingezogen o hat die Möbel in Benutzung genommen.

Um eine Grundlage zur Klärung der Sache u zur Lösung der Schwierigkeiten zu geben,möchte ich auf folgende Punkte aufmerksam machen.

1. Die Gründe,aus denen heraus unsere Mitbürger geräumt haben,sind dreifacher Art. Die einen sind geflohen aus Furcht vor den Gefahren, die ihnen hier im Kampfgebiet des Westwalls drohten. Andere sind zur Räumung mit Gewalt gezwungen worden. Wieder andere hatten mehr politische Gründe. Jedenfalls darf man die Geflüchteten nicht über Einen Kamm scheren.

2. Die Geflüchteten haben ihr Hab u Gut verlassen. Überaus vieles,das zugrunde gegangen ist,hätte gerettet werden können,wenn der Eigentümer hier geblieben wäre. Doch mag dem sein wie es will: das verlassene Gut wurde durch die Flucht nicht herrenlos; es blieb Eigentum der Geflüchteten.

3. Als wir,die wir hier geblieben sind,uns aus Stollen u Keller wieder ans Tageslicht wagen konnten,sahen viele von uns sich vor die Notwendigkeit gestellt,ihre Wohnung wieder in einen gebrauchsfähigen Zustand zu bringen; oder,wenn das nicht möglich war,eine andere Wohnung zu suchen; und in dieser neuen Wohnung war in den meisten Fällen auch vieles auszubessern. Oder sie mußten sich nach Möbeln u nach anderm Hausrat umsehen,weil das Eigene zerstört war und sie doch leben wollten.
Die Not zwang sie,das Eigentum der Geflüchteten zu benutzen. Not bricht Eisen.
Sie waren im Recht,wenn sie,um leben zu können,fremdes Eigentum,fremde Wohnung,fremde Möbel in Gebrauch nahmen.
Aber wir müssen unterscheiden zwischen Eigentumsrecht u Benutzungsrecht. Das benutzte fremde Gut blieb Eigentum der Vorbesitzer.

4. Wenn wir uns gescheut hätten,an fremdes Eigentum heranzugehen, wären nicht bloß wir selbst in der Not der Wohnungslosigkeit geblieben,sondern das,was noch gebrauchsfähig war,wäre durch Regen u Frost u andere Ursachen zugrunde gegangen,sowohl in unsern eigenen Häusern wie in denen der Geflüchteten. Wir haben also durch den Gebrauch des fremden Gutes vieles gerettet. Und das war nur dadurch möglich,daß wir uns 10 Wochen u mehr der Gefährdung des Krieges mitten im Westwall ausgesetzt haben.

5. Wie weit der einzelne im Gebrauch fremden Gutes ging,das war seiner eigenen Gewissensentscheidung überlassen. Es gab ja anfangs keine Möglichkeit einer amtlichen Überprüfung. Der einzelne mußte handeln,um leben zu können und um zu retten,was zu retten war. Dabei sind natürlich viele Fehler gemacht worden. Der Charakter der

Menschen in ihrem adeligen Gespür für Recht und Maß oder in ihrer ungeläuterten Triebhaftigkeit hat sich damals geoffenbart. Es ist z.B vorgekommen,daß jemand sich weit über die Notlage hinaus versorgt und tüchtig bereichert hat. Es ist zu bösen Dingen gekommen,die man mit dem harten und schwerwiegenden Worte Plünderung bezeichnen muß. Wir werden alle der Überzeugung sein,daß in solchen Fällen die ernste Pflicht der Wiedergutmachung besteht.

Wenn unsere Mitbürger zurückkommen,finden sie sich vor die Tatsache gestellt,daß ihr Hab u Gut entweder zerstört o von andern in Benutzung genommen ist. Sie haben nichts mehr und wollen doch leben,wie wir damals leben wollten,als wir uns nach dem Beschuß vor das Nichts gestellt sahen.
Nun bitte ich euch,liebe Mitbürger,euch einmal recht lebendig u anschaulich in die Lage einer solchen Familie zu versetzen!
Wir stehen hier vor allergrößten und schwersten Aufgaben. Wir müssen irgend eine Lösung finden,vielleicht nur eine Notlösung,wenn wir verhindern wollen,daß neue schwere Wunden am so gequälten Körper unseres armen Volkes aufbrechen; wenn wir verhindern wollen,daß Haß u Feindschaft in einem gefährlichen Ausmaß in die Fundamente unserer Zukunft eingebaut werden.
Wir bedürfen dazu unserer ganzen ruhigen Überlegung,unserer ganzen Umsicht u Lebensklugheit,wir bedürfen dazu eines starken Gemeinsinnes u einer starken Hilfsbereitschaft.
Bei der Lösung der Schwierigkeiten ist streng darauf zu achten,daß eine wichtige Grundlage unserer Kultur,das Eigentumsrecht,nicht zerstört wird. Aber auch die große Not derer,die hier geblieben sind u die ganze Gefährdung der Hauptkampflinie im Westwall auf sich genommen haben,ist zu berücksichtigen; ferner die Arbeit,die sie unter den schwierigsten Verhältnissen in den letzten 5 Monaten geleistet haben; und anderseits wieder darf die Not derer,die jetzt in die Heimat zurückkehren,nicht übersehen werden.
Manche Fragen,die sich aus dieser Lage ergeben,werden sicher durch übergeordnete Stellen,durch Bürgermeister,Landrat oder Regierungspräsident,gelöst werden; und wir sind überzeugt,daß diese Stellen nicht leichtfertig u aus einseitiger Sicht heraus ihre Entscheidungen treffen,sondern erst nach reiflicher Überlegung mit lebenserfahrenen,juristisch gebildeten Männern.
Aber vieles muß von uns selbst überlegt,entschieden u getan werden. Ohne Härten wird es nicht abgehen. Ich möchte euch darum,meine Freunde,bitten,daß ihr euch alle ernst u gewissenhaft mit diesen Fragen u Schwierigkeiten auseinandersetzt.
Die Zurückkehrenden stehen in der Gefahr,die Sachlage einseitig bloß von ihrem Standpunkt aus zu beurteilen. Wir stehen in der umgekehrten Gefahr,bloß von unserer Sicht aus zu denken. Da wollen wir alle uns Mühe geben,im Geiste christlicher Gerechtigkeit,christlicher Liebe u Hilfsbereitschaft die Fragen und Aufgaben von allen Seiten aus zu sehen.

Amen!

Noch lange nach dem Kriege bleiben die von Pfarrer Josef Thomé angesprochenen Probleme bestehen; 1951 äußerte sich Josef Rauw zu diesem Thema:
Bald setzte auch die Rückwanderung der Flüchtlinge ein, die ihre Wohnungen in einem trostlosen Zustande vorfanden. Die Dächer waren abgedeckt und ließen Wind und Wetter ungehindert im Innern zerstörend wirken. Ganze Wohnungseinrichtungen fehlten. Sie waren entweder zerstört, von Soldaten verschleppt, von guten Bekannten sichergestellt oder auch gestohlen. Da die Hiergebliebenen ihre Häuser und Wohnungen teilweise schon instand gesetzt hatten, einzelne auch wohl hier und da manches Fehlende aus den alleinstehenden Häusern geholt hatten, entstand ein Gegensatz zwischen den Hiergebliebenen und den Heimkehrern. Keiner zeigte Verständnis für die Lage des anderen. Die nackte Sorge um das tägliche Brot und um die notdürftige Unterkunft hatte die Menschen nicht nur hart, sondern auch mißtrauisch und rücksichtslos gemacht. Bis heute zu ist der entstandene Riß nicht ausgeheilt. Jeder glaubte sich in seinem Recht. Ehrliche und aufrichtige Menschen, die auch im Gemeinschaftsleben vorbildlich zu handeln wissen, finden nur schwer wieder den Weg zueinander. So hat der Krieg auch auf diesem Gebiete tiefe Wunden geschlagen, die der Heilung bedürfen. Gemeinsam haben wir die Nöte des Krieges glücklich überstanden, gemeinsam wollen wir auch neben dem äußeren Aufbau die innere Erneuerung in Angriff nehmen, uns überall helfend die Hand reichen, damit diese friedliche Gesinnung hinausstrahle und mithelfe, den wahren Frieden der Menschheit untereinander zu verwirklichen.

In Weiden bot die katholische Pfarre St. Luzia Hilfe bei der Rückgabe fremden Eigentums unter Zusicherung strenger Diskretion an, *damit endlich Ruhe und Ordnung in unserer Pfarrfamilie einzieht. Besichtigung abgegebener Sachen Montag von mittags bis 18 Uhr und Donnerstag von 9 bis 12 Uhr.*
Tagebuch Josef Schaeffers: 23. März 1945 — *Minenopfer... Der einzige Sohn von N. aus Schleibach war auch ein Opfer (14 Jahre). Heute erhielt ich mein abgeliefertes Damenfahrrad zurück. 100 Gramm Butter (gute) gab es in dieser Woche für die Bevölkerung zum allerersten Mal seit 19. Oktober 1944. 26. März 1945 — Wasser gibt es nun wieder oben auf der Etage und zwar Wasser mit vollem Druck wie zu Friedenszeiten. Nach sieben Monaten ist es endlich wieder soweit. 1. April — Heute war Gottesdienst in der neuen Notkirche im Schulsaal, immerhin schon wieder eine Verbesserung, bis es wieder im alten Gotteshaus vorangeht. 8. April — Heute nach Weiden* [zur Wohnung des Bruders]: *Alles kaputt und verwüstet. Mobiliar alles weg. In Weiden sind schon viele Leute wiedergekehrt, insgesamt sollen es in Weiden 900 Seelen sein, fast 400 zurückgekehrt. Diebstahlplage der Russen, Pollacken und Italiener fängt an, deutsche Polizei ist machtlos. Gestern beim Nachbarn J. ein Akkordeon einfach abgeholt.*

Auch die amerikanische Militärverwaltung hatte große Schwierigkeiten mit den DP's ("Displaced Persons"), die ihre gewonnene Freiheit jetzt für Plünderungen und Gewalttätigkeiten ausnutzten. In der Sakristei der Pfarrkirche St. Luzia war der Tresor unversehrt geblieben. Ein Ukrainer sprengte ihn mit Hilfe einer Handgranate und raubte ihn aus.

Der Bürgermeister: Bardenberg, den 23. März 1945
Tagebuch Nr. 41

ab 24.3.1945

An

die Militärregierung
in Alsdorf

In dem Lager in Pley sind z. Zt. ca 220 Italiener untergebracht. Sie wurden hier vorstellig und beantragten Kartoffeln. Auch sind sie oft bei den Landwirten anzutreffen. Da die Lagerinsassen amerikanische Verpflegung erhalten, bitte ich denselben den Kartoffelbezug vermitteln zu wollen.

Havers

Bekanntmachung!

Ab sofort müssen alle Waffen und Munition und anderes Heeresgut, das von der deutschen oder der amerikanischen Armee zurückgelassen wurde, insbesondere auch alles Benzin, bei der Polizeibehörde abgegeben werden. Zuwiderhandlungen werden streng bestraft.

Bardenberg, den 8. März 1945

Die Ortspolizeibehörde:
Der Bürgermeister:

Havers

Ein Vorgang, der in der Rückschau fast komisch anmutet: Der Bezugschein für eine Unterhose, genehmigt durch die Stadt Würselen und den Landrat des Kreises Aachen. Obwohl der Bezugschein verlängert worden war, konnte das Wäschestück mangels Angebot nicht geliefert werden.

Aachener Nachrichten

Erscheint jeden Mittwoch
Einzelpreis **20** Pfennig
1. Jahrgang Nr. 16

Wöchentliche Zeitung für die Aachener Gegend
Herausgegeben mit Genehmigung der Alliierten Militärbehörde

Bankkonto: Kreissparkasse Aachen
Nr. 2571 – Tel.: Geschäftsstelle Nr. 285.
8. Mai 1945

Der Krieg ist aus!

Bedingungslose Kapitulation!

Der Augenblick des alliierten Sieges ist da

London, 7. Mai. — Die Columbia-Rundfunkgesellschaft meldet: Deutschland hat bedingungslos vor Großbritannien, den Vereinigten Staaten, Frankreich und der Sowjetunion kapituliert. Die Unterzeichnung der bedingungslosen Waffenstreckung wurde Montag früh um 2.45 Uhr in Eisenhowers Hauptquartier in Reims vollzogen.

Die Waffenstreckung umfaßt sämtliche Streitkräfte Deutschlands zu Lande, zur See und in der Luft.

In dem kleinen Schulgebäude, das als Eisenhowers Hauptquartier diente, waren vier Männern versammelt: Generaloberst Alfred Jodl, der neue Generalstabschef der Wehrmacht, General Bedell Smith, der Stabschef General Eisenhowers, General Iwan Susloparof als Vertreter der Sowjetunion und General Francois Sevez als Vertreter Frankreichs.

Die Kapitulationsurkunde wurde von diesen vier Männern unterzeichnet. General Eisenhower war bei der Unterzeichnung der bedingungslosen Kapitulation der Deutschen nicht zugegen. Nach der Unterzeichnung empfing er unverzüglich seinen Stabschef Bedell Smith und den deutschen Admiral von Friedeburg.

Die deutschen Bevollmächtigten wurden wiederholt gefragt: „Sind Sie sich des Ernstes der Bestimmungen völlig bewußt?" Sie antworteten klar und vernehmlich: „Ja".

Eine deutsche Sendung über den Flensburger Rundfunk brachte heute den neuen deutschen Außenminister Schwerin von Krosigk mit der Erklärung ans Mikrophon, daß auf Dönitz Befehl das Oberkommando der Wehrmacht die unbedingte Waffenstreckung aller verbleibenden deutschen Streitkräfte verfügt habe.

In Erwartung der offiziellen Siegesproklamation jagt eine Welle der Freude und Erleichterung, des Dankes und Stolzes durch die Metropolen der Siegerstaaten. Fahnen wehen von Fenstern und Dächern. Hunderttausende drängen sich in den Straßen.

Proklamation des Friedens

London, 7. Mai. — Am Dienstag um 3 Uhr nachmittags, britischer Zeit, das ist 14 Uhr, deutsche Zeit, wird Premierminister Churchill die Siegesbotschaft verkünden. Am Abend um 9 Uhr, britischer Zeit, wird der König zu den Völkern des britischen Weltreichs sprechen. Auch in Moskau, Washington und Paris werden die Regierungshäupter den Völkern der Erde die für Sieger und Besiegte erlösende Nachricht von dem Ende des Krieges in Europa nach fünf Jahren acht Monaten und sechs Tagen verkünden.

Stalin — Truman — Churchill
Die Staatsmänner, die den Kampf um Freiheit und Recht gegen die faschistischen Unterdrücker siegreich führten.

Hitler — Mussolini
Die Führer der faschistischen Staaten, die den zweiten Weltkrieg entfachten und Unglück und Chaos hinterließen.

London, 7. Mai. — *Der Krieg in Europa ist zu Ende! Die Siegesbotschaft wird von den Alliierten am Dienstag, 8. Mai 1945, gleichzeitig in den Hauptstädten der Siegermächte verlautbart werden.*

Dienstag und Mittwoch werden, wie das englische Informationsministerium bekanntgab, als Tage des Sieges begangen.

König Georgs Glückwunsch an General Eisenhower

London, 7. Mai. — König Georg VI sandte das folgende Glückwunschtelegramm an General Eisenhower:

„Vor elf Monaten haben Sie die alliierten [...] Die Hoffnungen und Gebete [...] von Männern und Frauen begleiteten Sie.

Diesen Kräften war die Aufgabe der Vernichtung der deutschen Heere in Westeuropa und die Befreiung der von ihnen versklavten Völker anvertraut.

Die ganze Welt weiß heute, daß diese Kräfte nach ununterbrochenen, erbitterten Kämpfen ihre Aufgabe so gründlich erfüllt haben, wie nie vorher eine ähnliche Unternehmung.

Im Namen all meiner Völker ersuche ich Sie nun als Oberstkommandierenden allen Angehörigen der unter Ihrem Befehl stehenden Kräfte den Ausdruck unseres Dankes und unserer grenzenlosen Bewunderung ihrer Tapferkeit und Entschlossenheit zu übermitteln, die Sie unter Ihrer sachkundigen Leitung zu einem entscheidenden und vollständigen Sieg geführt haben.

Ich ersuche Sie, auch meinen eigenen Streitkräften unter Ihrem Oberbefehl meine besonderen Glückwünsche zu übermitteln. Während des gesamten Feldzuges haben alle Dienstzweige einen Mut und einen soldatischen Geist bewiesen, den meine Landsleute für immer in ehrendem Gedächtnis bewahren werden."

Dönitz streckt die Waffen

London, 7. Mai. — Der Text der Flensburger Rundfunksendung, in der Außenminister Schwerin von Krosigk Deutschlands unbedingte Waffenstreckung bekanntgab, enthält folgende Sätze:

„Hier ist der deutsche Rundfunk. Wir übertragen eine Ansprache des Reichsministers Graf Schwerin von Krosigk an das deutsche Volk.

Deutsche Männer und Frauen, das Oberkommando der Wehrmacht hat heute, dem Befehl des Großadmirals Dönitz gemäß, die bedingungslose Waffenstreckung aller kämpfenden deutschen Truppen erklärt. Als führender Minister der Reichsregierung, welche der Admiral für die Abwicklung aller Kriegsaufgaben ernannt hat, wende ich mich in diesem tragischen Augenblick unserer Geschichte an das deutsche Volk. Nach einem heldenhaften Kampf von sechs Jahren und unübertrefflicher Härte ist Deutschland der überragenden Macht seiner Feinde erlegen."

21. April 1945 — *Vergangene Woche erhielten die Bauern amerikanischen Sommerweizen; war für Belgien bestimmt, aber in Belgien kein günstiges Klima. Desto besser für hier. Nach Aldenhoven gefahren mit einem Kollegen, leider vergebens, um Rübenkraut zu holen. Vergangene Woche gab es 1000 g Brot und 50 g Butter. Auf der Grube 15 Zigaretten, zwei Dosen Ölsardinen, 1000 g Weizenmehl und 125 g Butter.* 29. April — *Heute nach Schleibach ... in einer schönen Notkirche, einer früheren Hühnerfarm. Gemeinde — 50 g Butter, 75 g Wurst, keine Rauchwaren.* 1. Mai — *Ab heute läuft auch Wasser wieder in Elchenrath.*

Josef Schaeffers vermerkte die Verkündung der bedingungslosen Kapitulation Deutschlands fast beiläufig am 7. Mai 1945 in seinem Tagebuch. Viele Menschen waren über dieses Ereignis mangels Informationsmöglichkeiten nur unzureichend unterrichtet. Die später so oft zitierte "Stunde Null" hatte nach dem Empfinden der Bewohner des Raumes Würselen schon früher, nämlich nach der Beendigung der unmittelbaren Kampfhandlungen, begonnen.

Aachener Nachrichten

Erscheint jeden Mittwoch Einzelpreis **20** Pfennig — Wöchentliche Zeitung für die Aachener Gegend — Bankkonto: Kreissparkasse Aachen Nr. 2571 — Tel.: Geschäftsstelle Nr. 285.

1. Jahrgang Nr. 16 — Herausgegeben mit Genehmigung der Alliierten Militärbehörde — (Sonderausgabe) 9. Mai 1945

Kampfhandlungen 0⁰¹ Uhr beendet

Der König von England sprach

London, 8. Mai. — Der König sprach Dienstag abend zu den Völkern des Weltreiches. Er sagte unter anderem:

„Laßt uns Gott danken für die Erlösung. Von London aus, dieser ältesten der Städte unseres Weltreiches, der Stadt, die Kriegswunden trägt, aber nicht einen Augenblick geschwankt oder gebebt hat, von London aus fordere ich euch auf, saget Dank mit mir.

Deutschland, das ganz Europa in den Krieg gestürzt hat, ist endgültig geschlagen. Im Fernen Osten haben wir noch mit den Japanern abzurechnen. Dies wollen wir mit aller Macht und allen uns zur

Churchill gab das Ende des Krieges in Europa bekannt

London, 9. Mai. — Premierminister Churchill verkündete gestern nachmittag vor dem britischen Parlament die Beendigung des Krieges in Europa. In seiner Rede führte er unter anderem aus:

„Die Feindseligkeiten werden offiziell eine Minute nach Mitternacht westeuropäischer Sommerzeit beendigt. Um unnötiges Blutvergießen zu vermeiden, erging jedoch der Befehl „Feuer einstellen" an der ganzen Front im Laufe des gestrigen Tages. Die uns allen so sehr am Herzen liegenden Kanalinseln werden

Die Fahnen der Freiheit wehen über ganz Europa

Washington, 8. Mai. — Präsident Truman sagte: „Dies ist ein feierlicher und ruhmvoller Augenblick. Mein einziger Wunsch ist, daß Franklin D. Roosevelt diesen Tag hätte sehen können."

„General Eisenhower meldete mir Deutschlands bedingungslose Waffenstreckung. Die Fahnen der Freiheit wehen über ganz Europa.

Wir müssen arbeiten, um den Krieg zu beenden. Unser ist erst der halbe Sieg. Der Westen ist frei, aber der Osten schmachtet noch in den Ketten der verräterischen japanischen Tyrannei. Nicht eher ist unsere Kampfaufgabe gelöst, als bis die letzte japanische Division sich bedingungslos ergeben hat.

Arbeit ist nötig, um die Wunden einer

Eine Botschaft des Feldmarschalls Montgomery

Britischer Besatzungschef an die Zivilbevölkerung

Ihr habt Euch wahrscheinlich gewundert, warum unsere Soldaten Euch nicht beachten, wenn Ihr ihnen zuwinkt oder auf der Straße einen „Guten Morgen" wünscht, und warum sie nicht mit Euren Kindern spielen. Unsere Soldaten handeln auf Befehl. Ihr habt diese Haltung der Truppe nicht gern. Unsere Soldaten auch nicht. Wir sind von Natur aus ein freundliches und gutmütiges Volk. Aber der Befehl war notwendig, und ich will Euch erklären, warum.

Im Weltkrieg von 1914, der von Euren Führern angefangen wurde, ist Eure Wehrmacht im Felde geschlagen worden. Eure Generäle ergaben sich, und im Friedensvertrag von Versailles gaben Eure Führer zu, daß Deutschland am Kriege schuld war. Die Kapitulation erfolgte jedoch in Frankreich. Die Kriegshandlungen spielten sich nicht auf deutschem Boden ab, Eure Städte wurden nie verwüstet, wie die Städte Frankreichs und Belgiens. Eure Heere marschierten in guter Ordnung in die Heimat zurück. Da verbreiteten dann Eure Führer das Märchen, Eure Wehrmacht sei nie besiegt worden, und später leugneten sie die Kriegsschuldparagraphen des Versailler Friedensvertrages. Sie versicherten Euch, Deutschland sei weder schuldig noch besiegt, und weil Ihr den Krieg nie im eigenen Lande verspürt hattet, glaubten ihnen Viele. Als Eure Führer wieder den Krieg vom Zaune brachen, zolltet Ihr ihnen Beifall.

Wiederum nach Jahren der Verwüstung, des Gemetzels und des Jammers sind Eure Heere geschlagen. Dieses Mal waren die Alliierten entschlossen, Euch eine endgültige Lehre zu erteilen; nicht nur, daß Ihr besiegt seid — das werdet Ihr schließlich erkannt haben — sondern daß Ihr, daß Euer Volk, wiederum am Ausbruch dieses Krieges schuldig seid. Wenn dieses nämlich nicht Euch und Euren Kindern klar gemacht wird, würdet Ihr Euch vielleicht noch einmal von Euern Führern betrügen und in einen dritten Krieg stürzen lassen.

Während des Krieges verheimlichten Eure Führer vor dem deutschen Volk das Bild, das Deutschland der Außenwelt bot. Viele von Euch scheinen gemeint zu haben, daß Ihr mit unseren Soldaten, sobald sie Euch erreichten, gut Freund sein könntet, als ob nichts Außergewöhnliches geschehen wäre. Es ist aber dafür zu viel geschehen. Unsere Soldaten haben gesehen, wie ihre Kameraden niedergeschossen, ihre Häuser in Trümmerhaufen verwandelt wurden und wie ihre Frauen und Kinder hungerten. Sie haben in den Ländern, in die Eure Führer den Krieg trugen, schreckliche Dinge gesehen. Für diese Dinge, meint Ihr, seid Ihr nicht verantwortlich, sondern Eure Führer. Aber aus dem deutschen Volke sind diese Führer hervorgegangen: jedes Volk ist für seine Führung verantwortlich, und solange sie Erfolg hatte, habt Ihr gejubelt und

Feldmarschall Sir Bernard Montgomery

gelacht. Darum stehen unsere Soldaten mit Euch nicht auf gutem Fuße. Dies haben wir befohlen, dies haben wir getan, um Euch, Eure Kinder und die ganze Welt vor noch einem Kriege zu bewahren. Es wird nicht immer so sein. Wir sind ein christliches Volk, das gerne vergibt, und wir lächeln gern und sind gern freundlich. Es ist unser Ziel, das Übel des nationalsozialistischen Systems zu zerstören. Es ist zu früh, um sicher sein zu können, daß dieses Ziel erreicht ist.

Dieses sollt Ihr Euren Kindern vorlesen, wenn sie alt genug sind, und zusehen, daß sie es verstehen. Erklärt ihnen, warum englische Soldaten sich nicht mit ihnen abgeben.

Deutschland, 10. Juni 1945.

GEZ. B. L. MONTGOMERY
FELDMARSCHALL
Oberbefehlshaber des britischen Besatzungsgebietes

Aachener Nachrichten 1/23, Mittwoch 27. Juni 1945

Aufruf
an die Bevölkerung des Regierungsbezirkes Aachen

Die britischen Truppen unter meinem Oberbefehl haben im Regierungsbezirk Aachen die Verwaltung von den amerikanischen Einheiten übernommen. Sie sind mir verantwortlich für die Grenzüberwachung zwischen Holland und Deutschland sowie für die innere Sicherheit und gutes Betragen aller Bewohner der Stadt und des Regierungsbezirkes Aachen.

Meine Truppen haben die Befehle, die Feldmarschall Montgomery betreffend die Nichtanfreundung mit dem deutschen Volke ausgab, erhalten, und unsere Beziehungen zu Ihnen hängen ganz und gar von Ihrem Verhalten ab.

In der ganzen Welt steht der britische Soldat wegen seines Gerechtigkeitssinnes und seiner Unparteilichkeit in gutem Ruf, und meine Truppen, die während des ganzen Feldzuges unter meinem Oberbefehl kämpften, sind entschlossen, den Nationalsozialismus in Deutschland auszurotten, und nach Vollendung dieser Aufgabe, Ihre Mitarbeit beim Aufbau Ihres Landes zu gewinnen.

Da die Aufgabe, die vor uns liegt, langwierig und schwierig ist, ist es unerläßlich, daß Sie sich gleich von vornherein darüber im klaren sind, daß wir die Aufgabe voll und gründlich lösen werden. Jedes Hindernis, das man uns in den Weg legt, wird daher rücksichtslos beiseite geräumt werden. Andererseits wird jede Hilfe und Mitarbeit von Ihrer Seite für Sie und Ihre Kinder die Probleme der Nahrungsmittelversorgung, Unterbringung und aller anderen Erfordernisse des täglichen Lebens hundertfältig erleichtern.

H. C. Phipps DSO
Brigadegeneral
Oberbefehlshaber der britischen Truppen im Regierungsbezirk Aachen

10. Mai — *Schluß der Verdunklung.* 11. Mai — *150 g Schafsfett, 160 g Hammelfleisch, 150 g Butter (für drei Wochen), 1000 g Salz, Maggi-Würfel und Orangeade in der Gemeinde.* 25. Mai — *Neuer Ausgang: von 4.30 Uhr bis 22 Uhr.* 8. Juli 1945 — *In der letzten Woche wurde der Postbetrieb wieder aufgenommen. Man kann jetzt durch die ganze englische Zone schreiben. Am 4. Juli wurde unser Gebiet hier von den Engländern besetzt, die Amerikaner mußten hier räumen.*

Die Pfarrkirche St. Luzia in Weiden am Fronleichnamstag 1945. In den Trümmern wurde ein Kreuz aufgestellt und mit Birkenästen geschmückt.

Ein Personalausweis der Britischen Zone. Der Verkehr zwischen den einzelnen Zonen war streng reglementiert.

Tagebucheintragungen Josef Schaeffers: 8. Juli 1945 — *Eisenbahnverkehr in Würselen, geht schon bis zum Übergang in Elchenrath. Onkel J. verrichtet schon wieder Dienst auf der Lok. Er erhält Stundenlohn und fährt Güterzüge über Euskirchen nach Bonn. Die Züge fahren ohne Signal nur auf Sicht. Dienstdauer 24 bis 30 Stunden. Ohne Zulage. Am heutigen Sonntag spielten sechs Kinder am Würselener Bahnhof in einem umgestürzten Panzer, berührten eine Zündladung und mußten dabei ihr Leben lassen. 9. Juli — Züge fahren ab Herzogenrath bis Hannover. 23. Juli — Bahn fertig von Stolberg bis Würselen-Nord. Seit drei Wochen auf der Grube Gemeinschaftsverpflegung: Sechs Scheiben Brot, ein Eßnapf Eintopf. Als Zulage 62,5 g Butter und 750 g Brot. Vergangene Woche erhielten alle Normalverbraucher ein Weißbrot anstelle 1000 g Brot. 27. Juli — Seit dieser Woche fährt die Kraftpost fünfmal am Tage Aachen-Baesweiler. 30. September — Heute haben 15 Parteigenossen Bombentrichter zugeworfen. 15. Oktober — Fährt man mit der*

Kraftpost, so wird der Name aufgeschrieben, weil keine Fahrkarten vorhanden sind. Seit dem 8. d. M. ist auch wieder Schulunterricht hier in Morsbach.

Die Eintragungen im Tagebuch von Josef Schaeffers lassen eine fortschreitende Normalisierung der Verhältnisse vermuten; in Wirklichkeit handelte es sich jedoch um Provisorien, die nunmehr für eine jahrelange Notzeit Bestand haben sollten. Der Bevölkerung standen harte Jahre mit einer miserablen Versorgungslage bevor, in der der "Schwarzhandel" der einzig blühende Geschäftszweig zu sein schien. Bis zur Währungsreform am 30. Juni 1948 blieben vor allem die wirtschaftlichen Verhältnisse anomal.

Erklärung im Bardenberger Gemeinderat nach der ersten demokratischen Wahl am 15. September 1946:

... Wir richten eine scharfe Kampfansage an solche, die ohne einem geordneten Beruf nachzugehen, im Schwarzhandel ihren Lebensunterhalt verdienen, während der Hand- oder Kopfarbeiter, meist in mühseliger Arbeit bei beschränkter Lebenshaltung den Unterhalt seiner Familie mit einem kleinen Lohn verdienen muß. Es ist geradezu herausfordernd, wenn nicht verbrecherisch, von Wucherpreisen zu hören, die den ärmsten Volksschichten abgefordert werden. Wir erklären öffentlich, daß wir keine Gemeindevertreter derjenigen sind, die die Not der Gegenwart zu schmutzigen Geschäften mißbrauchen. In den letzten Jahren wurden viele Mißtritte begangen, die als Folgen der Kriegsereignisse eintraten und ihre tiefen Ursachen in dem abgetretenen 3. Reich haben. Wir wissen, daß die Bürgerschaft viele dieser Maßnahmen mißbilligte und daß auch eine Kommunalpolitik betrieben wurde, die verurteilt wurde. Auch hier erklären wir, daß wir Hand anlegen werden, um solche Übelstände an der Wurzel zu bereinigen. In der Gemeindeverwaltung wurden berufsfremde Kräfte aufgenommen. Sie werden zu beweisen haben, ob sie charakterlich und fachlich fähig sind, daß ihnen anvertraute öffentliche Amt zu bekleiden. Wir behalten uns geeignete Maßnahmen vor, die wir im Hauptausschuß zunächst beraten werden.

Pfarrer Josef Thomé, der im Oktober 1944 mit viel Idealismus und gutem Willen die Zusammenarbeit mit den Amerikanern begonnen hatte, zog in einem Brief vom 28. Mai 1948 an einen englischen Amtsbruder eine nüchterne Bilanz über das Verhalten der alliierten Besatzungsmächte in den letzten Jahren. Den wichtigsten Teil des Inhaltes dieses Briefes hatte er bereits in seine Predigt am ersten Fastensonntag 1947 einbezogen. Aus Vorsichtsgründen las er dabei diese Passagen in seiner Predigt wörtlich ab.

Pfarrer   28.3.48.

Sehr geehrter Herr C o r m a c k !

Ich danke Ihnen für Ihren Brief vom 29.v.M. Ich bin so mit Arbeit belastet, daß ich erst heute dazu komme, Ihnen zu antworten.

Sie nehmen Anstoß daran, daß ich geschrieben habe, wir Deutschen hätten unser Vertrauen auf die Alliierten verloren. Darf ich Ihnen das etwas näher erklären?

Zunächst: Wir sind nicht etwa der Meinung, das Britische Volk hasse uns. Unsere Meinung über England geht nach einer anderen Richtung, die ich aber hier nicht weiter darlegen will.

Ich will nur versuchen, Ihnen zu erzählen an Hand einiger Tatsachen, wie wir das Vertrauen verloren haben. Mit "wir" meine ich die vielen Deutschen, die Gegner des NS waren.

1. Kennen Sie die Atlantik-Charter? Als wir davon erfuhren durch Ihren Rundfunk, freuten wir uns. Wir hatten das Vertrauen, daß es den Alliierten ernst damit gemeint sei. Die nationalsozialistische Propaganda stellte es so dar, als ob die Atlantik-Charter ein raffinierter Versuch der Alliierten sei, den Siegeswillen des deutschen Volkes zu brechen. "Wir" glaubten es besser zu wissen: wir vertrauten auf den sittlichen Ernst der großen Staatsmänner Englands und Amerikas.

Und nun vergleichen Sie einmal (mit *unsern* Augen) die Wirklichkeit von heute mit der Charter von damals!
"Wir" müssen uns heute eingestehen, daß damals die deutsche Propaganda recht hatte.
Können Sie verstehen, daß wir enttäuscht sind?!
Vielleicht lachen Sie und erwidern: "Wie konnte ein Deutscher so dumm sein, unsere (alliierte) Propaganda für ernst zu halten?!"
Ja, zu dieser Erkenntnis sind "wir" heute gekommen: wir sind dumm gewesen daß wir geglaubt und vertraut und gehofft haben.

2. Ich habe mit meinen eigenen Ohren am (verbotenen) Englischen Rundfunk gehört, wie man versprach, in den Gebieten, die von den Alliierten besetzt würden, das Privateigentum sorgsam zu achten. Als Würzelen besetzt war, kam eine Aufforderung des Kommandanten, die vorhandenen photographischen Apparate zu melden. Meine Haushälterin bat mich, ich möchte doch meinen wertvollen Leika-Apparat, der sich leicht verbergen lasse, nicht angeben; man könne dem Gegner nicht trauen. Ich dagegen war der Ueberzeugung, die Besatzung werde ihr Versprechen, Privateigentum zu achten, halten und gab den Apparat an.
Alle angegebenen Apparate sind eingezogen und nicht mehr zurückgegeben worden.
Das ist im großen Kriegsgeschehen eine Kleinigkeit. Aber können Sie verstehen, daß dadurch das Vertrauen abbröckelte und die Ansicht wuchs, daß die "andern" sich gerade so wenig an Wahrheit und Recht halten wie Hitler!

3. Ich persönlich habe oft am Englischen Rundfunk gehört, wie man den deutschen Soldaten, die sich ergeben würden, versprach, nach der Uebergabe sei für sie der Krieg aus. Auf öffentlichen Plakaten stand geschrieben: die deutschen Soldaten würden nach der Uebergabe 3 Tage festgehalten zur Registrierung; dann könnten sie nach Hause gehen.
Wissen Sie, wie es in Wirklichkeit gewesen ist? Wissen Sie von den Lagern wo unter freiem Himmel zu Hunderttausenden die Soldaten ohne jeden Schutz monatelang allen Unbilden der Witterung ausgesetzt worden sind? Wie sie

- 2 -

verhungert sind? Wie sie in Massen starben? Wie man sie behandelt hat?
(Mit Fußtritten.....)!
Verstehen Sie, wie so Vertrauen abbröckeln muß?!

4. Ich habe mit eigenen Ohren am Englischen Rundfunk gehört, daß die Besatzungsarmeen wieder Recht und Gerechtigkeit nach Deutschland bringen würden; sie würden Schluß machen mit den willkürlichen Verhaftungen, nur auf gerichtliches Urteil hin dürfe unter der Besatzung jemand bestraft werden. Ich habe diesen Versprechungen geglaubt und sie gegen Zweifel verteidigt. Wie aber ist es gekommen?!
Auf bloßen Verdacht hin wurden Menschen verhaftet und monatelang in ein Lager zusammengepfercht; diese Lager waren z.T. nach denselben Methoden eingerichtet wie die KZ. Die Verhafteten, auch Männer über 60 und 70 Jahren, wurden mißhandelt, mußten Kälte und Hunger leiden.... Wenn ich Ihnen Einzelheiten erzählen würde, sie würden sie nicht glauben.
Ich schließe daraus: Der Geist Hitlers hat die Alliierten angesteckt, hat sie besiegt.
Fühlen Sie die Enttäuschung im Herzen derer, die einst Gegner des N. waren, für ihre Haltung gelitten haben, auf die Versprechungen der Alliierten vertrauten und nun sich getäuscht sahen?!
Ich nehme übrigens an, daß viele dieser Dinge in England garnicht bekannt sind.

5. Ich habe am Englischen Rundfunk gehört, daß die Alliierten den Krieg zu führen vorgaben gegen Hitler und seine Kumpanen, nicht gegen das deutsche Volk.
Als die Sieger kamen, standen wir bald vor Tatsachen, die wir damit nicht vereinbaren konnten.
Bis eines Tages - vielleicht ein Jahr nach Kriegsende oder auch noch später - ein Befehl der Amerikanischen Militärbehörde bekannt wurde, die Truppen der USA brauchten jetzt die Deutschen nicht mehr zu hassen.
Nun hatten wir die Erklärung: Die amerikanischen Truppen waren mit den bekannten Mitteln der Propaganda zum H a ß gegen uns Deutsche erzogen worden.
Und wir hatten geglaubt, sie wären ausgezogen zur Verteidigung des Christentums. Wir Dummen! Und ich, der Pfarrer, hatte sie noch gegen Mißtrauen verteidigt!
Merken Sie wie unser Vertrauen zerbrach?!

6. Ich habe oft am Englischen Rundfunk gehört (damals, als es noch mit Lebensgefahr verbunden war, ihn zu hören!), daß die Alliierten kommen wollten, um gegenüber der Unmenschlichkeit des Hitlersystems die Menschlichkeit wieder nach Deutschland zu bringen.
Da hören wir, daß mit Zustimmung Englands und Amerikas über 13 Millionen Menschen von den Russen und Polen unter entsetzlichen Bedingungen aus ihrer Heimat vertrieben wurden.
Die Zeitung "Daily Mirror" berichtet am 3.10.45 davon: "... das grausigste Erlebnis der Weltgeschichte..... Sie sterben wie die Fliegen, in den Gräben, entweder durch Verhungern oder durch ansteckende Krankheiten. Nicht eine Million, sondern mehrere Millionen werden vor dem Frühjahr gestorben sein. Viel mehr Menschen sind bestimmt, in wenigen Wochen zu sterben, als das ganze Britische Empire in 6 Kriegsjahren verloren hat. ..... Ein Zug kam auf dem Berliner Bahnhof an, er hatte 75 Tote in gleichen Abteilen wie die Lebendenden. Viele dieser Leichen wogen 56 - 70 Pfund. ... Alles, was ich darüber sagen kann, ist: wir haben uns entschlossen, keine Photographien darüber zu veröffentlichen. ..... Eine Gruppe von 240 Menschen hatte 1000 Tote in der 1. Woche! ..... Sie aßen Gras und Kartoffeln.... Die Kindersterblichkeit ist 90 %." Soweit der Daily Mirror.
Bevin rief im Englischen Parlament aus: "Wahrhaftigen Gottes! Das ist die Höhe menschlichen Wahnsinns!"

Menschlichkeit? Oder dieselbe Unmenschlichkeit wie unter Hitler?!
Spüren Sie, wie unser Vertrauen zerstört wurde?

7. Ich las in einem Artikel des The New Statesman and The Nation vom 21.4.48 über "Frankreich-Indochina" folgendes:
Mr Burlitt, der inoffizielle Gesandte Präsident Trumans, ist der Meinung, daß die Widerstandsbewegung, wenn sie kommunistisch geführt werde, um jeden Preis vernichtet werden müsse; man dürfe vor keinem Mittel zurückschrecken (genau wie unter Hitler!). Die Politik Frankreichs in Indochina sei, so sagt der Artikel, die eines rohen Imperialismus (genau wie unter Hitler!). Man arbeite dort mit den Mitteln eines brutalen Terrors (genau wie unter H!), mit der unterschiedslosen Erschießung von Geiseln, mit der Vernichtung ganzer Dörfer (genau wie unter H!). "Als Vergeltung für den Tod eines Soldaten werden ein Dutzend Bauern unterschiedslos von den Feldern verhaftet und an Lastwagenseilen, die um ihren Hals gedreht sind, zu Tode geschleppt" (genau wie unter H!). "Im Hauptquartier der Sicherheitspolizei in Saigon wurde Folterung angewandt mit allen Schikanen, die man von der GSP und der Japanischen Geheimpolizei gelernt hat" (die Gestapo hat also doch gesiegt!!).
Bitte, machen Sie sich die Mühe und lesen Sie selbst im New Statesman nach! Und da soll unser Vertrauen auf die Menschlichkeit und die Christlichkeit der Alliierten nicht zerbrechen?!

8. Wissen Sie etwas von den Methoden, mit denen Frankreich in seiner Zone regiert? Wissen Sie z.B. davon, daß in einer der größten Städte dieser Zone 40 000 Zivilfranzosen und in deutschem Fett schwelgen, während die deutsche Bevölkerung hungert und kein Fett haben kann?
Darüber darf aber in keiner Zeitung etwas geschrieben noch im Parlament gesprochen werden. Freiheit der Presse und der Volksvertretung!!
Meinen die Alliierten es ernst mit den Idealen, die sie uns vorsetzen?!

9. Kennen Sie die Methoden Rußlands? Wissen Sie um die Sklavenheere in Rußland und ihre völlige Rechtlosigkeit?
Und mit diesen Russen zusammen haben im Nürnberger Prozeß Engländer und Amerikaner Deutsche Männer (die sich wirklich schwer schuldig gemacht haben) wegen Verbrechen gegen die Menschlichkeit zum Tode verurteilt! Muß ein Englischer Richter sich nicht schämen, neben einem Stellvertreter Rußlands zu sitzen und über die Unmenschlichkeit eines Deutschen zu Gericht zu sitzen?!

10. Sie sprachen davon, daß England gezwungen ist, die Deutschen Rüstungsbetriebe zu demontieren.
Aber demontieren die Alliierten nur Rüstungsbetriebe?
Als der Hessischen Regierung die Liste überreicht wurde mit den Betrieben die bis zum 31. März 48 zu demontieren seien, wurde zugleich bekannt gegeben, daß die Militärregierung gegen den Wiederaufbau derselben Werke nichts einzuwenden habe.
Waren das Rüstungsbetriebe?!
Oder:
Eines der größten deutschen Hüttenwerke, die Borbecker Hütte des Kruppkonzerns, wird seit Frühjahr 46 demontiert. Die Bewertung für das Reparationskonto wurde mit 9,5 Millionen Mark festgesetzt. Der Abbau wird bis 1950 dauern und etwa 20 Millionen Mark kosten. Dann wird nach Aussage der Sachverständigen von dem Werk nur noch ein Berg Schrott vorhanden sein, völlig untauglich für eine Aufstellung im Bestimmungsland.
Das Doppelte des Wertes einer Industrieanlage, die seit 1946 für den Aufbau und den Wohlstand Europas hätte arbeiten können, für dessen Vernichtung ausgegeben: meinen die Menschen, die diesen tödlichen Unsinn beraten beschlossen und befohlen haben, wirklich, damit Europa einen Dienst zu tun?! Können wir unter diesen Umständen noch an den guten Willen derer, die diese Befehle gegeben haben, glauben?!
Auf solche Weise soll Vertrauen wachsen?!

- 4 -

Das sind einige schnell hingeworfene Tatsachen, die mir zufällig bekannt sind. Was alles könnte Ihnen jemand erzählen, der aus seiner beruflichen Stellung heraus, etwa als Beamter des Zonenwirtschaftsamtes, Einblick in weitere Zusammenhänge hat!

Ich wiederhole nun den Satz, den ich in dem an Ihre Gemeinde gerichteten Briefe geschrieben habe: Unsere Bevölkerung, die nach dem Zusammenbruche bereit gewesen wäre, von ganzen Herzen mit den westlichen Alliierten zusammenzuarbeiten, hat das Vertrauen verloren.

Ist das verständlich? Kann das auch der verstehen, der selbst nicht Deutscher ist?

Dabei wissen wir wohl, daß von privater Seite überaus viel für Deutschland getan wird. Ich brauche als Beispiel ja nur Herrn Rudd und Ihre Gemeinde zu nennen. Von Herrn Rudd schrieb mir ein deutscher Kriegsgefangener, er (Herr Rudd) habe während seiner (des Deutschen) Gefangenschaft alles getan, um ihm das Dasein zu erleichtern. Er habe ihm jeden Wunsch von den Augen abgelesen. Und dann wörtlich: "Ich habe in meinem Leben noch nie einen Menschen kennen gelernt, der selbstloser einem erst fremden Menschen gegenüber gehandelt hat als er"! Das ist ein wunderbares Zeugnis über einen Menschen! Ich muß dabei an das Wort Christi denken: "Daran will ich erkennen, ob ihr meine Jünger seid, daß ihr einander liebet!"
Oder ich nenne die vielen, vielen Liebespakete, die von USA nach Deutschland geschickt werden.

Ich darf aber auch hinzufügen, daß es unter den SS-Männern Menschen gab, die privatim voller helfender Liebe waren.

Nach dem Zusammenbruch faßte ich in einer Predigt meine Ansicht in dem Satze zusammen: Deutschland trage allein durch seine Verbrechen die Schuld an dem grausigen Geschehen. Als ich diese Predigt vor einigen Wochen druckreif machte, konnte ich diesen Satz nicht mehr stehen lassen. Ich habe ihn dahingeändert, daß die Gottentfremdung und der Mangel an echtem Tatchristentum in der ganzen Welt die Schuld trage. Ueberall ist Chaos. Ueberall Verwirrung der Sitten. Ueberall Lüge und Schein. Ueberall geht Gewalt vor Recht. Wir Deutschen mögen diese bösen Dinge bis zur letzten Konsequenz gebracht haben. Aber die Atmosphäre ist im wesentlichen überall dieselbe.

Dieser Ueberzeugung ist auch die MRA (Moral Rearmament), die Oxford-Bewegung, in der ich mitarbeite. Unser Papst hat dieselben Gedanken geäußert.

Nicht ein Volk hat gesündigt; die ganze Menschheit ist auf falschem Wege! Wir alle bedürfen der Bekehrung.

Möge Gott uns gnädig sein!

Mit allen guten Wünschen und besten Grüßen!

Ihr

Diese Kreuzanlage an der alten Mühle in Bardenberg entstand aus der Erfüllung eines Gelöbnisses.

Anmerkungen

Der Titel "Es kamen die schlimmsten Tage unseres Lebens" wurde wörtlich den schriftlichen Aussagen von zwei Zeitzeugen entnommen (Josef Pirotte und Maria Pütz). In mehreren mündlichen Berichten wurde diese Formulierung ebenfalls verwendet.

1. Bericht Leo Meyburg, S. 1. — Zum Westwallbau allgemein vgl. Manfred Groß, Der Westwall zwischen Niederrhein und Schnee-Eifel, Köln/Bonn 1982.
2. Pfarrbrief St. Sebastian Würselen Nr. 1, 1971,
3. Verordnung über Neuordnungsmaßnahmen zur Beseitigung von Kriegsfolgen vom 2. Dezember 1940.
4. Festschrift der Pfarre St. Luzia Weiden-Aachen, Broichweiden 1956.
5. Peter Dohmen, in: Heimatblätter des Kreises Aachen 35, Heft 2—4, S. 92.
6. Peter Zimmermann, Tagebuch I, S. 53 f. — Zimmermann war Bürgermeister der Stadt Würselen von 1933 bis 1. März 1941.
7. Walter Fernges, wie Anm. 4.
8. Tagebuch des Missionshauses vom Heiligen Geist, Broich.
9. Aus Scherbergs schwersten Tagen, in: Festbuch der Rektoratsgemeinde St. Marien, Würselen 1951, S. 11—16.
10. Am 11. April 1944 fanden im Landratsamt Aachen vier Würselener Feuerwehrleute bei einem Luftangriff den Tod: Adam Claßen, Wilhelm Hennes, Eduard Pütz und Arnold Salber, Festschrift zur Jubelfeier der freiwilligen Feuerwehr Würselen, 1953.
11. Zimmermann, Tagebuch I, S. 28.
12. Bekanntmachung vom 29. August 1939 in "Westdeutscher Beobachter".
13. Zimmermann, Tagebuch I, S. 108, 23. Januar 1941.
14. Charles B. MacDonald, The Siegfried Line Campaign, Washington D.C. 1963, S. 14. — Übersetzung des Verfassers.
15. Kriegstagebuch IV, S. 385 f.
16. Kriegstagebuch IV, S. 404.
17. Tagebuch der Armen Schwestern vom Heiligen Franziskus, Würselen, Antonius-Kloster.
18. Bericht Leo Meyburg, S. 4.
19. Tagebuch Maria Steinbusch.
20. Tagebuch des Missionshauses vom Heiligen Geist.
21. Josef Thomé, Tagebuchbericht, in: Heimatblätter des Kreises Aachen 34, Heft 1/2, 1978, S. 3—42.
22. Aus Scherbergs schwersten Stunden, wie Anm. 9.
23. Thomé, wie Anm. 21, zum 21. September 1944.
24. Tagebuch Maria Steinbusch.
25. Aloys Wirtz, Geschichte der Pfarre St. Petrus und Paulus und der Pfarrkirche aus den Jahren 1943 bis 1973, in: Heimatblätter des Kreises Aachen 35, Heft 2—4, 1979, S. 52—56.
26. Hermann Neumann, in: Heimatblätter des Kreises Aachen 17, Heft 3, 1961, S. 54—58. — Unter dem 25. September 1944 sind in einer Liste von Josef Thomé "4 Tote im Zechenhaus" vermerkt.
27. Die Beschreibung der militärischen Vorgänge in diesem Abschnitt geht im wesentlichen auf die im Quellen- und Literaturverzeichnis angegebenen Quellen zurück.
28. Die hier und im folgenden verwendeten Kurzbezeichnungen bedeuten: Broich = Tagebuch des Missionshauses Broich, Weiden = Walter Fernges in der Festschrift St. Luzia, 1956.
29. Bericht Leonhard Mohren.

30 Bericht Betty Löwenich.
31 Pressemitteilung der Gemeinde Bardenberg an die "Aachener Nachrichten" vom 8. Februar 1946.
32 Bericht Johannes Lennartz (Kaplan) nach Schilderungen der Familien Herbst und Kaiser, in: Die Pfarrfamilie St. Balbina Würselen-Morsbach 26, 1952.
33 Amerikanische Eliteeinheit, 1942 gebildet (931 Mann Soll-Stärke) aus Soldaten norwegischer Herkunft mit amerikanischem Paß. Die Offiziere mußten alle norwegisch sprechen. Nach einer Ruhepause in Bardenberg ab 16. Oktober 1944 neun Tage in Kaisersruh eingesetzt, verzeichnete das Bataillon dort 77 Mann Verluste. Obwohl späterhin auch bei schweren Kämpfen der Ardennenschlacht eingesetzt, bezeichnet die Bataillonsgeschichte den Einsatz in Würselen als "Alptraum".
34 Bericht Hermann Neumann, Landesschützen-Bataillon II./6.
35 Gerhard Dieckhoff, Die 3. Division, Göttingen 1979, S. 353 f.
36 Bericht Josef Pirotte.
37 Bericht Löffler in Manuskript Guderian über das 156. Regiment der 116. Panzer-Division.
38 D-Day in Limburg, S. 73. — Übersetzung des Verfassers.
39 Bernhard Poll, Das Schicksal Aachens im Herbst 1944. Authentische Berichte II, in: Zeitschrift des Aachener Geschichtsvereins 73, 1971, S. 126.
40 Bericht Leo Meyburg, S. 5.
41 Tagebuch der Armen Schwestern vom Heiligen Franziskus.
42 Walter Fernges, wie Anm. 4.
43 Auszugsweise Wiedergabe nach: Chronology 1941—1945, Washington D.C. 1960. — Übersetzung des Verfassers. An den Kämpfen im Raum Würselen waren hauptsächlich folgende amerikanische Militär-Einheiten beteiligt:
First Army (Hodges) ab 22. Oktober 1944 Ninth Army (Simpson)
XIX. Corps (Corlett/McLain)
30th Infantry Division (Hobbs)
117th Regiment (Johnson)
119th Regiment (Sutherland)
120th Regiment (Purdue)
116th Regiment, 29th Infantry Division
99th Battalion (sep.)
Panzerbat. der 2nd Armored Division
406th Regiment (102nd Division)
335th Regiment (84th Division)
Im Raum Verlautenheide, Haarberg, Ravelsberg:
VII. Corps (Collins)
1st Infantry Division (Huebner)
18th Regiment (Smith)
44 Militärarchiv Freiburg i.Br.; auszugsweise Wiedergabe.
Deutsche Einheiten bei den Kämpfen im Raum Würselen:
Armeeoberkommando 7 (Brandenberger) ab 22. Oktober 1944 5. Panzer-Armee (von Manteuffel)
LXXXI. Armeekorps (Köchling)
I. SS Panzerkorps (Keppler)
246. Volksgrenadier-Division (Wilck/Körte)
Regimenter 352, 404 und 689
Regiment 149 (49. Inf.Division)
116. Panzer-Division (von Waldenburg)

Regimenter 60, 156
12. Volksgrenadier-Division (Engel)
3. Panzergrenadier-Division (Denkert)
Regimenter 8, 29
Kampfgruppen: Schnelles Regiment von Fritschen, Diefenthal (1. SS-Division), Bucher (2. Panzer-Division, etwa 1 SS-Komp./Diefenthal), Trier (VersprengtenBat.), Cuppinger, Musculus (Panzerbrigade 108).

[45] Joseph H. Ewing, 29 Let's Go. A History of the 29th Infantry Division in World War II, Washington D.C. 1948.
[46] Combat History of the 119th Infantry Regiment, Baton Rouge/Louisiana 1949.
[47] Ebenda, S. 75 f. — Übersetzung des Verfassers.

Quellen und Literatur

Aretz, Josef, Kohlscheid im Herbst 1944, Herzogenrath-Kohlscheid 1983.
Beckers, Hubert (Hrsg.), Eilendorf im Herbst 1944 — wie es war, Aachen-Eilendorf 1979 (Beiträge zur Geschichte Eilendorfs). [Umschlagtitel:] (Eilendorfer Kriegstagebuch).
Bergen, Howard R., History of the 99th Infantry Battalion (sep.), Oslo [1946].
Bergrath, Hans, Bardenberg im Herbst 1944, in: Heimatblätter des Kreises Aachen 35, Heft 2—4, 1979, S. 81—86.
Chronology 1941—1945. Compiled by *Mary H. Williams,* Washington D.C. 1960 (United States Army in World War II, Special Studies).
Combat History of the 119th Infantry Regiment, Baton Rouge/Louisiana 1949.
Conquer. The Story of Ninth Army 1944—1945, Washington D.C. 1947, Reprint 1980.
D-Day in Zuid-Limburg. Dagboek van de bevrijding, Maastricht 1984.
Danger Forward. The Story of the First Division in World War II. Atlanta/Georgia 1947 (United States Army in World War II).
Dieckhoff, Gerhard, Die 3. Division, Neudruck Göttingen 1979.
Draper, Theodore, The 84th Infantry Div. in the Battle of Germany November 1944—May 1945, New York 1946.
Ewing, Joseph H., 29 Let's Go. A History of the 29th Infantry Division in World War II, Washington D.C. 1948, Reprint 1979.
Fernges, Walter, Festschrift der Pfarre St. Luzia Weiden-Aachen, Broichweiden 1956.
Der Freiwillige, Heft 12, 1982, 10 und 12, 1984.
Groß, Manfred, Der Westwall zwischen Niederrhein und Schnee-Eifel, Köln, Bonn 1982 (Archäologische Funde und Denkmäler des Rheinlandes 5).
Hewitt, Robert L., Work Horse of the Western Front. The Story of the 30th Infantry Division, Washington D.C. 1946, Reprint 1980.
History of the 117th Infantry Regiment 1944—1945. Baton Rouge/Louisiana 1946.
History of the 120th Infantry Regiment, Washington D.C. 1947.
Hofmann, Josef, Heimat in Flammen, Aachen 1965.
Houston, Donald E., Hell on Wheels. The 2nd Armorded Division, 1977, Second Printing San Rafael/California 1979.
Kramp, Hans, Rurfront 1944/45, 2. Auflage Geilenkirchen 1982.
Kriegstagebuch des Oberkommandos der Wehrmacht (Wehrmachtsführungsstab) 1940—1945, geführt von *Helmut Greiner* † und *Percy Ernst Schramm,* Band IV: 1. Januar 1944 — 22. Mai 1945, eingeleitet und erläutert von *Percy Ernst Schramm,* Frankfurt a. M. 1961. Auszüge in: Die Invasion 1944. Aus dem Kriegstagebuch des Oberkommandos der Wehrmacht, hrsg. von *Percy Ernst Schramm,* 2. Auflage München 1984 (dtv-dokumente 2942) — Zitiert: Kriegstagebuch IV.
MacDonald, Charles, B., The Siegfried Line Campaign, Washington D.C. 1963 (United States Army in World War II).
Memminger, Fritz, Aachen im September 1944, [Braunschweig 1963].
Mick, Allan H. (Ed.), With the 102d Infantry Division Through Germany, Washington 1947.
Move Out, Verify. The Combat Story of the 743rd Tank Battalion, Frankfurt/M. 1945.
[Neumann, Hermann], Bericht eines Landsers über die Besetzung der Westwallbunker durch das Landesschützenbataillon II./6., in: Unsere Heimat im Bomben- und Granatenhagel, in: Heimatblätter des Kreises Aachen 17, Heft 3, 1961, S. 54—58 (ursprüngl. in: *Heinrich B. Capellmann,* Würselen, Beiträge zur Geschichte einer Stadt, Manuskript, 1958, Stadtarchiv Würselen).

On the Way. A Historical Narrative of the Two-Thirtieth Field Artillery Battalion Thirtieth Infantry Division. 16 February 1942—8 May 1945, Poessneck 1945.

Pfarrbrief St. Sebastian Würselen, Nr. 1—12, 14—15, 1971.

Die Pfarrfamilie St. Balbina Würselen-Morsbach, 26 und 27, 1952.

Poll, Bernhard (Hrsg.), Das Schicksal Aachens im Herbst 1944. Authentische Berichte I und II, in: Zeitschrift des Aachener Geschichtsvereins 66/67, 1955, S. 193—268, 73, 1961, S. 33—247.

Rahier, Josef, Die Front an Rur und Inde und die Zerstörung Jülichs am 16.11.44, Jülich 1950.

Rauw, Josef, Aus Scherbergs schwersten Tagen, in: Festbuch der Rektoratsgegemeinde St. Marien aus Anlaß des 25. Jahrestages der Kirchweihe von St. Marien, Würselen, 1951, S. 11—16.

Terugblik . . . met het oog op morgen . . . bezetting en bevrijding 1940—1945, Kerkrade 1984.

Thomé, Josef, Tagebuchbericht des Pfarrers Josef Thomé über die letzten Tage der nationalsozialistischen Herrschaft in Würselen und die Eroberung der Stadt durch die Amerikaner im Herbst 1944, in: Heimatblätter des Kreises Aachen 34, Heft 1/2, 1978, S. 3—42.

Thompson, R.W., Der Kampf um das Rheinland, Frauenfeld 1960.

Whiting, Charles/Trees, Wolfgang, Die Amis sind da! Wie Aachen 1944 erobert wurde. Sonderdruck aus der Aachener Volkszeitung, 2., verb. Auflage Aachen 1975.

Wilmot, Charles, The Struggle for Europe, London 1952, dt.: Der Kampf um Europa, Frankfurt/M. 1956.

Wirtz, Aloys, Geschichte der Pfarre St. Petrus und Paulus und der Pfarrkirche aus den Jahren 1943 bis 1973, in: Heimatblätter des Kreises Aachen 35, Heft 2—4, 1979, S. 52—56.

Unveröffentlichte Quellen

Bastin, Josef, Bericht September-November 1944 in Brief von Oktober 1984 (Privatbesitz).

Cofalka, Johannes, Die Schlacht um Aachen, Typoskript, 1969 (Militärarchiv Freiburg i. Br.).

Guderian, Heinz Günther, Manuskript mit Anlagen zu einem Kapitel — "Nochmals Aachen" — des in Vorbereitung befindlichen Buches über die 116. PanzerDivision.

Köchling, Friedrich, Bericht über die 3 Aachener Schlachten Sept.—16. Dezember 1944, verfaßt 1946 in englischer Gefangenschaft.

Kriegstagebuch nebst Anlagen Generalkommando LXXXI. Armee-Korps (Militärarchiv Freiburg i. Br., Bestände in Box 8—11).

Meeßen, Leonhard, Bericht über die Zeit August 1944 bis 1945, Niederschrift 1985 (Privatbesitz).

Meyburg, Leo, Bericht über die Zeit vom Westwallbau bis zum Wiederaufbau der Verwaltung (1937—1946), in: Heinrich B. Capellmann, Würselen, Beiträge zur Geschichte einer Stadt, Typoskript, 1958, S. 75—96, Stadtarchiv Würselen).

Mohren, Leonhard, Bericht über die Zeit vom 3. bis 9. Okt. 1944, in: Capellmann — wie Meyburg —, S. 105 f.

[Pirotte, Josef], Als Vertriebener im Chaos Deutschland, Aufsatz, Typoskript (Stadtarchiv Würselen).

Record of Events 30th Division, 102nd Division, Typoskript.

Schaeffers, Josef, Tagebuch vom 6. Oktober 1944 bis 24. Oktober 1946 (Privatbesitz).

Schiffer, Peter, Bericht über die Grube Gouley September 1944, Niederschrift 1957 (Privatbesitz).

Steinbusch, Maria, Tagebuch 12. September bis 16. Dezember 1944, in: Capellmann — wie Meyburg —, S. 103—105.

Tagebuch der Armen Schwestern vom Heiligen Franziskus, Aachen, Kleinmarschierstraße, vom 30. September 1944 bis 13. Mai 1945 (Archiv des Ordens).

Tagebuch der Armen Schwestern vom Heiligen Franziskus, Würselen, Antonius-Kloster, Auszüge 1940, 1943, 1944 (Archiv des Ordens).

Tagebuch des Missionshauses vom Heiligen Geist, Broich, vom 26. August bis 8. November 1944 (Stadtarchiv Würselen).

Tyroler, Louis, Bericht über die Zeit vom 19. November 1944 bis 1945, übersandt mit Schreiben aus Juli 1965 (Stadtarchiv Würselen).

Wachbuch der DRK-Sanitätsstelle, Zug Würselen vom 15. September bis 31. Oktober (?) 1944 (Deutsches Rotes Kreuz Würselen).

Zimmermann, Peter, Tagebuch I vom 2. Januar 1940 bis 30. September 1941 (Stadtarchiv Würselen; Zitate mit freundlicher Genehmigung der Verlagsdruckerei N. Kimmel, Solingen).

Abkürzungen

Ia	Erster (General-) Stabsoffizier LXXXI. A.K.: Schneider, 246. V.G.D.: Heyd, Hiltrop, 116. P.D.: Prinz Holstein, 12. P.G.D.: Burmeister, 3 P.G.D.: Jaster, 49. I.D.: Risse
Ib	Zweiter (General-) Stabsoffizier
II./352. (Beispiel)	II. Bataillon des 352. Regimentes
2:9:29	Angaben zu Kampfstärken; Offiziere/Unterführer/Mannschaften
A.A. 116	Aufklärungsabteilung der 116. Panzer-Division
AOK 7	Armeeoberkommando 7
Arko	Artilleriekommando
Btl.	Bataillon
B-Stelle	Beobachtungsstelle
Chef	Chef des Generalstabes (LXXXI.A.K.: Wiese)
Halde	1. Die Sodahalde, in den Berichten auch die Große Halde genannt, an der Krefelder Straße (Reichsstraße 57)
Hammerhalde	2. Die wesentlich kleinere Schlackenhalde der ehemaligen Königsgrube lag auf dem gleichen Gelände in östlicher Richtung. Die Bezeichnung ist wohl durch die an dieser Stelle auf den Karten vermerkten Bergwerkshämmer entstanden. Zwischen den beiden Halden befanden sich mehrere Gebäude und eine Ziegeleieinrichtung mit Bahnanschluß in Richtung Bahnhof Würselen-Mitte. 3. Die zweite Sodahalde mit dem gleichnamigen Stollen wurde von der Kreuzstraße, der Elchenrather Straße, dem Verbindungsweg (heute Bahnhofstraße) und der Kaiserstraße begrenzt. Zugänge zum Stollen befanden sich an der Kreuzstraße, der Elchenrather Straße und auf dem Singer-Gelände an der Kaiserstraße.
Hi.O.	Hilfsoffizier
HKL	Hauptkampflinie
Hptm.	Hauptmann
I.D.	Infanterie-Division
Jabo	Jagdbomber, Sammelbegriff für verschiedene Typen
Kdr.	Kommandeur
K.G.	Kommandierender General
KoPiFü	Korpspionier-Führer
Kp(n)	Kompanie(n)
MG	Maschinengewehr, le (leichtes), s (schweres)
mot.	motorisiert, motorig
O 1, 2	Ordonnanz-Offizier 1, 2 usw. (1. Ordonnanz-Offizier beim LXXXI. A.K. von Seidel)
OB	Oberbefehlshaber
Obtl.	Oberleutnant
O.v.D.	Offizier vom Dienst
P.D.	Panzer-Division
Pkt.	(Höhen-)Punkt
Rgt.	Regiment
Gr.W.	Granatwerfer
SPW	Schützenpanzerwagen
V.G.D.	Volksgrenadier-Division

Bildnachweis

Anordnung der Bildnachweise: Auf die Seitenzahlen des vorliegenden Buches folgt jeweils die Angabe der entsprechenden Bildquelle mit deren Seitenzahlen *(kursiv)*.
Die Erinnerungsbücher der Militärverbände sind mit den Nummern der Einheiten als Bildquellen aufgeführt. Die Reproduktionen dieser Fotos besorgten freundlicherweise die Herren August Liebenwein und Jakob Schütten.

Vorsatz vorne:
US-Luftaufkl.foto 10. Sept. 1944

9, 20, 152:
Privataufnahmen

15, 85:
Groß, Westwall
42 + 43, 128

16, 89:
Merx

30, 86, 92, 104:
Stadtarchiv Würselen

39:
Wilmot, The struggle for Europe
461

40:
Zeitschr.d.Aa.G.vereins 1961
105

55, 58, 62, 63, 99:
117th
83, 79, 86, 131, 133

56, 112:
US-Luftaufkl.foto 28. Sept. 1944

59, 66, 71, 87, 95, 151:
30th
109, alle weiteren im Bildteil

61, 69, 92, 99, 100, 101:
120th
82, 92, 93, 101 + 102,
101, 97 + 104

64, 70, 105, 106, 144:
119th
74 + 68, 70, 81, 78, 2

73, 78, 82, 93, 105, 146, 151, 153, 161:
US Army-Fotos
195499, EA 41339, 195116-S,
EC 195836, E 197501, EC 240054,
SC 195500, 264386, 52

85:
3. PGD
351

90:
Dr. Heinz Selzner

94:
230th
23

102, 103, 153:
Graf

104, 176:
Thevis

112:
102nd
46

113:
99th
48

113:
84th
19

118, 122, 126, 130, 132, 136, 140,
Vorsatz hinten:
Militärarchiv Freiburg

142, 184:
Ralph Amberg

144:
743rd
89